U0729407

《青少年世界文明教育文库》编委会

主　编：汝　信

副主编：陈筠泉　陈启能　倪培耕

编　委（按姓氏笔画排列）：

于　沛　马　勇　王　锋　王　镛　王焕生

王翌泮　左玉河　朱明忠　刘　健　李　林

李鹏程　吴云贵　吴　限　何星亮　余建华

沐　涛　郑克鲁　郝名玮　施海涛　姜　芃

姚介厚　姚　朋　秦文华　钱满素　倪笑霞

徐世澄　高　洪　郭子林　曹启璋

"十三五"国家重点出版物出版规划项目

中国社会科学院世界文明比较研究中心组织编写

青少年世界文明教育文库

汝 信 主编

犹太文明
与神角力的勇士
The Jewish Civilization
Struggle with God

余建华　季惠群　周晓霞◎著

云南大学出版社
YUNNAN UNIVERSITY PRESS

图书在版编目（CIP）数据

犹太文明：与神角力的勇士 / 余建华，季惠群，周晓霞著. ——
昆明：云南大学出版社，2018
（青少年世界文明教育文库 / 汝信主编）
ISBN 978-7-5482-3599-6

Ⅰ.①犹… Ⅱ.①余… ①季… ①周… Ⅲ.①犹太人—民族文化—文
化史—青少年读物 Ⅳ.①K18-49

中国版本图书馆CIP数据核字（2018）第299643号

犹太文明
与神角力的勇士
The Jewish Civilization
Struggle with God

余建华 季惠群 周晓霞◎著

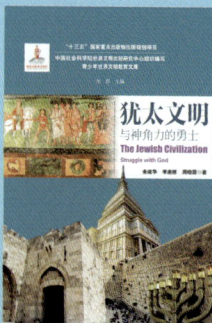

出 品 人：施海涛
策　　划：王翌洋
责任编辑：严永欢
装帧设计：刘　雨　王墒一

出版发行：云南大学出版社
印　　装：云南康龙彩印包装有限公司
开　　本：787mm×1092mm　1/16
印　　张：17.75
字　　数：290千
版　　次：2018年12月第1版
印　　次：2018年12月第1次印刷
书　　号：ISBN 978-7-5482-3599-6
定　　价：49.80元

社　　址：云南省昆明市一二一大街182号（云南大学东陆校区英华园内）
邮　　编：650091
电　　话：（0871）65033244　65031071
网　　址：http://www. ynup. com
E-mail：market@ynup. com

若发现本书有印装质量问题，请与印厂联系调换，联系电话：0871-65116781。

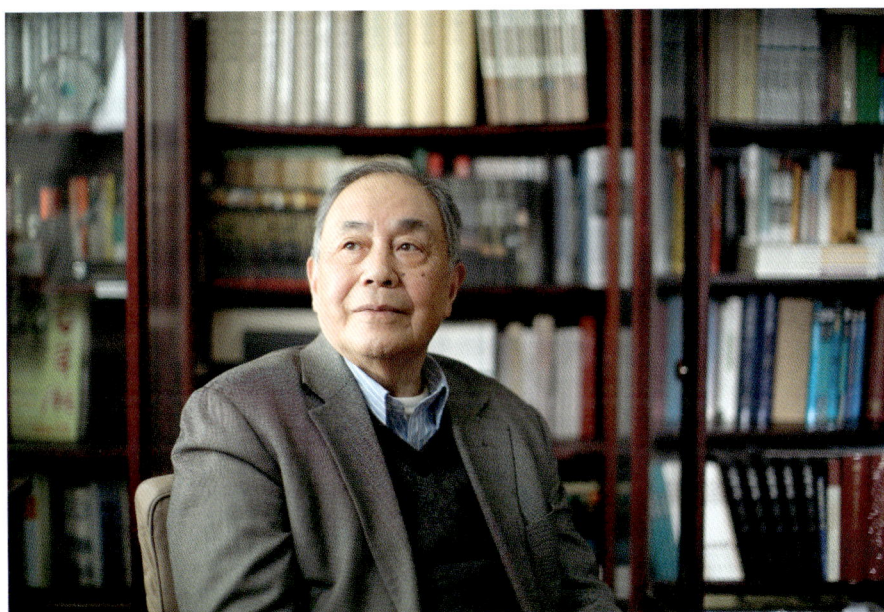

主编　汝信

主编简介

汝信，男，教授，汉族，1931年出生，江苏吴江人，1949年毕业于上海圣约翰大学，1956年师从著名学者贺麟先生，攻读黑格尔哲学专业研究生，毕业后留中国社会科学院哲学所从事研究工作，1978年晋升研究员，任哲学所副所长，1981—1982年，美国哈佛大学访问学者，1982—1998年先后任中国社会科学院副院长，并曾兼任哲学所所长，国务院学位委员会副主任。现任中国社会科学院学部委员、咨询委员会顾问。在国内外学术机构中曾担任的主要职务有：中华全国美学学会会长、中国政治学会会长以及国际哲学与人文科学理事会副主席、东德科学院外籍院士、韩国启明大学名誉哲学博士等。主要从事西方哲学史特别是德国古典哲学、美学的研究。主要著作有《黑格尔范畴论批判》（与姜丕之合著，1961年上海人民出版社），《西方美学史论丛》（1963年上海人民出版社）及《西方美学史论丛续编》（1963年上海人民出版社），《西方的哲学和美学》（1978年山西人民出版社），《美的找寻》（1992年中国社会科学出版社），《看哪，克尔凯郭尔这个人》（2008年河南大学出版社），《西方美学史》（2008年中国社会科学出版社）。此外还有译著多种，并主编《西方著名哲学家评传》（10卷）、《世界文明大系》（12卷）和《当代韩国》（季刊）等。

目 录

001　**总 序**

001　**序 言**

001~056　**第一章　希伯来人与古代犹太文明的兴衰**

001　一、渡河而来的希伯来人

008　二、尼罗河畔的悲喜剧

013　三、士师时代

017　四、希伯来王国的创建与鼎盛

023　五、希伯来王国的分裂与衰落

028　六、"巴比伦之囚"

032　七、先知运动和第二圣殿建立

036　八、犹太文明与希腊文明的交融

041　九、马卡比起义

046　十、罗马铁蹄与犹太战争

050　十一、永不消失的"马萨达精神"

052　十二、巴尔·科赫巴起义

057~102　**第二章　犹太教与大离散时代的犹太文明**

057　一、犹太一神教的形成

062　二、犹太教的基本教义

066　三、犹太教经典

070　四、千世珍物《死海古卷》

075　五、圣殿、祭礼与圣器

079　六、犹太会堂与拉比

083　七、塔木德文化

087　八、塞法迪文化

091　九、意第绪文化

094　十、中世纪欧洲反犹浪潮

098　十一、弥赛亚闹剧

103~134　**第三章　从拯救、同化到自我解放**

103　一、解放浪潮

108　二、犹太启蒙运动哈斯卡拉

112　三、"同化"迷梦

115　四、宫廷犹太人与罗斯柴尔德家族

119　五、复国先驱与回归始端

124　六、德雷福斯案件

128　七、"复国运动之父"赫茨尔

135~170　**第四章　浴火重生：通往复国之路**

135　一、魏茨曼与《贝尔福宣言》

139　二、纳粹迫害与大屠杀

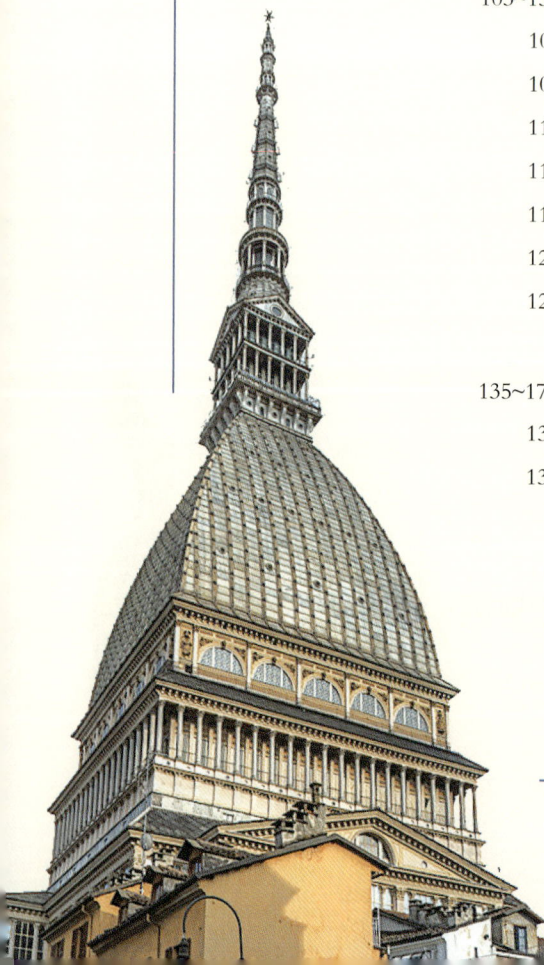

146　三、《安妮日记》

150　四、人间地狱：奥斯维辛集中营

153　五、黑暗中的拯救者：辛德勒

159　六、宁死不屈：华沙犹太人起义

163　七、梦幻成真：从民族家园到以色列国建立

171~194　**第五章　沙漠中的奇迹：现代犹太文明的复兴**

171　一、独特的政治建构

176　二、法网恢恢：审判艾希曼

179　三、主流文化与多元特色

182　四、教育与科技：新兴工业化强国伸展双翼

188　五、发源地的文明复兴

195~228　**第六章　犹太人的政治、经济、文化**

195　一、犹太社区与"隔都"

200　二、百工百业和犹太人的经济生活

206　三、犹太人生活中的伦理风俗

214　四、教育为本：学习是最高的善

217　五、别开生面的犹太文学艺术

221　六、成就斐然的犹太医学科技

227~267　第七章　犹太文明与中国

227　一、黄河岸边的犹太人

230　二、闯荡上海滩的犹太大亨哈同

234　三、犹太人在哈尔滨

239　四、犹太人在天津

243　五、俄国犹太人在上海

245　六、来沪欧洲犹太难民

249　七、"河豚鱼计划"

252　八、黄浦江畔的上海犹太社团

256　九、"白求恩式"的国际主义战士罗生特

261　十、一波三折的中以建交进程

264　十一、中犹友谊再谱新篇

268　后　记

总　序

　　"青少年世界文明教育文库"开始和读者见面了。由中国社会科学院组织编写，云南大学出版社出版的这一套读物主要目的是向中国当代的年轻朋友们介绍自古至今世界上一些主要文明的历史发展概况，普及不同文明的基本知识。

　　习近平同志在党的十九大报告中指出："中国特色社会主义进入了新时代。"在新时代，我国人民正热火朝天地努力建设中国特色社会主义，为实现中华民族伟大复兴的"中国梦"而奋斗着。在全面深化改革和向全世界开放的形势下，增进中国当代的年轻人对世界上各种文明的认识和了解具有十分重要的意义。随着经济全球化趋势的加速进行和科学技术的迅猛发展，世界正变得越来越小，成为名副其实的"地球村"。各个国家都在政治、经济、文化、教育等领域进行着广泛的交流合作，现代信息技术的广泛应用更是把世界的各个角落联结成关系密切、相互依赖的整体，形成了一个庞大的网络。当代社会的快速发展，也产生了一系列全球性的问题，如贫富差距、环境污染等，这些问题都关系各国人民的切身利益，需要人们加强合作，共同协力应对。在这样的国际形势下，开展不同文明之间的对话与交流，增强各国人民和各民族的相互理解和友谊，显得尤为必要。我们希望，这套"青少年世界文明教育文库"能对此有裨益。

　　近年来，我们对世界文明进行了深入研究，得出几点基本看法，愿与读者朋友们分享。

　　第一，纵观人类历史，世界上出现的各种文明都是特定的人群在不同的环境和具体历史条件下的活动的创造物，都有其自身的产生和演变的过程，都有其自身的特点和优缺点，在不同的历史时期起着不同的作用，因此必须充分肯定文明的多样性。一切文明成就都是对全人类文明做出的宝贵贡献，都应得到同样的尊重和承认。各国人民有权自主选择符合自己国情的发展道路，保持自己的传统和价值观，去创造和发展自己的文明。有人抱着"西方中心论"的观点，总以为西方文明天生优越、高人一等，以西方文明的价值和标准去评判其他文明，甚至妄图以此一统天下，这种文化霸权主义是一种完全错误的历史观。

第二，世界文明发展的历史告诉我们，不同文明之间需要经常交流互鉴，乃至相互吸收和交融，一种文明要不断从另一种文明获得和补充营养，取得新的活力，才能茁壮成长。一种文明不管曾经多么辉煌，一旦把自己封闭起来与世隔绝，就会逐渐丧失创新和前进的动力而走向衰落。因此对文明本身的发展来说，相互间的对话和交流是必不可少的。可是西方却有人宣扬所谓"文明冲突论"，把不同的文明说成彼此无法沟通、相互敌对的力量，断言文明之间的差异必然导致激烈的对抗和冲突，并把其他文明看作对西方文明的威胁。这种错误的理论不仅违反历史事实，而且危害当代世界和平。

第三，面向世界上丰富多样的不同的文明，应如何正确对待呢？我们认为，中国传统哲学所崇尚的"和而不同"的思想，诠释后可以作为处理不同文明相互关系的基本原则。所谓"和而不同"，首先是要充分承认和尊重世界上不同事物的存在，肯定和允许不同文明之间的差异、区别和分歧，求同存异，使它们之间的矛盾和分歧得到调和，避免对抗和冲突，在和平共处的基础上努力促进不同文明间的对话和交流，加深相互理解，互相宽容，平等相待，尊重对方，彼此借鉴，共谋发展，使世界文明更加绚丽多彩。

我们学习和了解世界文明，归根到底是为建设中国特色社会主义文明服务。我们不仅要了解和弘扬中华文明的光辉成就，而且也需要了解有关于世界上其他文明的知识，这样才能进行比较研究，通过对话和交流充分借鉴和吸收世界文明的一切积极成果，使中华文明更加发扬光大。

汝　信

2018年6月8日

序 言

闻一多先生曾经谈到，古代犹太人—希伯来人是对近代文明影响最大最深的四个古老民族之一，与中国、印度、希腊在差不多同时猛然抬头，迈开了大步。在世界人类大家庭中，犹太人是一个古老、独特而伟大的民族。

犹太人近四千年的文明进程几乎与人类有文字记载的历史一般长，在其先祖亚伯拉罕开创的一神信仰基础上，产生了人类最早的一神教——犹太教。以《希伯来圣经》（即《旧约》）为代表的辉煌灿烂的希伯来文化，可以说是中东地区人类文明摇篮集大成的文化，其对东西方文化产生深广影响之后又借基督教和伊斯兰教这两大世界性宗教传播扩散到世界各角落。由此源于中东地区的希伯来基督教文化与地中海世界的古希腊罗马的古典文化，一起以"两希文化"的架构奠定了近现代西方主流文化的根基。在历史长河中，犹太民族产生了群星璀璨的科学巨匠、思想大师、政坛名流、艺术精英和工商巨富，为人类文明的进步做出了非凡卓越的贡献。由此，不了解犹太文明，就难以真正认识世界。

犹太民族之所以引起世人广泛的兴趣，还在于这个民族经历多灾多难而又自强不息、一以贯之的独特文明旅程。

任何文明都是发源于一定的地域空间，犹太文明的主要发祥地是位于地中海东岸、古称"迦南"的巴勒斯坦。这里虽不如富饶多产的美索不达米亚平原和尼罗河三角洲，但毕竟"有山、有谷、有雨的滋润"，可谓是培育早期犹太文明美好的"流奶与蜜之地",对日后在异族攻掠下失国离乡的流散犹太民族来说,便成了一块魂牵梦绕的"历史性家园"。迦南自然条件虽不十分理想,但其所处位置却具有特殊的中介性,是三洲(亚洲、非洲、欧洲)和两海(地中海、红海)的交汇通衢之地,有着举足轻重的战略地位,使它成为四方强邻埃及、巴比伦、亚述、波斯、希腊、罗马的侵扰争夺之地,以致犹太文明早在形成时期便命运多舛;它同时又是埃及、美索不达米亚两个最古老文明以及稍后的希腊、罗马文明接触交往的辐辏之所,于是这里顺理成章地成为各种外来势力及其文化和精神价值传播辐射的聚焦点。正是在这些文明的冲击交融之中,犹太文明得以孕育、诞生和扩散,并带有它特具的包容性和生命力,成为延续至今的人类文化精华。

三千年前即公元前10世纪,以建有"第一圣殿"的耶路撒冷为首都,国运昌盛的希伯来王国成为西亚北非最富庶的王国。四百年后,希伯来王国却遭遇被新巴比伦大军覆灭的厄运,虽然"巴比伦之囚"后得获释返乡,再建"第二圣殿",公元前2世纪犹太人也在反抗异族奋战中以耶路撒冷为中心重建马卡比王国,但随后又经历罗马铁蹄的蹂躏。公元70年"第二圣殿"被毁,犹太人更是在公元135年起被逐出巴勒斯坦。此后1800多年,犹太人失去祖国,成为世界各地的"流浪者"。作为"外来的异端",犹太文明时常受到客居地主体文明的强烈冲击和排斥,还遭受周而复始的反犹主义的打击与摧残,甚至遭遇整个民族三分之一人口被纳粹大屠杀的惨绝人寰的灭顶之灾。

为什么一个民族近两千年失去家园而流散全球,却在备受灾难困苦的逆境中始终保存着自己的主体文明生生不息,继续对人类文明的发展做出巨大的贡献,并且经过坚韧不拔的奋斗最终重建国家、再度崛起?正如犹太专家潘光教授所指出的那样:这与犹太文明超乎寻常的凝聚力紧密相关,其源于民族传统、宗教信仰、社团结构三大支柱,即以犹太文化传统为主体的民族认同感,以犹太教为纽带的共同信仰和价值观,以家庭为基础、犹太会堂为核心的社团网络。即使在现代以色列建国之后,这一源于三大支柱的坚强凝聚力仍在发挥着巨大作用,使其得以在并不理想的内外环境中迅速崛起为当今新兴工业化强国。

发端于四千年前的犹太文明，遭受了无数外来文化的挑战和冲击，甚至是敌对力量的压迫和摧残，然其主体精神却能始终保持不变，从古至今一脉相承。但犹太文明主体的一以贯之，并不意味着犹太文明与其他文明就是相互排斥或互不影响的。相反，不仅犹太文明的产生受到埃及和美索不达米亚两大文明的影响，而且这之后的演进发展也自始伴随与其他文明的交融碰撞，既包容、吸纳、改造诸多外部文明的各种特质元素，又对包括基督教文明、伊斯兰文明乃至现代美国文明等在内的其他文明产生重要影响。例如，两千年前圣经《七十子希腊文译本》可谓犹太—希腊文化的光辉结晶，其对日后基督教的广泛传播以及希腊、罗马文明的发展产生了深远的影响。

中华民族和犹太民族同属世界最古老的民族，汉儒文明和犹太文明均是人类历史上罕见的一以贯之的传统文明。两大文明之间具有不少相同相似之处，如敬重天伦祖先、重视家庭、崇尚教育、倡导仁爱互助等。这些文明相通之处，既是古代开封犹太人最终融入、同化于中华民族大家庭的文化基因，也是反犹主义难以在中国大地产生的重要缘由。近代以来犹太人在上海、香港、哈尔滨、天津等地安居乐业，也在这些城市的发展历程中留下自己的痕迹和影响。二战期间，上海成为唯一接纳犹太难民的全球性大城市，2.5万名欧洲犹太难民得以逃脱纳粹屠戮，创造了犹太离散史上的"上海模式"。中国人和犹太人在反法西斯斗争中同舟共济、互伸援手，成为中犹两个民族永世珍藏的友谊佳话，乃至中以两国友好合作的宝贵财富。

第一章　希伯来人与古代犹太文明的兴衰

一、渡河而来的希伯来人

希伯来人是犹太人在古代的称呼，那么希伯来人是从何处而来呢？这个问题曾经困扰着无数的历史学家和人类学家。其实希伯来人的来历与其早期的迁徙有关，作为游牧民族，他们如同一群漂泊者，哪里有利于他们生存、哪里有利于他们发展，他们就往哪里迁徙。

他们最早游牧于阿拉伯半岛温和湿润的南部，过着逐水草而居的生活。他们与周围的其他一些游牧部落被统称为"闪族"（泛指讲闪米特语的部落与部族），后来由于阿拉伯半岛南部气候骤变，闪族各部落陆续开始迁徙运动。在公元前2000年左右，随着迁徙大潮而来的希伯来人赶着骆驼与羊群，北上来到了土地肥沃、绿草遍野的美索不达米亚（两河流域），在幼发拉底河下游的繁华城市乌尔（今伊拉克南部巴士拉附近）居住下来。

先祖亚伯拉罕

希伯来人定居乌尔时正值古巴比伦王国盛世年代。此时巴比伦人的宗教信仰处于由崇拜偶像的多神教向一神教的过渡变革时期，这种宗教信仰的大变

古埃及人描绘的闪米特人（或是迦南人）的壁画

革对希伯来人的思想产生了深刻的影响。亚伯拉罕怒砸偶像，在乌尔掀起一场大震撼。

亚伯拉罕何许人也？他是当时定居乌尔的希伯来酋长塔拉的长子，原名亚伯兰，后来改名为亚伯拉罕。年轻的亚伯拉罕头颅硕长、前额凸出，深眼窝、高鼻梁、钩鼻尖，有着与众不同的深邃思想。父亲塔拉是一

亚伯拉罕画像

位虔诚的多神教徒，在城里开了一个雕塑铺，昼夜忙碌着为人们承做各种神的偶像，前来订制神像的顾客络绎不绝。但亚伯拉罕却整天无所事事，总是蹲在父亲的雕塑制作室里，呆呆地看父亲醉心制作神像。父亲嫌他懒惰，时常把他轰出制作室，可他又悄悄地溜进来，边看边思索，其实他对这种多神崇拜的信仰早已产生怀疑。然而，在当时的古巴比伦王国，怀疑这些神像的圣洁几乎就是犯下弥天大罪。

终于有一天，亚伯拉罕又悄悄溜进空无一人的制作室，当他看到一尊尊道貌岸然的偶像时，顺手拿起一把板斧，向神像劈头盖脸地砍下去，除一尊身躯最大的偶像之外，其余神像全被他砸得粉碎。面对惊恐大怒的父亲的指责，亚伯拉罕泰然自若地说："这种东西有眼看不见，有耳不能听，有口不会讲，有手不能动，留着它们肯定没有一点用处，所以我就将它们砸了。"面对父亲塔拉"那应该崇拜什么"的诘问，亚伯拉罕脱口而出："应该崇拜我'主'耶和华，他创造了天地万物，给我们带来五谷丰登、人畜兴旺，他是天地间唯一的神，永存的神。"

希伯来酋长塔拉的长子亚伯拉罕捣毁偶像的行为激怒了当地的巴比伦人，加之亚伯拉罕在希伯来人中间积极传播他的信仰，甚至还将其信仰扩展到巴比伦人中间，这就更加引起巴比伦祭司阶层和政治首领们的忌恨。他们不仅扬言要将亚伯拉罕处以火刑，同时也对希伯来人产生反感并疏远他们，乃至因憎恶而威胁着希伯来人的生存。

父亲塔拉去世后，亚伯拉罕继任为酋长。亚伯拉罕的这场信仰革命引发当地巴比伦权势者们的排斥和敌视，直接造成了希伯来人在乌尔的生存环境每况愈下。作为希伯来人的酋长和耶和华神信仰的创始者，意志坚定的亚伯拉罕决定以出走为他的族众寻找新的生路。于是开始了希伯来人历史上的第二次集体大迁徙。

西面的迦南一直是亚伯拉罕心中向往之地，也是他此次迁徙的最终目的地。大约在公元前1800年，年过七旬的老人亚伯拉罕以非凡的勇气与毅力率全族离开乌尔，踏上了遥远漫长的西迁迦南之路。他们沿着幼发拉底河北上，艰难跋涉300多公里，来到哈兰渡口。在哈兰休整两年后，亚伯拉罕托耶和华神谕向他的族人发出动员："你要离开本地，往我所指示给你的地方去。我必叫你成大国，我必赐福予你，地上的万族都要因你而得福。"随后亚伯拉罕率领信心百倍的希伯来人从哈兰涉水渡河，一路向西进发来到幼发拉底河河西地带，然后折向南去，穿过今约旦境内的豪兰山区，再往西去，渡过约旦河，最终抵达迦南。当地的迦南人称这些远方来客为"哈卑路人"（Habiru），意即"渡河而来的人"，后以一音之讹而被称为"希伯来人"（Hebrew）。

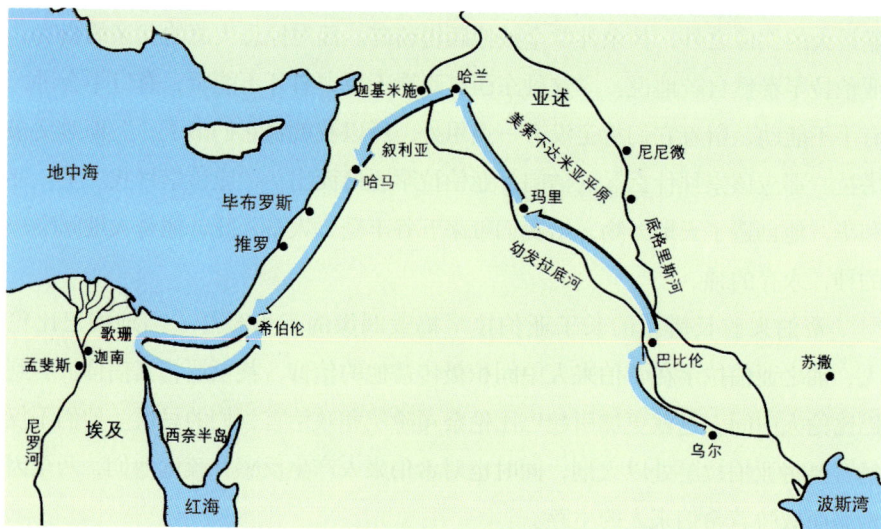

公元前19世纪希伯来人迁徙图

"流着奶与蜜之地"——迦南

　　迦南是何方圣地，让犹太祖先希伯来人如此痴迷，一经踏入，世代难忘？

　　迦南就是今天的巴勒斯坦，位于三洲（亚洲、非洲、欧洲）和两海（地中海、红海）交汇通衢之地，它北邻小亚细亚半岛、东连美索不达米亚和阿拉伯半岛、南接西奈半岛、西濒地中海。这片土地最早被古代埃及人和希伯来人称为迦南。

迦南的气候和自然生态环境并不十分理想。北部和地中海沿岸属于典型的地中海气候，全年基本可以分为两个季节，其中，5月至10月为炎热干燥的夏季，干旱少雨；11月至来年的4月为寒冷潮湿的冬季，湿润多雨。南部地区基本上是与西奈半岛相连的荒漠秃山，降雨极少，且天气寒暑变化大，冬季有时下雪，春秋两季又常常闷热难熬。

整体上，迦南自北而南形似一个略有弯曲的长方形加上一个倒立的不规则三角形。从地形上看，迦南自北向南可以分为四个部分：第一部分是滨海平原，受来自地中海潮湿海风的影响，这里农田肥沃，其中的夏隆平原被称为"极乐园"，农业发达。第二部分是中央山地，适宜发展谷物和水果种植，这里易守难攻的地形成为古人修建防御屏障的理想地带，圣城耶路撒冷就是一个天然要塞。第三部分为约旦河谷，北段尤其是太巴列湖一带土壤肥沃，物产丰富；南段是荒野山谷，芦苇丛生，野兽频频出没。第四部分是内盖夫沙漠，自然条件恶劣。即便如此，约旦河谷还是适宜农作物生长和饲养牲畜的地方，成为理想中的伊甸园。

在西亚地区，西北—东南走向的美索不达米亚与东北—西南走向的西亚裂谷带中北段这两块区域，相会于幼发拉底河中游以西的地方，在地理分布上

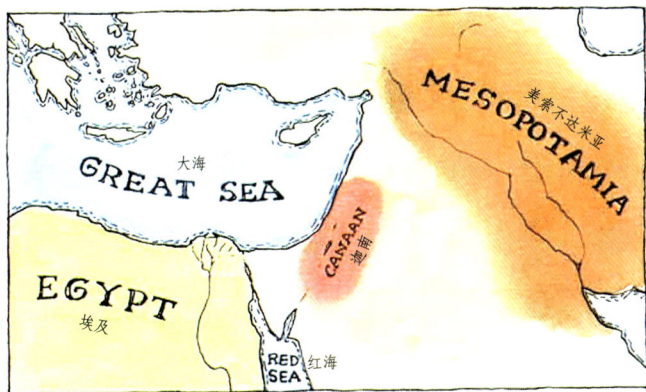

迦南位置示意图

合成一新月形地带，包括今伊拉克东北大半部、土耳其东南边缘、叙利亚北部与西部、黎巴嫩、巴勒斯坦以及约旦西部。此地带内因灌溉水源丰富或降水较多，有利于农牧业与社会文化发展，自古以来被称为"肥沃新月带"。由上述情况看，位于"肥沃新月带"西端的迦南，虽不如富饶多产的美索不达米亚平原和尼罗河三角洲，毕竟还有一些适宜作物生长的平原以及饲养牲畜的草原。与希伯来人由东向西迁徙所经历的更为荒凉的热带沙漠和不毛之地相比，这里"有山、有谷、有雨的滋润"，希伯来人可以通过劳动获得较为丰富的谷物、蔬菜、瓜果和牲畜。在他们的心目中，这里就是神主耶和华恩赐给他们的"流着奶与蜜之地"。

据考古发现，早在希伯来人到来的五千年之前，同属闪族的迦南人就已在这里生活耕作，成为这片土地最早的居民。并在这里建立了城邦国家，发展起了以青铜文化为特征的农业文明，因此古代这里就被称为迦南或迦南地。

亚伯拉罕带领的希伯来人到了迦南之后，便向迦南人学习挖井，开荒种地，逐渐由单纯的放牧转为半农半牧的生活。在他们的辛勤劳作下，迦南成为古代犹太文明的培育地。自此以后，虽历经几番波折，但希伯来人还是一直在迦南传宗接代、繁衍后世。

雅各被赐名"以色列"

相传亚伯拉罕的妻子撒莱多年没有生育，直到亚伯拉罕晚年时才受神赐福生下儿子以撒，后以撒的妻子利百加生下一对孪生兄弟。这两个亚伯拉罕的孙子，哥哥出生时浑身有毛，便取名"以扫"（"有毛"的意思），而弟弟因小手抓着哥哥的脚跟出生，因此起名叫"雅各"（意即"抓住"）。以扫和雅各自幼性格迥异，以扫忠厚、粗犷，善于打猎，受到父亲的喜爱；雅各聪明、机灵，善于心计，深受母亲的偏爱。贪图长子名分和福分的雅各，用计谋骗取父亲以撒的祝福，成为希伯来人的首领，从而激怒了哥哥以扫。雅各为躲避杀身之祸，出逃到哈兰舅舅家避难，结果却交上了好运，娶了两个表妹利亚和拉结为妻，并喜得12个儿子和1个女儿。雅各在哈兰舅舅家寄居20年，积累了大批财富，因思念远在迦南的父母和哥哥，雅各最终决定携带妻妾儿女返回迦南故土。

　　这样，雅各全家赶着大批牛羊、骆驼和毛驴，踏上回乡之路。来到约旦河东岸，他将家人和畜群从雅博渡口分批渡过约旦河。夜幕降临之时，一位天使自天而降，与殿后的雅各摔跤角力，他俩相斗多番，直到天亮还难分胜负。天使见难以取胜，就在雅各的大腿窝上掐了一把，使他变瘸了。但雅各带伤继续与天使摔跤，仍决不出胜负。天使惊佩雅各力大超神，便给他赐名"以色列"，意为"同神角力的人"。所以，希伯来人又称以色列人，以色列人和希伯来人一样，成为古代犹太人的称谓。

　　回到迦南的雅各，在哥哥以扫死后继承了父亲以撒的财产，在迦南安居下来。获神赐名为以色列的雅各在犹太民族发展史上占有重要的地位。雅各的

雅各夜梦天使和耶和华

12个儿子流便、西缅、利未、犹大、西布伦、以萨迦、但、迦得、亚设、拿弗他利、约瑟、便雅悯，就是犹太人传说中最早的以色列12个部落（12支派）的始祖，由此希伯来人的历史进入"以色列时代"。

二、尼罗河畔的悲喜剧

　　从亚伯拉罕踏上并定居迦南，到雅各历尽千辛万苦返回迦南，迦南已成为希伯来人的现实家园。但现实时常是残酷的，天灾人祸不断考验着这个多灾多难的民族。

以色列人客居埃及

　　先是雅各最宠的爱子约瑟十几岁时被他的几个兄弟卖往埃及。10多年后，约公元前1650年，迦南出现百年不遇的大旱灾，水源枯竭，庄稼歉收。在迦南遭受饥荒之苦的雅各，听说埃及有粮可买，将小儿子便雅悯留在身边，打发其余10个儿子由犹大带领，下埃及籴粮。

　　此时埃及正处于来自西奈半岛的游牧民族希克索斯人入侵后建立的"牧羊王朝"时期。希克索斯人不信任土著埃及人，他们有意起用外族中的能人来治国理政。当初被卖往埃及的约瑟因祸得福，凭着他聪明过人的智慧得到埃及法老的青睐，在他30岁那年，法老发布御令："本王任命约瑟为埃及宰相，负责治理埃及全地。"在担任宰相期间，约瑟以其先见之明在丰年积存粮食，不仅使埃及人安然度过饥荒，还能接济四方饥民。

　　此次以犹大为首的雅各的10个儿子来到埃及，拜见的就是埃及宰相约瑟。尚未认出这位正襟危坐的宰相，犹大等10人在诉说迦南饥荒的同时也忏悔当年出卖约瑟的不义之事。面对忍饥受饿、长途跋涉而来的兄弟们，往日的恩怨已化为约瑟深切的同情。没暴露自己身份的约瑟为他们的返程备足了粮食，并嘱咐他们下次到埃及时，务必把那个最小的弟弟便雅悯带来。半年后，以犹大为首的雅各的11个儿子二下埃及籴粮。当约瑟看见他的同母兄弟便雅悯时，手足之情难以自制，终于与兄弟们相认，并盛情款待。

法老得知宰相约瑟同骨肉弟兄们在埃及相会，不仅吩咐他让满载而归的兄弟们快点回去，将其父亲及眷属们接到埃及居住，而且还答应将埃及最肥沃的一块土地赐给他们。

为早日父子相见，也想为食不果腹的儿孙们暂时找一块安身之地，雅各很快便携带儿孙、家眷和仆人一路风尘离开迦南故土，到了埃及。约瑟按照法老原先的许诺，把他们安排在尼罗河三角洲东部最富庶的地区歌珊定居。

歌珊是位于尼罗河以东、埃及古都孟斐斯（邻近今天的开罗）东北30多公里的地方，为古代亚非商旅来往之要冲。这里土地肥沃，水草丰盛，气候宜人，在当地居民的影响下，定居歌珊的以色列人过着半农半牧的生活，丰衣足食。但他们仍然与埃及当地的社会文化生活相隔离，恪守着自己的民族传统和宗教信仰，不断繁衍后代，并逐渐向埃及内地渗透和扩张，最后由雅各12个儿子的后代繁衍扩展成为由12个大部落组成的以色列部落联盟。

可以说，以色列人在埃及生活的最初200多年内，境遇并不差，他们受到统治者的政治优待，享受诸多特权，占有土地，发展商业，积累了大量财富，生活上仍可自由保持传统习俗。

但后来随着埃及的改朝换代，以色列人在埃及安居乐业的美好时光也就一去不复返了。公元前16世纪中叶，埃及人赶走希克索斯人后恢复独立，开启了埃及新王朝时期，统治者逐渐对以色列人实行歧视和奴役政策。

在古埃及第18王朝法老图特摩斯三世和第19王朝法老拉美西斯二世执政期间，当政者对客居埃及的以色列人的排挤与迫害更是达到了变本加厉的程度。他们不仅将全体以色列人贬为失去人身自由的奴隶，不允许以色列人参与埃及社会的公共生活，而且还限制他们与埃及人来往，强迫他们从事各种繁重的劳役，诸如修建神庙、挖渠筑路等。以色列劳工稍有怠慢便遭凶悍的监工毒打乃至屠戮。

然而，任何种族歧视和迫害都未能改变以色列人的信仰。以色列人的生命力仍异常旺盛，他们照常生儿育女，繁衍后代。埃及法老除处心积虑地虐待这些不同信仰者外，又颁布一项残暴的法令："凡以色列人所生男孩，必须当即弄死",以达到灭绝犹太种族的目的。一时间以色列人居住区哭声不断,刚生下儿子的母亲眼睁睁地看着孩子被扔进尼罗河,肝肠寸断。

客居埃及的苦难日子使以色列人时常怀念故乡迦南,受迫害越深,他们返回故土的愿望也就越强烈。

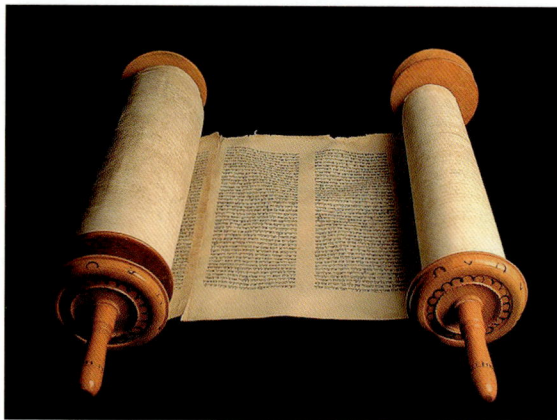

《旧约》

民族领袖摩西

正当以色列人惨遭异族凌辱之际,卓越不凡的民族英雄摩西应运而生。

摩西是谁?据《旧约》(本是犹太教《希伯来圣经》,后被基督教继承,作为基督教正典《新约圣经》的对应)记载,摩西是以色列人利未部落的后代,他出生时,正值埃及法老下令所有以色列人所生之子必须溺死之时。家人在他出生后藏匿了三个月,再也无法隐藏时,就把他放到抹上泥油和石漆的蒲草箱中,搁在河边芦苇荡的浅水中,任其漂流。惦念不舍的姐姐在远处看着,想知道可怜的弟弟的命运如何,正好法老的公主来河边洗澡,其使女发现这个眉清目秀的孩子。公主又怜又爱就决意收留为养子,并给孩子取名为摩西,意思是"因我把他从水里拉出来"。当公主与使女商量为孩子寻找奶妈时,待在一旁的摩西那机灵的姐姐不失时机地揽下此活,摩西的生母幸运地成为公主出资雇用的"奶妈"。

摩西渐长后,虽成为埃及公主的养子,但在"奶妈"的教育下并没有沉醉于荣华富贵的宫廷生活,而是立志拯救备受奴役的犹太同胞。有一天,他目睹埃及监工凶暴地殴打犹太人,义愤填膺的摩西用砖头把那个埃及监工砸死了。法老得知后大为恼怒,下令捉拿摩西。摩西逃至西奈避难,在亚喀巴湾附近的米甸部落娶妻生子，隐居生活。但他并没有忘记自己是一个犹太人，解救处于水深火热之中的受难同胞的愿望非常强烈。

相传，一日摩西赶着羊群在西奈米甸的何烈山听到神主耶和华的神谕，

摩西在西奈山向希伯来人传授耶和华律法

授命他重返埃及，将同胞们领出埃及，前往美好宽阔的"流着奶与蜜之地"迦南。于是，在米甸部落居住40年后的摩西又回到埃及，与兄长亚伦在"耶和华的佑助"下，领导以色列人与埃及法老进行了一系列英勇机智的斗争。由于法

摩西率领犹太人走出埃及

老千方百计阻挠犹太人离开埃及，摩西便借助神力，行神迹，降天罚，让埃及先后出现水变血之灾、蛙灾、虱灾、蝇灾、畜疫之灾、疮灾、雹灾、蝗灾、黑暗之灾等九灾，埃及上下怨声载道，纷纷要求法老同意犹太人迁徙出走。当法老提出犹太人必须留下牲畜才可离去的苛刻条件时，发怒的神主耶和华决定降下第十灾：击杀埃及人的长子和头生牲畜。为避免错杀，耶和华指示摩西晓谕犹太人：14日要杀羊羔，把羊血涂在门楣和门框上，这样，神看到有羊血的人家，便知道这是犹太人，就"逾越"过去。14日天黑之后，神巡行埃及各地，埃及人家家死人，户户哀号，法老也失去了继承王位的长子，最后不得不同意犹太人离开埃及。

由此，在摩西率领下，以色列人在埃及侨居400多年后，约公元前15世纪，得以克服重重困难，胜利走出埃及，经西奈向迦南行进。

"迁出埃及"，意味着希伯来人摆脱异族奴役的自我觉醒，是古代犹太民族开始形成的一个关键性标志。更有意义的是，在途经西奈半岛时，摩西出于加强民族凝聚力的需要，对恢复偶像崇拜的希伯来人发动了一场统一信仰的宗教运动。他假借神主耶和华之名在西奈山下与其族人约定"十诫"，奠定犹太教的基础。宗教信仰的统一成为犹太民族形成过程中的决定性因素。同时摩西还把希伯来人分别组成千人、百人、五十人和十人各级规模不等的社会单位，任命千夫长、百夫长、五十夫长和十夫长为各级行政首领协助其管理，结束了希伯来人各部落混乱无序的状态。

由此，摩西以耶和华崇拜为核心，将以色列各部落集结成一个具有凝聚力的部落联盟，奠定了古代犹太民族的形成和犹太教创立的基础。他也成为千百年来犹太民族所尊敬、仰慕的第一人。

三、士师时代

已发展为部落联盟的希伯来人在即将进入迦南之时，摩西去世后，由其助手嫩的儿子约书亚继任领袖。此后，率领希伯来人重返上帝应许之地——迦南的重任便落到了约书亚的肩上。

公元前13世纪，希伯来人在约书亚的率领下，向西神奇地渡过约旦河，随即又攻取迦南的耶利哥，逐渐占领以法莲山区（撒马利亚）、上加利利和下加利利，进而征服了几乎整个迦南。然而希伯来人并未完全消灭或赶走原先的迦南土著，许多希伯来人与迦南各部落的人混居杂处，频繁往来，甚至通婚融合。

希伯来人征服迦南

士师秉政

这样，从公元前13世纪希伯来人定居迦南，到公元前11世纪希伯来王国建立的这200年间，既有希伯来人与迦南人之间的较量对抗，又有希伯来人内部的纷争，因此战争仍然连绵不断。为了应对战乱局面，这个时期希伯来各部落或几个部落中便会有一名被称为"士师"的领导者。

"士师"一词在希伯来语中是"审判者"和"拯救者"的意思，在平时他是民事纠纷的仲裁者，在战时他为率众出战的指挥官，因而士师代表神主耶和华总揽政治、宗教和军事大权，管理希伯来人。士师权威一般仅限于本部落，有时也有几个部落共由一位士师统领的情况。但在很长时间里，没有一位士师成为全体希伯来人的权威领袖，整个士师时代希伯来人处于一盘散沙的状态。虽然政治上希伯来人处于分裂状态，但并没阻碍其经济领域的持续发展。在迦南人比较发达的经济文化影响下，希伯来人逐渐由游牧的氏族制度向民族统一的农业社会过渡。在北方，分布着统称"以色列"的十个希伯来部落；在南方，则居住着犹大和便雅悯两个希伯来部落。希伯来人慢慢学会使用铁器，开始在沙漠和绿洲从事垦殖业，社会生产力明显增长，为奴隶制君主国家的出现创造了物质前提。

《圣经·士师记》中记载的主要是士师时代这段历史，其中还集中描述了12位著名士师的事迹，即俄陀聂、以笏、底波拉、基甸、耶弗他、参孙、珊迦、陀拉、睚珥、以比赞、以伦、押顿。这些士师所领导的部落、要对付的敌人各不相同，但都是通过频繁的征战来保卫希伯来人所占的土地。如智勇双全的妇女底波拉建立了几乎所有希伯来部落的短暂联盟，共同抵御北面迦南人的威胁；以笏巧妙刺杀摩押人的国王，从而为希伯来人赢得了一段时间的和平；基甸带领一支精锐部队，机智地打败了米甸人的入侵。其中以参孙大战非利士人的故事最扣人心弦。

士师时代后期，海上民族非利士人迅速崛起。他们主要来自爱琴海诸岛和小亚细亚沿岸，漂洋过海后就在迦南沿海定居下来，在肥沃平原上发展农业。在和犹太人的相处和较量的过程中，非利士人骁勇善战，逐渐控制了迦南的地中海东岸地区，而现代"巴勒斯坦"一词就来源于曾在迦南定居的非利士人，意思是"非利士人的土地"。这一名称后来被罗马统治者用作地名，一直沿袭到现在。

孤胆英雄参孙

在以色列人和非利士人的抗衡中，一位披发赤手的孤胆英雄就此走上历史舞台，他就是与非利士人相邻的但部落的士师大力士参孙。

　　相传参孙出生后具有超出常人的巨大力量，还有那不能剪去的头发——那是他和神主耶和华之间的连接，一旦剪去了头发就失去了神赋予他的无穷之力。身躯魁梧、肌肉健壮的参孙能够徒手击杀雄狮，只身与非利士人争战周旋。无法抗拒参孙神力的非利士人只得以美人计的方式对付他。非利士少女达丽拉的美色，使得参孙一见倾心。达丽拉诱使参孙透露出他力量源泉的秘密，随后趁参孙熟睡之时剪去他全部的头发。失去神力的参孙成为非利士人的阶下囚，被剜去双眼。

　　痛苦万分的参孙向耶和华默默忏悔，暗中祈祷神主能够给他一次悔过自新的机会，再次赋予他神奇的力量。一次，非利士人首领想要庆贺佳节，便把

参孙推倒神殿，与敌同归于尽

狱中的参孙带到了众人面前加以戏耍。就在非利士人纵酒狂欢的时候，带着沉重铜链的参孙以其重新获得的神力，猛然推倒了巨大的神殿石柱。神殿轰然倒塌，英勇的参孙与宴乐中的约三千名非利士人同归于尽。由此，《圣经》称，参孙死时所杀的非利士人比他活着的时候所杀的还要多。

在犹太人的心目中，作为上帝耶和华的仆人，参孙被赋予了力大无穷的能力，让他拯救以色列人于困苦之中。当非利士人压迫以色列人的时候，他不畏暴虐，宁可舍生捐躯，和非利士人同归于尽，也不愿苟且偷生，所以参孙也成为以色列民族历史上激励自己和敌人抗争到底的英雄人物。

四、希伯来王国的创建与鼎盛

士师时代末期，非利士人凭借其掌握的冶炼和锻造铁制武器的先进技术，以其装备精良、战力勇猛的军队向迦南内地扩张，夺占土地，在与希伯来人的征战中所向披靡。希伯来人正处于由半农半牧的氏族社会向民族统一的农业社会过渡时期，在与强悍扑来的非利士人的争战中明显居于弱势。

在约公元前1050年的亚弗战役中，由希伯来人众部落组成的联军再次惨败于非利士人麾下，希伯来人随军携带的存放耶和华约法的神圣的"约柜"也被掳掠。外部强敌的压逼促使希伯来人的民族意识急剧增长，他们要求结束部落分裂状态，建立自己的统一民族国家，由一位民众臣服的君主来统领他们。

从扫罗到大卫王

约公元前1025年，贤明有识的大士师撒母耳挑选便雅悯部落农民基士的儿子扫罗，当众举行神圣仪式，宣布这位强壮勇猛的犹太青年为全以色列各部落的统一领袖。于是扫罗成为希伯来王国首任君王（约前1025~前1013年在位），在迦南开始创建历史上最早的犹太人国家——希伯来王国。

擅长军事的扫罗即位之初就以便雅悯部落的士兵组成精锐之师，在对非利士人的战争中屡立战功，尤其是在密抹战役中大败非利士人，将敌人赶出便

大卫王画像

大卫弹琴

雅悯和以法莲地区。随后又率兵向周邻的摩押人等迦南人部落发动多次征伐。但扫罗缺乏政治才能，也不善于应对复杂的权力之争，希伯来人各部落依然处于分裂状态，王权微弱。王国的版图也仅限于便雅悯、以法莲等有限地区，没有确立真正的中央集权管理制度。这样，扫罗这位学识浅薄的草莽英雄只能是一位过渡性人物。

在与便雅悯部落相邻的犹大部落出现了扫罗的竞争对手，他就是农民耶西的儿子大卫。大卫自小就能力超群，幼年时就以用弹弓和石头击杀了非利士人的悍将歌利亚而崭露头角，不久便成为扫罗军队中战功显赫的青年勇将。百姓们唱着民谣歌颂大卫的骁勇善战："扫罗杀死千千，大卫杀死万万。"当扫罗在对非利士人的一次战役中惨遭败北、拔剑自刎后，大卫在士师撒母耳的支持和众人的拥戴下，取代扫罗继任希伯来王国第二任国王（前1013~前973年在位）。

多才多艺的大卫不仅武艺高强，还擅长演奏竖琴。年轻时多次为扫罗王弹琴，在即位后也经常在一些重大场合演奏，但他更是一个智勇双全的杰出君主，希伯来王国在他的治理下有了很大发展。

大卫在位期间，对外，为扩展希伯来王国的势力，他统率大军，"借助耶和华的神力"不断征战，不仅将王国疆域内迦南人的飞地逐一征服，而且把非利士人驱逐至南方沿海的狭窄地带。他还从迦南人手中夺得连贯王国南北的战略要塞耶布斯（即后来的耶路撒冷），将此建为国都。大卫时期的王国版图较扫罗王时大为扩展，北起黎巴嫩山，南至埃及边界，西到地中海沿岸，东达约旦河东岸。

对内，大卫改革行政，加强王权专制。他进一步消弭希伯来各部落分立割据状态，组成以国王卫队"基伯尔"（意为"英雄"）为核心的常备军，自己掌握最高统帅权。他在全国各地建立48个战略重镇，并设立相应的行政管理机构，行政首领由其亲自任命。他还引进外国专门人才经营王产。

在社会文化方面，他卓有远见地大力扶植犹太教，把犹太教定为国教，把"约柜"安置于首都耶路撒冷。这样大卫就把扫罗时期粗具雏形的希伯来王国发展成一个专制君主统治的国家。

智慧之王所罗门

古代希伯来王国的鼎盛当在大卫王的儿子，也是王位继承者所罗门执政时期（前973~前930年）。"所罗门"一词在希伯来语中是"和平"的意思。在犹太民族的历史上，这是一位文韬武略、多谋善断、奋发有为的国王。

所罗门在位期间着力强化国家政权。他不仅将亲信安置于政府、军队和宗教要职岗位，而且在行政管理上，将以色列原有的12支派重新划分为12个行政区，各由国王任命总督治理。这些总督统辖于王国中央大总督，在地方上建立征税征贡制度。所罗门大力发展国家军事力量，建成一支规模庞大、装备精良的常备军，除步兵之外，还配备战车和骑兵部队，史称其军队拥有1400辆战车和12000匹骏马，驻守全国各个战略要地。所罗门推动王国工商业的发展，现代考古工作者在亚喀巴湾北端的以旬迦别（今名埃拉特）发现所罗门时代的金属冶炼厂的遗址。所罗门以商业为王国重心，所有政府机构都为贸易服务。

对外，所罗门则以联姻方式建立睦邻友好关系，发展互惠贸易。他与埃及法老联盟，与各地国王的女儿和姐妹成亲，其中有一个便是埃及法老的女

所罗门王画像

儿。他与推罗王希兰一世缔和，以二十城换取大量香柏木。他还盛情款待慕名来访的异国示巴女王，互通珍奇货物。他不仅在首都耶路撒冷周围给驻以色列的主要外国贸易使团修筑馆驿，还以埃拉特港为基地，发展海上贸易。贸易船队航行于红海、地中海、远达非洲、印度等地，从那里运回黄金、象牙、檀香木、宝石乃至猴子与孔雀。所罗门在海外建立的贸易站网后来成为犹太人在外聚居区的核心。

《圣经》中的所罗门贤明有识，他是"全世界最富有、最具有智慧的君主"。所罗门亲自创作的箴言和诗歌保留在《圣经》的《箴言》和《雅歌》中，其中有一部分脍炙人口。例如，"智慧胜过银子，它带来的利益胜过金子。它会带来长寿和富贵"，"蚂蚁尚在夏天收割的时候就预备粮食，懒惰的人啊，你要睡到何时？""有才德的妇人胜过珍珠，使丈夫一生有益无损"。这些箴言表现出所罗门对智慧的追求，对勤劳和拥有美好品德的向往。对于诗歌创作，所罗门也表现出异于常人的禀赋，据说他创作了1000多首诗歌。当然，最令人津津乐道的还是《圣经》中记载的所罗门智断争子疑案的故事。

话说所罗门在耶路撒冷登基后前往基遍向神献祭，当晚梦见神主耶和华问他，最需要神赐予何物。所罗门恳请赐予智慧，拥有判别是非曲直的能力。耶和华十分满意所罗门不求荣华富贵，只求秉公行义所要的智慧，便赐予所罗门"空前绝后的聪明智慧"。待所罗门回到耶路撒冷后不久，就有两个妇人抱着一个男婴来到所罗门王跟前，说是她俩均带着刚生的男婴同住一屋，其中一个在夜间不慎将孩子压死，便悄悄将死孩换了对方的活孩，现要求所罗门评判究竟谁是男婴真正的母亲。见她们争执不下，所罗门王便喝令侍卫拿一把剑来，要把孩子劈成两半，一个母亲分一半。其中一个妇人赶忙说道："仁慈的君主啊！求你千万不要劈了孩子，把孩子判给她吧，我情愿不要孩子，也不要将他活活劈死啊！"看出其中端倪的所罗门便向众人宣布："现在清楚了，这孩子的母亲是请求不要劈孩子的女人。"因为哪有亲生母亲会眼睁睁地看着自己的孩子被杀害而无动于衷呢！

所罗门执政时凭借强盛国力大兴土木。他不仅为自己修建了一座奢华的宫殿，更重要的是，他在首都耶路撒冷的锡安山为犹太教神主耶和华建造了

所罗门王建造的第一圣殿图

辉煌的大圣殿。这个耶和华圣殿史称"第一圣殿"。耶路撒冷因此成为犹太
教最重要的圣地。此后，锡安山成了犹太民族永久的精神家园，圣殿成了以
色列国家、犹太民族和宗教、希伯来文化的重要象征。在此后的数百年中，
圣殿经历了摧毁、重建、再次摧毁，在公元70年被罗马人摧毁后，圣殿一直
未能被重建起来。

在所罗门的统治下，希伯来王国经济发展、国运昌盛，成为当时西亚北
非最富庶的奴隶制王国。至此，犹太人的民族语言——希伯来语成为迦南通行
的主要语言，迦南成为希伯来人生息劳作的共同地域，希伯来人也逐渐变为以
从事耕作、园艺业为主的农业居民，形成以犹太教信仰为核心的共同精神文
化。古代犹太民族基本形成，犹太文明也奠定了其千百年来生生不息、繁衍发
展的根基。

五、希伯来王国的分裂与衰落

在希伯来王国繁荣昌盛的同时，危机也在悄悄地迫近，特别是晚年的所罗门因沉溺于骄奢淫逸的生活，导致民众的不满情绪与日俱增。随之各种变乱接踵而来，加之南边的埃及也积极支持希伯来王国内部的分裂，昔日被征服的异族部落趁势掀起反抗活动。先是南面的以东王子哈达从埃及返回，兴兵起事，率领以东一些小邦脱离所罗门王朝的控制。然后北面哈大底谢部落首领以利亚的大儿子利逊率众攻取大马士革，自立为王，严重削弱所罗门在当地的统治势力。同时国内南北矛盾也日趋尖锐。王国北方土地肥沃、经济发达，但因扫罗、大卫、所罗门三代王朝的官员多出于南方，南方一向在政治上处于优势，沉重的赋税徭役大都摊派到北方部落。在行政区划分上，所罗门同样偏袒自己出生的犹大部落，北方的一个部落被划分为几个不同的行政区，而犹大部落却未被分割。这样，北方以色列的10个部落对南方的犹大和便雅悯两个部落渐生嫉妒和敌对情绪。

所罗门统治末期希伯来王国已处于内外交困之中。北方以法莲部落的耶罗波安煽动分裂运动。到公元前930年所罗门一死，当年为逃避所罗门镇压、流亡埃及的耶罗波安便重返国内，揭竿起事，统一的希伯来王国被一分为二。北方的10个部落以耶罗波安为王，建都示剑（后移至撒马利亚），称以色列王国；南方的犹大和便雅悯部落以所罗门的儿子罗波安为王，仍以耶路撒冷为首都，称犹大王国。原先强盛的希伯来王国在南北争斗和异族蹂躏中逐渐衰落。

内乱与外侮中的南北朝

在南北朝时期，南方的犹大王国因部落中早已建有较为稳固的控制体系，所以一段时期里政局还算平静，但其面积狭小，人口不到50万，国力弱小，外患不断。除北方以色列王国以强凌弱，多次兵戎相见外，南面邻邦埃及的扩张也构成主要外来威胁。罗波安统治的第5年，埃及示撒王朝的大军便挺进到耶路撒冷城下，虽未攻占首都，却在犹大王国国土上烧杀抢掠，横行霸

道。犹大王国只有大量纳贡，方才免于亡国。以后犹大王国还遭到亚兰王国的
侵略和蚕食。

而北方以色列王国政局始终不稳，内部10个部落间钩心斗角，篡位内战
引起王位频繁更迭。除去耶罗波安执政、暗利家族当权和耶户家族秉政这三个
时期外，国家因王位之争和社会动荡濒临灭亡。耶罗波安死后，其子拿答继承
王位没过两年，以萨迦部落的巴沙弑王僭位，诛灭耶罗波安全族，开启以色列
王国频繁的篡权夺位序幕。以致在以色列王国存在的208年里，先后出现了属
于9个不同家族派系的19个国王的统治。其中一位国王即位仅7天，便因兵变自
缢而死。而在王国最后的22年里，竟然发生4次弑君争位的事件。

亚述攻陷以色列王国的石雕（局部）

亚述攻陷以色列王国的石雕（局部）

尽管以色列王国内部动荡不断，但因其拥有比南部犹大王国三倍大的土地、两倍多的人口和较高经济水平，它始终想把南部的犹大王国变成自己的附庸。为争夺牧场和耕地，不时与之开战，耗费无穷的财力物力。另外，以色列王国还时常受到周邻亚兰、亚述等帝国铁蹄的威胁。就连国运较盛的耶户王朝为减缓亚兰帝国压力，也不得不向亚兰大量纳贡。

与此同时，南北朝时期贫富两极分化日益加剧。处于社会中层的许多自由民因天灾人祸、生计艰难，被迫向财主、富人借高利贷，导致自身或子女沦为债务奴隶，或失去田地而不得不成为财主和富人的雇工、佃农。公元前8~前6世纪，以色列和犹大王国的先知们对当时的贫富悬殊、阶级剥削进行了无情的揭露和激烈的抨击。"他们为银子卖了义人，为一双鞋卖了穷人，他们见了穷人头上所蒙的灰尘也都垂涎。"贪得无厌的富人"卖出用小升斗，收银用大戥子，用诡诈的天平欺哄人，将坏的麦子卖给人"。

另外，由崇拜异教偶像引起的犹太教信仰危机进一步削弱了犹太人的内聚力。耶罗波安在位期间，为与犹大王国分庭抗礼，分别在王国南北两端的伯特利城和但城修筑神殿，各安放一金牛犊供人崇拜，禁止百姓前往犹大王国耶路撒冷圣殿朝觐，便利了异族神祇及其他偶像崇拜在北国流行。北国亚哈王在位时，放纵异族偶像崇拜，同时坚持民族信仰的犹太教徒却屡受迫害。

内部倾轧、外敌蹂躏、贫富悬殊、信仰危机日复一日地加剧着两个希伯来王国的衰败。公元前8世纪以色列王国终于为亚述帝国的铁骑所灭。先是基色城被攻陷，居民被掳走，继而于前721年亚述王萨尔贡二世率军占领北部以色列王国首都撒玛利亚，将国王及其10个部落的臣民27000多人押回亚述，王国领土成为亚述帝国的一个行省。

历史悬案：失踪的以色列10个部落

公元前721年遭受亡国之祸而被掳走的北国以色列人被放逐到庞大的亚述帝国各地，从此他们被称为"失踪的以色列10个部落"。

极少数留下的以色列人，加上后来的南方犹大王国流散者，与外来居民相融合，长期生活在示剑和撒玛利亚城，逐渐形成一个被称为撒玛利亚人的特殊的混合民族。他们虽然也将《拉托》奉为经典，但宗教文化已同犹太人明显不同。今天以色列国内还生活着为数不多的撒玛利亚人，与犹太人和平相处。

至于10个被放逐的以色列部落就再也没有他们的消息，于是"失踪的以色列10个部落"成为一个困扰后人的千古之谜。一般认为，他们中的多数人后来与放逐地周围的民族逐渐同化，永远地消失在历史长河之中。但虔诚的犹太

犹太人12个部落马赛克拼贴画

教徒和基督教徒却不接受这一结论。

对那些犹太教徒来说，如果失踪的以色列10个部落仍然存在，有朝一日他们将回到自己的犹太同胞中间，它将证实上帝的许诺，从而加强犹太教信仰。寻找这失踪的以色列10个部落对历史学家、人类学家来说，不过是一种学术考证，而对虔诚的犹太教徒和基督教徒来说，无疑具有重要的宗教意义。因此，长期以来人们一直在进行着寻找这失踪的以色列10个部落的尝试。

公元9世纪，一个名叫埃尔达·丹尼的犹太旅行家声称，他是失踪的以色列10个部落之一"但"部落的后裔，并说他曾到过另外6个失踪的以色列部落生活的地区。19世纪，法国犹太人约瑟夫·本雅明致力于寻找失踪的以色列10个部落，为此他几乎走遍了整个西亚北非。最后他在印度发现了一些自称"勃奈以色列"的犹太教徒，他们在孟买周围生活了许多世纪，不过本雅明不能肯定他们是否为失踪的以色列部落后裔。19世纪中期，一个由改宗基督教的犹太人组成的基督教传教团"希伯来基督徒"，开展了寻找失踪的以色列部落的活动。其中英国人沃尔夫为考证阿富汗的普什图人是否为失踪的以色列部落后裔，多次前往喀布尔调查，最终证明他们不是古以色列人。不过他认为，中国很可能有失踪的以色列部落的后裔。

地理大发现后，欧洲出现了美洲印第安人就是失踪的以色列部落后裔的猜测。1775年《美洲印第安人的历史》一书在伦敦出版，列举了印第安人与古以色列人在体质、心理、语言、文化方面的诸多相似点。那么古代以色列人是怎样到达美洲的呢？阿姆斯特丹的犹太人拉比马纳斯认为，那些古以色列人是由中亚的鞑靼人地区经中国而去美洲的。19世纪，一些英国人自称他们是真正的"失踪的部落"的后代，提出盎格鲁-撒克逊人中有一部分来自古以色列人。

1930年，英国研究《旧约圣经》的权威专家戈德比在其著作《失踪的部落：一个神话》中断论，被放逐的古以色列人和古代许多民族一样，或消失于痛苦的流离迁徙之中，或自然同化于异邦民族。因此再去寻找所谓"失踪的以色列10个部落"毫无意义。直到这以后，有关的寻找活动才大大减少。

六、"巴比伦之囚"

公元前721年北部以色列王国被亚述帝国所灭，从历史上消失后，南部犹大王国仍生存了近一个半世纪，也正是犹大王国后裔才得以延续成后来的犹太人。

唇亡齿寒的犹大王国

犹大王国版图小，人口较少，但内部比较团结，并占有易于防守的地形。从公元前930年到前586年，犹大王国一共经历了20位国王，虽然大都政绩暗淡，只能惨淡经营，但也并非毫无建树。在约沙法（公元前870~前846年）执政时期，犹大王国相对稳定，势力范围扩大到了亚喀巴湾和以东的南部，并通过联姻改善了与以色列王国的关系。内政方面，他在全国建立司法体系，在各地设立地方法庭，在耶路撒冷设立最高法庭。在亚撒利亚（公元前783~前732年）时期，因坚持推行内政改革，王国经济和军事力量得到了加强，耶路撒冷的防御力量增强，并成功地打败了以东人的进攻。

以色列王国灭亡后，犹大王国唇亡齿寒，在亚述、新巴比伦以及埃及帝国的夹缝中顽强地维持生存，但还是难抗外部强邻的入侵。

公元前714年，亚述帝国对犹大王国发起猛攻，占领犹大与便雅悯的所有城市，并逼近耶路撒冷。犹大国王希西家向亚述王献出圣殿和王宫府库里所有的金银，方才躲过亡国之灾。但数年后希西家因联合美索不达米亚的新巴比伦共同抗击亚述，而遭后者报复。公元前701年亚述再度出兵犹大王国，摧毁其边境要塞，包围耶路撒冷，希西家兵败投降，臣服亚述。到玛拿西（公元前697~前642年）当政时，犹大王国完全成为亚述附庸，亚述历次出征都要让犹大王国提供兵源物资。

公元前605年，美索不达米亚崛起的新巴比伦帝国灭亡亚述。摆脱亚述控制的犹太人，刚脱离了狼窝却又进了虎口。新巴比伦帝国在卡尔美什打败埃及军队后，长驱直入，攻入犹大王国。公元前597年，新巴比伦王尼布甲尼撒二世为镇压犹大王约雅敬的抵抗，亲率大军对耶路撒冷实行长达三个月的围困。犹大人殊死抵抗，最终兵败投降。结果耶路撒冷王宫和圣殿被劫掠一空，耶路撒冷民众和王国将士，连同王国中的一切木匠和铁匠，以及全部王室成员、臣仆等一万多名犹太人，全部作为战俘被掳至巴比伦。这是历史上犹太人第一次被掳。

半个世纪的民族灾难

新巴比伦帝国攻入耶路撒冷后，便将犹大王国沦为其附庸国，并立约雅斤的叔父西底家（公元前597~前586年在位）为犹大国末代国王。公元前588年，西底家反叛新巴比伦，发动了起义，经过两年苦战，到公元前586年，新巴比伦王尼布甲尼撒二世经过长达18个月的围困后，再次攻陷了耶路撒冷。之后新巴比伦皇帝尼布甲尼撒二世下令夷平耶路撒冷城墙，放火烧毁王宫和圣殿，大肆劫掠财物，耶路撒冷成为一片废墟。西底家在出逃途中被擒，并被剜去双眼，用铜链子锁绑带到巴比伦，从而宣告犹大王国灭亡。这一次又有三万多犹太人，包括国王、贵族、祭司、文士和各类工匠，戴着手铐脚镣，作为战俘被掳往巴比伦。这是历史上犹太人第二次被掳至巴比伦。

新巴比伦王尼布甲尼撒二世的军队火烧耶路撒冷

公元前581年，新巴比伦皇帝的护卫长尼布撒拉旦又带兵前来耶路撒冷，劫掠城市尚存的所有金银细软，除留下少数贫民之外，剩下的其他男女老幼统统被带走。这三次犹大人被掳去巴比伦的事件，史称"巴比伦之囚"。这是以色列历史上极其悲惨的一页。

公元前586年犹大王国灭亡后，巴比伦逐渐成为当时犹太人居住的中心。和那些被异族同化的北国以色列10个部落的百姓不同，被掳往巴比伦的犹大国人仍能集中聚居，保留本民族传统信仰和习俗，此后他们及其后裔被称为犹太人。"犹太人"这一称谓当时虽是巴比伦人对他们的蔑称，但后来逐渐成为世界通用的称谓，犹太人也成了整个犹太民族的通称。

"巴比伦之囚"及先前亚述王掳走以色列王国居民一事，即是古代犹太民族的第一次大流散。从此，世界上其他地方的犹太人开始在数量上超过巴勒斯坦的犹太人。这对犹太民族此后的历史进程，特别是犹太文明的发展有着极为重大而深远的影响。

今日锡安山

巴比伦河畔悲伤的犹太艺人

　　流落巴比伦的犹太人坚信犹太教，祈祷神主耶和华帮助他们战胜巴比伦，使他们重返巴勒斯坦。他们常常泣饮在巴比伦河边，思念着故乡锡安（锡安是耶路撒冷的一座山，犹太人通常用此指代耶路撒冷），盼望着有朝一日能够杀死仇敌、重返故国。

　　我们曾在巴比伦的河边坐下，
　　一追想锡安就哭了。
　　我们把琴挂在那里的柳树上，
　　因为在那里，掳掠我们的要我们唱歌；
　　抢夺我们的要我们作乐，
　　说："给我们唱一首锡安歌吧！"
　　我们怎能在外邦唱耶和华的歌呢？
　　耶路撒冷啊，我若忘记你，
　　情愿我的右手忘记技巧。
　　我若不记念你，若不看耶路撒冷过于我所最喜乐的，

情愿我的舌头贴于上膛！

公元前538年，新巴比伦帝国被波斯大帝居鲁士打败。由于巴比伦犹太人在波斯战胜巴比伦的那场战争中发挥了间谍和内应的特殊作用，居鲁士诏令通告，宣布释放巴比伦全体犹太人，允许他们回归故土。并把巴比伦人掠夺的五千余件物品归还犹太人，让他们带回耶路撒冷，重建圣殿，从而结束了犹太人在巴比伦屈辱囚禁的苦难日子。但并非所有的流亡犹太人都踏上返乡归程。

七、先知运动和第二圣殿建立

公元前8~前6世纪是希伯来人动荡劫难的岁月。从北方的以色列王国到南方的犹大王国，希伯来王国的子民们不仅在埃及、亚述、新巴比伦和波斯大国争霸的夹缝中委曲求生，还得在贫富日益加剧的社会现实中苦苦挣扎。正是在希伯来民族内忧外患的这一非常时期，一批被称为"先知"的爱国志士登上了历史舞台，发起了一场意义深远的社会文化运动，即先知运动。

在希伯来语中，"先知"意为"以上帝的名义说话的人"，一般是指接受上帝委派、具有神圣的启示天赋和超凡魅力的智者。据称，先知们能够看见上帝的"异象"，感受其灵感和启示，所以他们都是蒙召接受上帝委派向民众传达其意旨的圣人，他们常借上帝耶和华之口揭露时弊，呼唤公义，劝谕世人，极力鼓吹复兴耶和华的独尊地位。

以色列南北朝时期，是以色列民族处于内忧外患的非常年代，也是犹太先知辈出的年代。《圣经》中著有书卷的先知，约半数以上是属于这个时期的。他们作为耶和华上帝意旨的代言人，忧国忧民，坚持正义，疾恶如仇。他们用"上帝神谕"的方法，以演讲和文学为武器，向民众宣示神谕和预言，揭露社会腐败，鞭挞统治者，留下了许多鞭辟入里的警世恒言、风格优美的诗文，对国家的政治、社会、宗教、伦理和文学运动起到了重要的影响和作用。

尤其是在公元前7世纪末到公元前6世纪末，犹太人处于国亡家破、被掳

流放的悲惨时期，先知运动有了
新的发展，出现了以耶利米、以
西结、以赛亚第二为代表的一批
犹太先知。他们时刻关注国家和
民族的命运。亡国前，为民族危
亡而担忧；亡国后，为国家的沦
丧而哀鸣，为民族未来复兴的希
望而呼号，积极传播一种宗教拯
救信念，即神主耶和华将派救世
主弥赛亚降临，解救犹太人回归
故土。他们的思想和言论，凝聚
和升华了犹太民族的精神。

先知耶利米

先知耶利米

耶利米出生于耶路撒冷郊外的一个祭司家庭，经历了犹大国最后四代王
的统治和犹大人被掳流放的初期，目睹了国亡、城破、殿毁的悲惨事件。公元
前626年，年轻的耶利米就蒙召做先知，开始宣传活动。耶利米痛恨君王和国
民道德的退化，认为这种现象是上帝耶和华对犹大人的惩罚。他以上帝的名义
向民众发出呼吁："你们去耶路撒冷各条大街的各个场所瞧瞧，哪里能够发现
一位主持正义和讲公理的人呢？"他严词揭露达官贵族鱼肉百姓的罪行，说：
"你们厌善好恶，从人身上剥皮，从人骨头上剔肉，吃我民的肉，剥我民的
皮，并打碎他们的骨头。"面对犹大王国纷至沓来的内忧外患，他忧心如焚，
并以上帝名义痛斥犹大人逆主负恩，预言国家必亡，圣殿必成废墟，君王和民
众必被掳往巴比伦。历史验证了他的预言。

在圣城被毁、犹大人被掳之时，尼布甲尼撒二世敬佩耶利米的才华，允许
他自选去处。他选择留在故土，继续从事先知活动。他预言从大卫家族中必将出
现救世主"弥赛亚"，使被掳之民重返家园，并将重建圣殿。上帝将与以色列民
族另立新约。他的"弥赛亚"思想和"新约"观念，对后来的基督教产生了巨大

的影响。耶利米死后，后人将他
的书信、辩文及诗歌辑成《耶利
米书》和《耶利米哀歌》。这两
部不朽的传世之作，后来被纳入
《希伯来圣经》。

先知以西结

以西结是犹大国祭司的儿
子，他本人也是一位祭司。公
元前597年犹大人第一次被掳
时，他和国王约雅斤一起被带
到巴比伦。五年之后，他在美
索不达米亚的迦鲁河畔见到了
上帝的异象，被蒙召为先知。
作为"巴比伦之囚"的一位伟
大的精神领袖，以西结身处被
流放异国的犹太同胞当中，通
过巡回演讲和说教，安慰"巴
比伦之囚"痛苦的心灵，让他
们在磨难中不丧失信心。他为
犹太人描述了未来的"理想王
国"，在犹太人心里培育了希
望的种芽，他也预见犹太人必
将返回故园、重建圣殿和家
园。他正告自己的同胞，"没
有很好的信仰便不能拯救自己
的国家"，并明确地把耶和华
上升为世界神和宇宙神。

先知以西结

先知以赛亚

先知以赛亚第二

以赛亚第二是犹太人囚居巴比伦后期最著名的先知。他眼见波斯军队对新巴比伦帝国的辉煌胜利而热血沸腾，预感到犹太人必将获得释放，重回故土。由此他虽身在异国，心却在故国的耶路撒冷。在文辞优美的著作和热情洋溢的长篇诗歌中，他号召流亡在各方的同胞返国，重建家园，振兴祖业，并呼吁本国同胞一反从前的邪恶行径，培养圣洁的品德，让耶和华上帝的大德通过他的同胞，贯彻到世界各国中去，并希望耶和华上帝的高大德行和慈悲兼爱能发扬光大，普及天下众生，让列国人民都来到耶路撒冷，同心向耶和华膜拜，使天下太平，直到永远。在他的说教中，耶和华神的形象和地位大大升华，被确定为"开天辟地唯一的宇宙神和世界神"，对人类一神论思想的发展做出极有价值的贡献，后来基督教也从以赛亚第二思想中得到了强大的渊源。

总之，先知运动是一场披着神学外衣，以"上帝中心论"为前提，以提高伦理道德为主要目的的社会文化运动。正是这批逆境中不失顽强意志的先知们以其满怀的忧患意识与民族责任感，大大发展了希伯来人的民族宗教和伦理学说，促进了社会进步与民族复兴。他们让罹难中的犹太人相信："以色列民族只要恭顺地接受惩罚，彻底悔悟自己，他们仍然会有美好的未来。"由此，在先知预言的鼓舞下，遭受亡国之难的犹太人依旧忠诚于自己的民族信仰。

第二圣殿建造

犹大王国遭难半个世纪后，这些"巴比伦之囚"获得耶和华佑助的梦想竟然得以实现。公元前538年，新崛起的波斯帝国灭亡新巴比伦帝国，犹太人转而成为波斯帝国的臣民。波斯皇帝居鲁士需要在地处亚、欧、非三洲交合要冲的巴勒斯坦，由犹太人建立一个稳固而友善的据点，它既可作为进击埃及的理想跳板，又能用以抵御希腊人东侵，加之巴比伦犹太人在波斯战胜新巴比伦的战争中也功不可没。同时鉴于犹太教一神观符合其巩固专制统治的利益，居鲁士便允许流亡的犹太人重返家园，并支持他们在耶路撒冷再建圣殿，复兴犹太教。到公元前516年，耶路撒冷重建圣殿的工程方才竣工，此即第二圣殿。

第二圣殿的建成开始了犹太历史上的第二圣殿时期。此后耶路撒冷和巴比伦

第二圣殿复原模型

两地的犹太人仍然保持密切联系。公元前445年，波斯帝国宫廷内的犹太裔官员尼希米被授任犹大省省长，从巴比伦返回耶路撒冷。他按祭司的观点整理犹太一神教教义、教规，开始用律法来重建犹太社会。他指示巴比伦犹太学士、祭司以斯拉宣讲巴比伦文士缮写的律法书《托拉》，为犹太教确立了第一部成文法典。《托拉》为希伯来文的音译，其意为"教导"或"指引"。具体来说，《托拉》指犹太人的律法书，即《摩西五经》。尼希米在犹大地区，利用编辑成文的《托拉》，在百姓中大力推广律法知识，从而为犹太一神教的确立奠定了基础。

八、犹太文明与希腊文明的交融

当犹太人还在波斯王朝统治下过着平静生活的时候，公元前336年希腊——马其顿王亚历山大大帝开始率军东征，一路所向披靡，前331年占领波斯首都苏撒，灭亡波斯帝国。到前326年东征军方才由印度西返巴比伦。十年征伐建立了地跨欧、亚、非三洲的亚历山大帝国，其版图东起葱岭与印度河平原，南至波斯湾并包括埃及，西到色雷斯和希腊，北抵黑海及阿姆河，是历史上继波斯阿契美尼德王朝之后第二个地跨亚、欧、非三洲的帝国。巴勒斯坦也随之成为亚历山大帝国的一部分，犹太人进入持续170年的希腊化时代。

犹太人第二次大流散

亚历山大于公元前332年征服犹大地区，虽然没有实施实质性统治，犹太人的生活依旧没有太大的改变，但亚历山大在位期间竭力传播和推广希腊文化。在幅员辽阔的亚历山大帝国境内，到处兴建希腊化城市，其中最著名的就是亚历山大城。在各地希腊化城市中，被征服的居民必须杂居交往，造成犹太人历史上的第二次大流散，巴勒斯坦的犹太人逐渐流散到南欧以及北非、中亚各地。

公元前323年亚历山大去世后，地跨欧、亚、非的庞大帝国便一分为三，

描绘亚历山大大帝率军东征的马赛克拼贴画

即安提柯王朝统治下的希腊与马其顿、托勒密王朝统治下的埃及和塞琉古王朝统治下的叙利亚。巴勒斯坦先隶属于托勒密王朝，公元前198年后落入塞琉古王朝的控制下。两王朝继续奉行推广希腊文化的政策，仅在巴勒斯坦一地就建立起30多座民族杂居的希腊化城市。托勒密王朝统治时期，犹太人开始大规模定居埃及，其中既包括被迫迁来的犹太战俘、奴隶、雇佣兵及家属，也有出于各种原因而寓居的犹太工匠、商人、祭司和文士。

托勒密王朝在积极推广希腊文化的同时，对犹太人采取一种比较宽容的政策，尊重犹太人的传统文化和信仰。犹太人不仅在宗教事务中享有充分的自由，而且在整个社会文化生活中拥有广泛的自治权。因此在该时期，"犹太世界与非犹太世界彼此间发生了深刻的影响，犹太人不仅传播而且也接受新的看法和知识"。尤其是希腊文化对犹太文化产生了巨大的冲击力，希腊的语言、哲学、宗教、文学及风俗习惯已渗透到犹太人的日常生活之中。

犹太人在托勒密王朝统治期间的安定生活，被塞琉古王朝与托勒密王朝之间的战争所打断。公元前198年，塞琉古王朝安条克四世伊比芬尼从托勒密王朝手中夺取了巴勒斯坦，随即进军耶路撒冷，杀死了许多护城的百姓，然后返回叙利亚，从此巴勒斯坦又处于塞琉古王朝的统治之下。两年之后，安条克四世重新返回耶路撒冷，在犹大地区继续推行希腊化政策，并实行残暴的统治。在塞琉古王朝的高压政策下，忍无可忍的犹太人终于奋起反抗，掀起了马卡比起义，随后又建立了马卡比王国。直到公元前63年，罗马军队占领耶路撒冷时止，犹太人一直生活在水深火热之中。在这个动荡时期，犹太人既要抗拒外在强加给他们的暴政，表现了犹太人英勇不屈、顽强抗争的一面，又要面临内部教派纷争带来的内耗，但这并没有影响犹太人在坚持本民族宗教信仰的同时，在与希腊—罗马文明交融碰撞中兼容并蓄发展着一种独特的文化。

在希腊化时代，无论已经流散于南欧、北非和西亚各地的犹太人，还是依然留居于巴勒斯坦的犹太人，在其物质和精神生活的方方面面均自觉或不自觉地受到希腊文明的浸染。到公元前3世纪时，希伯来语逐渐退化为一种主要用于祈祷和经书的宗教语言，希腊语则为越来越多的犹太人所接受、使用，并出现了一批希伯来思想和希腊精神相结合的文化作品。

《七十子希腊文译本》

一方面，犹太人独特的宗教信仰对众多非犹太人显示出相当魅力，从而出现了一股皈依犹太教的浪潮。由于犹太人漂泊异乡，与异族、异教者混居杂处，以往的宗教隔绝状态已有所缓和。另一方面，许多散居异乡主要是埃及的犹太人在坚持其传统宗教信仰的同时，非常热心地学习、掌握希腊语，熟读、研究各种希腊著作，吸收希腊人的思想观念和思维方法，建立希腊式的露天

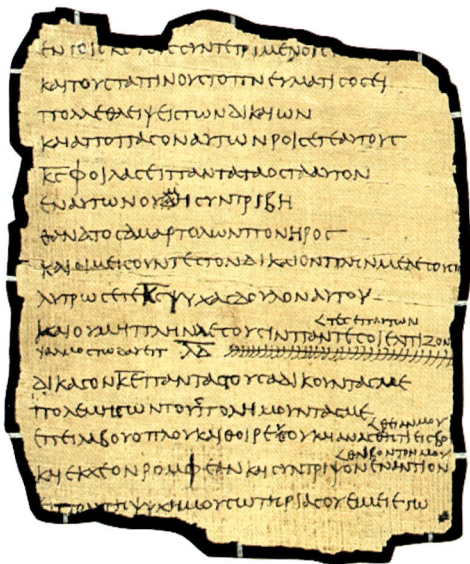

希腊文《旧约》译本残片

体育馆、健身馆和戏院，模仿希腊人的生活方式。

尤其是在亚历山大城，在这里东西方文化的汇合得到了充分的体现。这座港口城市既是托勒密王朝的首都和希腊文明传播的中心，有着收藏丰富的博物馆和图书馆，也是当时世界上流散犹太人口最为集中的社区。当地犹太人在希腊文化的熏陶下，结合本民族的文化传统，创造了一种独特的、兼具犹太和希腊特征的文化。这种文化不仅影响古代犹太哲学，而且对早期的基督教也起过相当大的作用。出现在亚历山大城最引人注目的犹太文化成就，就是犹太《希伯来圣经》最早的译著——《七十子希腊文译本》的问世，它可谓犹太—希腊文化的光辉结晶。

《七十子希腊文译本》是亚历山大犹太人集体创作的杰出成就。据传，托勒密二世为在著名的亚历山大图书馆收藏《希伯来圣经》译本，特邀请巴勒斯坦犹太各部落72名博学之士来亚历山大译经。他们各居一室，互不联系，但在神灵启示下成功完成这部首尾一致的庞大译著。不过这只是引人入胜的传说故事，事实上这项翻译工作十分艰巨，是由许多通晓希伯来文和希腊文的犹太

文人在持续近百年的时间里集体完成的工程。此书的出现主要是为了满足当时那些已经遗忘希伯来文、只懂希腊文的埃及犹太人以及那些皈依犹太教的非犹太人宗教生活之用。

《七十子希腊文译本》不仅对后人研究犹太教圣经源流具有重大参考价值，而且这部译著完成后马上作为神圣的经卷，为地中海地区操希腊语的犹太人和皈依者所使用。并在公元1世纪流行于巴勒斯坦，成为基督教最早的《旧约》译本，对日后基督教的广泛传播以及希腊—罗马文明的发展产生了深远的影响。

斐洛：架起犹太宗教与希腊哲学的沟通桥梁

希腊化时代还涌现出了一些综合犹太文化与希腊文化的思想家，亚历山大的犹太贤哲斐洛（约公元前20~公元50年）就是一位集大成式的典型代表。斐洛出身于亚历山大城的犹太显贵家族，

犹太贤哲斐洛

自幼就深受希伯来传统文明的熏陶和哺育，使斐洛一生作为一名虔诚的犹太教徒，致力于犹太传统文化的阐发和拓展。同时，作为一名生活在东西方文化交汇的亚历山大城的希腊化哲学家，斐洛透彻而广泛地了解希腊诗歌、历史和哲学，因而又是一位深受希腊文化影响的学者。他毕生的创作主要是对《托拉》的解释评注、哲学阐发和神学意义的揭示。在这些作品中，斐洛自觉地把希腊哲学的观念和方法注入对犹太教神学思想的阐发，旨在使其尊奉的犹太教信仰和希伯来传统在新的时代条件下得到延续和光大，并实现其与希腊哲学及文化的互补和贯通。

九、马卡比起义

不同文明之间既有彼此渗透和交融，又存在相互碰撞乃至冲突。在马其顿亚历山大大帝以及托勒密王朝时期，巴勒斯坦的犹太人还享有一定程度的文化和宗教的自由。但到了塞琉古王朝统治时期，犹太人的生存情形日益恶化。

安条克四世的暴虐

塞琉古王朝统治时期，特别是暴虐的安条克四世在位时（前175~前163年），巴勒斯坦犹太人在遭受残酷的民族奴役的同时，又被施加蛮横的宗教压迫。安条克四世在位时期意欲通过文化上的统一来融合国内各民族，巩固其专制统治，于是在全境内强力推广希腊化。在希腊文化的强烈冲击下，巴勒斯坦犹太人分化成两大派。众多犹太百姓和一部分下层祭司依然坚守传统文化，对犹太教信奉不渝，形成虔诚派；而一些犹太贵族和祭司则愿意接受希腊化，称为世俗派。

世俗派自然得到安条克四世的大力支持。世俗派首领耶孙通过向安条克四世行贿，夺得耶路撒冷大祭司之职，不遗余力地在犹太人中间推行希腊化。3年后，另一位希腊化犹太人美尼劳斯也通过行贿取代耶孙之职，他不仅更加卖力地推广希腊风俗，残忍地谋杀虔诚派领袖，而且时常偷窃耶和华圣殿的器皿出卖，甚至纵容塞琉古王对圣殿大肆劫掠。公元前169年，安条克四世远征埃及归来，率军闯入圣殿，掠走了各种珍贵的圣器和所有的金银财宝，还残忍地杀害了数以千计的虔诚派犹太教徒。

公元前167年，安条克四世决意制服那些顽强抵制希腊文化的巴勒斯坦犹太人。他派遣阿波罗尼率领雇佣军再度进犯耶路撒冷，烧杀掠夺、拆除城垣，并且在圣殿的北部筑起高墙和坚固的塔楼，建成一座阿克拉城堡，派重兵驻守。安条克四世认为，犹太人拒绝接受希腊文化的根源就在于他们所严守谨从的犹太教。于是他决心连根铲除这个"低微而怪异"的小宗教。他发布敕令：禁止行割礼，不得守安息日，处死收藏《托拉》者；圣殿用来改拜奥林匹斯之神宙斯，其祭坛可用各种不洁之物供奉异族神祇。犹太人被迫参加每年一月的庆祝国王诞辰的献祭仪式。有两位犹太妇女因给其婴儿行割礼而被游街示众，胸前吊着婴儿，被人从城墙上推下。还有一批犹太人聚集在耶路撒冷附近的一个山洞里秘密守安息日，被获悉消息的安条克军队活活烧死。

在此之前，犹太民族虽然多次遭受异族的统治，但他们的宗教活动尚未被禁止过。现在安条克四世竟然剥夺他们的信仰，亵渎他们的宗教，粗暴地用希腊文化取代古老的犹太文明。这在广大犹太人看来不啻是最大的侮辱和罪恶，是难以容忍的，加上塞琉古王朝的苛捐杂税，塞琉古王朝的统治与犹太人之间的矛盾已到了不可调和的地步。

马卡比家族揭竿而起

当时耶路撒冷有一位虔诚的犹太教老祭司马塔提亚·马卡比，他有5个儿子：约翰、以利亚撒、犹大、约拿单和西门。他们目睹耶路撒冷乌烟瘴气的景象，悲痛欲绝地离开耶路撒冷，来到南面一个叫莫顶的小村庄避难。公元前167年，一队塞琉古王朝的官兵来到莫顶村，设立祭坛，强迫村民供献邪教祭品。一个官吏对马塔提亚说："你们一家人都是有影响的人物，如果你们首先出来按照国王的命令行事，你们一家人不但可以获得大公爵位，而且还会得到许多金银赏赐。"老祭司回答道："我们一家人决意继续遵守上帝与我们祖先所立的圣约，我们永远不会抛弃他的律法或违背他的成命。"随即马塔提亚杀掉了那位强迫人们献祭的朝廷命官，率众揭竿而起，在"忠于上帝圣约、服从上帝律法"的口号下揭开民族大起义的序幕，众多虔诚信仰犹太教的热血志士纷纷追随马塔提亚一家进入山区，开始为摆脱异族奴役、恢复民族信仰而战斗。

起义不久，马塔提亚便因年迈去世，临终前他指定三子犹大（又名"马卡比"，意即"铁锤"）继任起义军领袖。犹大身强力壮、作战勇猛，在战场上如"凶悍之狮"，令敌人闻风丧胆。人们把率众起义的这家人称作"马卡比家族"，这场起义也被称为"马卡比起义"。

犹大率军灵活运用山地游击战术，不时袭击塞琉古军队和犹太叛教者，到处捣毁邪教祭坛，给未受割礼的男孩强行割礼，打击了安条克四世的统治。

马卡比军队击溃塞琉古军队

起义军虽然人数不多，装备简陋，缺乏训练，但是怀着拯救民族同胞、捍卫神圣信仰的壮志，以少胜多击败前来镇压的塞琉古军队。先是击退阿波罗尼的进犯，起义军首战告捷。后犹大又指挥义军在地形险要的伯和仑隘口，以伏击战再次战胜塞伦大将率领的军队。两战胜利大大增强了犹太人的抗敌信心，义军队伍迅速壮大。

公元前165年，安条克四世调动了王国半数军队，由大将吕西亚统率围剿起义军。面对40000步兵、7000骑兵的敌军，义军主帅犹大镇定自若，沉着应战。当敌军趁着夜色朦胧，向义军营地悄悄扑来时，发现那里空无一人，以为义军一定是闻风而逃，便在山地到处搜索。其实犹大早已获悉敌军动向，预先带着义军离开营地去攻打以马杵斯的王军。天刚拂晓，犹大率领义军突然出现在以马杵斯的营地，睡眼惺忪的敌军措手不及，3000敌军被义军杀得人仰马翻。次年，吕西亚统领60000大军卷土重来，义军又以少胜多，经过一番激烈的肉搏战，歼灭了敌军5000名将士。吕西亚不得不撤军返回叙利亚。起义军乘胜夺回了圣城耶路撒冷。他们修筑了耶路撒冷的设防工事，并在边城伯凤驻军设防，还拆毁了异教祭坛，并按照摩西法律的要求，里外重修了圣殿，新做了礼拜器具，再次点燃了作为犹太民族传统象征的七支烛台。后来犹太人的净殿节便是为了纪念此事。

远在波斯的安条克四世闻听王军一败涂地，以及义军收复耶路撒冷和清净圣殿等消息后，因惊恐气恼一命呜呼。公元前162年塞琉古王朝新王尤帕特和大将吕西亚聚集100000步兵、2000骑兵以及32头战象，组成大军包围伯凤。犹大率领军队在伯士撒达利雅与王军鏖战。犹大领兵冲入战场，杀了王军600多人。犹大的哥哥以利亚撒钻到一头大象肚子底下，把大象刺死，自己也被压死。公元前161年，塞琉古国王派名将尼迦挪率兵进剿，战事又起。两军在奥得萨激烈厮杀，最终国王全军覆灭，义军缴获了大量战利品，并把尼迦挪的人头和右臂砍下，在耶路撒冷郊外示众。起义军欢欣鼓舞，宣布作战胜利之日，即亚达月13日作为一年一度的祝贺日来庆祝。

前赴后继

随后恼羞成怒的塞琉古国王又派出巴克西得进兵巴勒斯坦，犹大也率领3000义军来到伊沙拉驻扎。面对装备精良、规模庞大的敌军，义军内部有不少人丧失斗志，开了小差。犹大只剩800将士，又无时间休整队伍。当部属劝他撤退待援时，犹大毅然答道："永远别让人家说我从战场上逃跑了。如果我们的大限来临了，那就让我们为犹太同胞英勇战死。别给我们的荣耀留下任何污点。"而后拔出宝剑，一马当先，率领义军与敌人奋力拼搏，从早晨一直厮杀到晚上，直到流尽最后一滴血。在犹太民族史上，犹大英勇抗敌的业绩为犹太人所敬仰。

犹大的去世使犹太人面临深重的灾难。塞琉古王朝官员和犹太叛教者对起义者及虔诚派进行反击，不久犹大的长兄约翰又被敌人逮捕杀害。但这更坚定了约拿单、西门和起义将士前赴后继的斗争意志。约拿单率领义军继续与巴克西得周旋作战，迫使受挫敌军求和而退。公元前143年，约拿单又被诱捕杀害。危急关头，马卡比家族最后一位成员、马塔提亚的幼子西门义不容辞地接过抗敌领导重担。西门在耶路撒冷召集众人铿锵有力地发出誓言：

> 你们知道，为着摩西律法和圣殿，我父亲的家族、我的兄弟们，以及我本人，曾经付出过多么大的代价。你们还知道，我们所进行的战争以及我们所遭受的苦难。我的所有兄弟都为着我们的律法、我们的圣殿和我们的国家而战死疆场了。我是唯一活下来的一个，但是永远别让人说我在危难时刻企图保全自己的生命。我并不认为自己比兄弟们高贵，一点也不！我要为保卫我的国家、圣殿和你们的妻儿老小而战斗到底！

这番话语立刻鼓起大家的士气，大家高声喊道："你就做我们的领袖率领我们战斗吧！"随后这位足智多谋的新统帅率领众志成城的义军胜利地将来犯敌军驱逐出去。

公元前142年，塞琉古国王底米丢二世为借助西门的势力以巩固王位，便与西门订立和约：允许犹太人享有各方面的完全自由，废除对犹太人宗教信仰的强行规定，承认西门为犹太国祭司长，批准前王与约拿单所立之约，免除犹太人对塞琉古王朝的贡税。随后，驻扎塞琉古王朝军队、监控耶路撒冷犹太人的阿克拉城堡也被拆毁。重新赢得独立的巴勒斯坦犹太人民欢欣鼓舞。公元前140年在耶路撒冷举行的国民大会上，西门被一致推选为犹太人王国世俗大祭司兼总督和军事统帅，无国王之名（西门为尊重大卫王后裔，不愿取王号）而有国王之实。

这样，巴勒斯坦犹太人在马卡比家族领导下经过25年浴血奋战，成功摆脱了塞琉古王朝的统治，恢复了犹太人的政治独立和宗教信仰，建立了以耶路撒冷为首都的政教合一的神权国家，史称马卡比王国。

十、罗马铁蹄与犹太战争

公元前140年，摆脱塞琉古王朝统治的巴勒斯坦犹太人，以耶路撒冷为首都建立了马卡比王国，开启了一个由西门后裔世袭为王的哈斯蒙尼王朝（哈斯蒙尼是马卡比家族的远祖之一）。公元前135年，西门被暗杀身亡，其三子约翰·希尔坎继位。希尔坎登基伊始便向外扩张，征服四周邻邦，占领了外约旦、撒马利亚和以土买，扩大了马卡比王国的统治范围，使之大大超过了所罗门时代希伯来王国的疆域。与此同时，犹太祭司内部发生分裂，出现了复杂的派系斗争，再加上哈斯蒙尼王朝内部争权夺利，马卡比王国日渐衰微。

哭墙的来历

而此时，罗马帝国在原先亚历山大帝国的版图上强势崛起。公元前64年，正当马卡比王国内部各派为争夺耶路撒冷圣殿大祭司的职位争吵不休时，早已

犹太罗马战争

犹太人在哭墙前祈祷

虎视眈眈的罗马帝国伺机而动。罗马大将庞培于东征途中率领铁骑攻陷耶路撒冷，将巴勒斯坦划入罗马帝国的叙利亚行省。公元前37年，罗马人任命新的犹太王，哈斯蒙尼王朝灭亡。马卡比王国覆灭后，一度享受独立和自由的犹太民族重又开始苦难生涯。公元6年，巴勒斯坦犹太人转归罗马直接统治，罗马帝国野蛮专制、横征暴敛，激起犹太人连绵不断的武装反抗。公元66年至135年巴勒斯坦犹太人发动数次反抗罗马暴政的民族大起义，史称"犹太战争"。

公元66年，罗马总督弗洛鲁斯公然抢劫耶路撒冷圣殿的财宝，愤慨的犹太人在爱力阿沙尔等人领导下，发动针对罗马帝国的起义，史称"第一次犹太罗马战争"。义军奋勇歼灭罗马驻军，又与前来镇压的罗马军队鏖战数年。公元70年阿布月（犹太历5月）9日，罗马大将梯特率兵攻入耶路撒冷，第二圣殿化为一片灰烬。此后，圣殿再也没有重建。以后犹太人在圣殿的西护墙废墟上，用圣殿残留的石块垒起一段约18米高、50米长的大墙，称为"西墙"。此地成为犹太教的第一圣地。千百年来，散居世界各角落的犹太人回到圣城耶路撒冷时，便会来到这面石墙前低声祷告，哭诉流亡之苦，所以"西墙"又被称为"哭墙"。

罗马统治下的犹太教分化

在数次武装反抗——为强大的罗马军队所镇压的情况下，对现实日益绝望的犹太民众只能在宗教信仰中寻求出路和寄托。所以犹太人在拼死反抗外来残暴统治的同时，犹太教内部因追求生存方式的不同也逐渐分化，开始形成各种宗教派别。罗马统治时期，在日趋增强的外来文明的影响冲击下，由于经济地位、政治态度和宗教观念的差异，犹太教内部逐渐分成四派。

撒都该派为第一圣殿建立以来逐渐形成的祭司贵族集团，系由在圣殿当权的祭司、贵族和富商组成的犹太教元老派。"撒都该"一词源于大卫和所罗门当政时的大祭司撒督。此派掌握圣殿的大量金银财富，并在圣殿设立法庭，处理民事诉讼。在宗教上，尊奉《摩西五经》，宣称唯有他们可解释律法，拒绝承认口传律法，也否认灵魂永生和肉身复活。为保有管理圣殿的特权，该派成员对希腊化采取妥协政策。马卡比王国后期，其势力大为削弱，后又屈从罗马统治。公元70年第二圣殿被罗马人摧毁后，这一依附于圣殿的特权教派便土崩瓦解了。

法利赛派是公元前2世纪从撒都该派分化出来的一个教派。"法利赛"一词在希伯来文中意为"分离"，其成员主要为文士、律法师及部分富裕工匠、农民等。该派除遵守《摩西五经》外，也信奉口传律法，强调维护犹太教传统规范，要求与异己者严格隔离，相信灵魂不灭、肉身复活，反对希腊化，拥护马卡比起义，对罗马统治抱不合作态度，但主张平静等待救世主"弥赛亚"降临。

艾赛尼派主要是由下层农牧民组成的教派。"艾赛尼"在希腊文中意为"圣者"或"虔诚者"。该派经济地位低下，对犹太教信仰虔诚，为马卡比起义的主要力量。但在马卡比王国时期，其经济状况及政治地位并未改善，从而产生悲观情绪，移居偏僻农村和山区，建立互助社团，反对世俗的奢华安乐，严守律法教规，祈求弥赛亚的拯救复国。《死海古卷》记载的库兰社团即属此派。因该派教义、礼仪、观念与后来的基督教多有相似，而被众多学者认为是"基督教的先驱"。

奋锐派是公元前后由处于社会下层的犹太无产者、贫苦手工业者、农民和小商贩组成的教派，又称"狂热派"。其热诚维护犹太教律法，宣称耶和华为唯一真神，强烈反对罗马统治，积极盼望并宣传弥赛亚的降临拯救，视己为犹太教律法的捍卫者。该派在加利利和耶路撒冷开展政治活动，公元6年起成为反抗罗马民族起义的中坚力量。

此外，在巴勒斯坦北部加利利一带还出现了名为拿撒勒派的新教派。该派信徒企盼"救世主的降临"和"最后日子的到来"，认为必有"光明之子"的仁政取代目前暂时的"黑暗之子"的暴政。拿撒勒的犹太人耶稣不仅是其理想的代言人，且被视为传说中的弥赛亚化身。由此拿撒勒派逐渐由犹太教内部的一个分支发展为原始的基督教，这样，源于巴勒斯坦的基督教便于公元1世纪前后传播到罗马帝国全境。

约瑟福斯和《犹太战争》

在罗马统治与犹太战争期间还出现一位著名人物，就是犹太历史学家和军人约瑟福斯（约37~100年）。他生于耶路撒冷犹太祭司世家，受到撒都该派和法利赛派的影响。他天资聪颖，熟谙希伯来语、希腊语等多种语言，博览群书，学识广博。在耶路撒冷当过数年祭司，思想上倾向于法利赛派。64年为营救犹太祭司出使罗马，获得罗马皇后萨比娜接见，成功说服罗马当局释放犹太祭司，他本人同时也为罗马文化和罗马的强盛所吸引。66年犹太人反抗罗马大起义爆发，约瑟福斯受任义军加利利军事长官。67年2月，罗马皇帝尼禄命令韦斯巴芗率军进逼加利利，在长达47天的殊死搏斗后，终因义军寡不敌众，加利利陷于罗马人之手。约瑟福斯在被捕时对韦斯巴芗说过："我不但是加利利的军事长官，而且还是一名先知。我预言，你将成为罗马的皇帝。"69年7月，韦斯巴芗被两个埃及军团拥立为皇帝。当时信口随言竟成事实，约瑟福斯也就从阶下之囚跃升为席上嘉宾。

70年罗马皇帝韦斯巴芗围攻耶路撒冷犹太人时，约瑟福斯跟随罗马军队而行，原本他想以自己的特殊身份充当罗马人与犹太人的调解人，却因均为两边不信任而未遂。是年8月30日，耶路撒冷陷落，圣殿被毁，犹太国崩溃。约瑟福斯定居罗马，专事写作。结果他写出了几部留垂史册的犹太历史和宗教名著，包括《犹太战争》和《上古犹太史》。在《犹太战争》中，约瑟福斯详尽描述了亲身经历的66年犹太大起义。《上古犹太史》则对拿撒勒人耶稣的记载甚详，从而对后世研究耶稣其人及基督教史具有很大的价值。

十一、永不消失的"马萨达精神"

以色列国防军每年新兵入伍时，均有一个前往马萨达城堡遗址宣誓的庄重仪式，誓言"马萨达再也不会被攻陷"，此即"马萨达精神"。

马萨达是死海西部一座孤立小山，山高462米，山顶是一块平坦之地，长约600米，宽130~240米。公元前103年起山顶就建有城堡，历代统治者也在此建造行宫，山上有清澈的水源并储备足够的粮食。公元66年走投无路的犹太人在小刀党（即奋锐派）率领下掀起反抗罗马残暴统治的民族大起义，70年8月30日，罗马大军攻占圣殿，随后圣城耶路撒冷也被罗马攻陷，起义最终失败。在罗马镇压起义的最后一刻，约瑟福斯在其名著《犹太战争》中有如下记载：

> 当圣殿还在燃烧的时候，罗马人开始抢劫一切物品，然后大开杀戒，身边的犹太人无论年长年幼、地位尊卑、不管是平民百姓还是宗教领袖，无一幸免，罗马人没有丝毫的怜悯之心。

罗马人占领了耶路撒冷的大街小巷，杀死了所遇见的任何人，他们点燃住宅，烧死藏匿在屋里的人。被屠杀的人不计其数，血流成河。直到在接近傍晚的时候，屠杀才渐渐停止，但大火仍在蔓延，天亮的时候，耶路撒冷还处在一片火海之中。

马萨达山有犹太起义军英勇抗击罗马军队的马萨达城堡遗迹

　　小刀党首领爱力阿沙尔率残存义军退守马萨达城堡，这已是犹太人反抗罗马统治者的最后一个据点。当时坚守马萨达要塞的战士共有960人，另外还有一些妇女和儿童。罗马万人大军将马萨达山团团围住，在山下建立8个军营，白天进攻，夜晚巡逻，严防死守。近千名犹太起义者在山上被围困3年之久，在孤立无援、弹尽粮绝的情况下用石头和罗马人作战，当石头也难以抵挡敌军进攻时，他们决定集体自杀。每家男子先杀死自己的妻子和孩子，然后全体男子抽签留下10人，杀死其他男子，最后一名男子先放火烧毁房屋，然后自尽。在公元73年4月15日逾越节的这一天，960名坚守要塞的犹太战士"宁为自由死，不为奴隶活"，集体殉难。殉难前夕，起义领袖爱力阿沙尔发表了慷慨激昂的悲壮演说：

　　　　勇敢的朋友们！我们下定决心，绝不做罗马人的奴隶，除了上帝之外，我们绝不屈服于任何人！现在，把这一切付诸行动的时刻到了，我们不能在这个时候自食其言而退却，玷污了犹太人的英名。

我们是最早起来反抗罗马人统治的，也是坚持到最后一刻的人。感谢上帝给了我们这个机会，当我们从容就义时，我们是自由人！

明天拂晓，我们的抵抗将会终止，不论敌人多么希望把我们俘虏，但他们也没有办法阻止我们自由地选择和相爱的人一起赴死。真可惜！我们没能打败他们。让我们的妻子不再惨遭蹂躏，孩子们也不再做奴隶而赴死吧！让我们把所有财物连同整个城堡一起烧毁。但是不要烧掉粮食，让我们的敌人知道：我们的死并不是缺乏粮食，而是自始至终，我们宁为自由死，不为奴隶生！

当罗马人到达山顶时，被眼前的景象惊呆了。他们看到的是熊熊燃烧的烈火和一片废墟，还有960具完整的圣战者尸体，整齐地倒卧在山头上，只剩下两名妇女和五名儿童瞪着大眼守护着英雄的尸体。其中一名妇女逃生之后向史学家约瑟福斯叙述了这一悲壮史事。

从此，"马萨达精神"成为犹太人捍卫自由、宁死不屈的象征。如今，马萨达城堡已经成为以色列进行军事教育的地点，所有入伍军人都要高呼"马萨达再也不会陷落"的口号，以激发民族精神和战斗精神。后来，以色列考古学家对马萨达堡遗址进行了挖掘，向全世界揭示了2000年前的这个悲壮场景。以色列政府在遗址上建起博物馆。

十二、巴尔·科赫巴起义

犹太人的顽强抗暴精神并没有随着马萨达要塞陷落而消失。犹太人和罗马人之间的仇恨与日俱增，犹太起义持续不绝。其中，最著名的当属132~135年巴尔·科赫巴领导的犹太民族大起义。

已经历数次犹太战争的耶路撒冷满目疮痍，圣殿已毁，犹太教公会被迫关闭。在罗马军团控制下，耶路撒冷残破的城区被分割为几块。为消除犹太民族的凝聚力，罗马皇帝哈德良决意强力推行同化政策。118年哈德良下令在

罗马皇帝哈德良铜像

耶路撒冷废墟上重建罗马式城市和罗马宙斯神殿，同时严禁犹太人施行割礼。耶路撒冷虽然已成废墟，但仍被犹太人视为圣地，期待日后重新建立圣殿；而哈德良禁行割礼的法令也违背犹太人自古以来的民族习俗，从而再次点燃犹太人反抗的烈焰。

起初犹太人精神领袖阿吉巴·本·约瑟拉比与哈德良皇帝进行温和的谈判，但建城工作从未停顿。132年初，随着改造圣城开工这天的到来，出手阻挠的耶路撒冷犹太人惨遭罗马驻军屠杀。当深孚众望的西门振臂疾呼时，城内外犹太大众立即响应这场波澜壮阔的起义。

"星辰之子" 巴尔·科赫巴

西门是犹太教奋锐派后代，也是大卫家族后裔，当时被许多犹太人认为是救世主"弥赛亚"。这是一位具有天才的作战艺术和超凡的个人魅力的犹太英雄。阿吉巴拉比与罗马皇帝谈判失败后亦转而支持起义行动，参加了西门领导的这场圣战。他从《旧约·民数记》引出"有星要出于雅各，有杖要兴于以

起义军领袖巴尔·科赫巴

色列"的预言，称大卫家族后裔的西门应验"有星要出于雅各"的预言，将这位起义领袖称为"巴尔·科赫巴"。"巴尔·科赫巴"的希伯来语意为"星辰

之子"，于是这次犹太战争亦称为"巴尔·科赫巴起义"。

起初义军成功驱逐罗马驻军，顺利夺回耶路撒冷和犹大地区南部几个城镇，乃至一度把罗马势力赶出整个犹大地区。起义军建立了一个犹太政体，行使对圣城的管理权，甚至发行钱币，组织民众进行生产，开展犹太教公会活动，恢复犹太教礼仪习俗。虽然圣殿已不存在，但仍有成千犹太人前来朝圣献祭。这个犹太政权维持了两年，虽然短暂，但也为饱经苦难的犹太人争取到了暂时的解放和自由。20世纪60年代，在死海不远处的犹大沙漠洞穴里发现了当时的文物，这里是当年义军领袖的藏身之地。文物中包括巴尔·科赫巴时代的铸币，铸有"拯救锡安""为了以色列自由""以色列亲王西门"等字样。还有一卷纸莎草纸信件文献，用希伯来文、阿拉米文和希腊文字书写，上面有"以色列亲王巴尔·科赫巴"的署名。这些珍贵文物证实了巴尔·科赫巴起义的英雄战绩。

"马萨达精神"再现

133年，惶恐不安的罗马皇帝哈德良调集帝国7个精锐军团，以10万之众向起义军凶猛扑来。134年夏天哈德良的不列颠总督赛维拉斯将军统率罗马第十军团进攻巴勒斯坦，对沿途犹太村镇进行残暴洗劫，14岁以上的男子都被杀戮，孩童和妇女则被卖为奴隶，很快就攻陷了耶路撒冷，犹太起义军惨遭屠杀。耶路撒冷再度陷落后，巴尔·科赫巴起义军仿效当年马卡比起义的战略，退入耶路撒冷以南12公里处的贝塔尔要塞。赛维拉斯采用昔日罗马军队攻打马萨达要塞的策略，将贝塔尔要塞铁壁合围，并断绝粮水以困死犹太守军。

135年阿布月（犹太历5月）9日，即当年耶路撒冷被毁的纪念日，贝塔尔要塞终于陷落。巴尔·科赫巴壮烈牺牲，潜伏在耶路撒冷城内的阿吉巴和其他拉比也被罗马军抓获并折磨而死。残留义军最后退居穆拉巴特河谷，固守高达100尺的洞穴，随之而来的还有许多老人和妇孺。他们修好蓄水坑，坚守防御工事，并在夜间成功偷袭罗马军营。直到135年8月，罗马大军终于攻占了起义者所在的山洞，罗马人又进行血腥的报复，男女老幼均被杀害。至此，历时三年半之久的犹太人与罗马帝国最后一次战争以其悲壮的结局宣告失败。

巴尔·科赫巴领导的犹太人与罗马军队展开激战

巴尔·科赫巴起义虽以失败告终，但其勇敢反抗罗马暴政的壮举却万古流芳。以后犹太人为了纪念巴尔·科赫巴这位英雄，规定每年逾越节后的7个星期内，全民致哀，禁止举行婚礼。

开始犹太大离散时代

残忍的罗马统治者为了从精神上彻底摧毁犹太人，消除他们的抵抗意识，在起义失败后对巴勒斯坦犹太居住区实施惨无人道的焦土政策。据记载，当时有58万犹太人被杀，50个设防城镇及985个村庄被摧毁。哈德良还在镇压起义后废除犹太行省，把它与叙利亚行省合并，成立新的叙利亚巴勒斯坦行省。这里，哈德良为从地图上抹去"犹大地"，还有意把犹大地更名为与犹太人世仇"非利士"同名的叙利亚"巴勒斯坦"，意为非利士人之地。

巴尔·科赫巴起义失败之后，为彻底毁灭犹太人的希望，哈德良皇帝下令把耶路撒冷夷为平地，重建名为埃利亚的罗马式新城，将其他民族迁来居住。"犹太人不准跨入城内一步。故都周围再无一片土地是犹太人居住的中心了。"从此，犹太人的圣城耶路撒冷变成一座外邦人的城市。至此，经过反抗罗马的数次起义，犹太人死亡150多万，幸存者几乎全部逃离或被逐出巴勒斯坦，这便是古代犹太人的第三次大离散。此后犹太民族进入了为期1800多年的"世界性大离散时代"，在极端不利的条件下顽强不息地延续、发展着自己独特的文明。

第二章 犹太教与大离散时代的犹太文明

一、犹太一神教的形成

犹太教是犹太人千百年来维系其悠久而独特文明的文化内核与精神支柱，也是在长达近两千年间犹太人离而不散、始终不失民族身份的牢固纽带。

作为犹太人的民族宗教，犹太教是人类最古老的一神教，它把耶和华奉为独一真神，绝对排斥他神崇拜。然而，这种一神信仰并非犹太人自古就有的，犹太先民希伯来人经历过自然崇拜、祖先崇拜和多神信仰的早期历史。

自然崇拜与多神信仰

和世界上许多原始民族一样，希伯来人最初有着自然崇拜的习俗，曾敬奉石头、山峦、树木、泉源、动物和天体。圣石崇拜十分普遍。《希伯来圣经》（即《旧约圣经》）记载，亚伯拉罕之孙雅各在出逃舅家途中，曾以石为枕，昏睡中梦见上帝站在天梯之上与其说话，雅各醒后把所枕之石立作柱子，浇油立为圣所。此外《圣经》还谈到希伯来人有堆石为证、垒石为坛、以石罚恶等圣石崇拜的多种形式。

亚伯拉罕初到迦南时，曾在上帝显灵的一棵摩利橡树前筑坛献祭。《圣经》中也多次提及希伯来人对金牛、铜蛇的膜拜。而在天体崇拜中，最明显的是对月亮的崇拜。对以游牧为生的希伯来人来说，月亮的出没盈亏意义重大，因此当新月升起，希伯来人曾有在高处燃火迎接的习俗，犹太教守安息日之礼俗，即源于这种祀月活动。此外，希伯来人也流行祖先崇拜，如把祖辈的遗骸葬在圣所。

希伯来人到达迦南前，曾在美索不达米亚生活，那是多神教的故乡，当地的神祇达100多种，除诸神之首马尔杜克及其女伴伊希塔尔外，还有纳布、埃阿、夏马希等。亚伯拉罕之父他拉便是乌尔城一个虔诚的多神教徒，专为人们承做各种神像。希伯来人移居迦南后，当地及北邻叙利亚一带各地居民也均有自己的地方保护神，盛行多神崇拜。在这种文化氛围下，早先希伯来人也信奉多神。

从希伯来人对神主耶和华的崇敬信仰，到独尊耶和华为一神的犹太教确立，有一段相当长远的历史。

据《圣经》记载，亚伯拉罕已在朦胧之中相信，冥冥众神中有一个更有力量的主神，即耶和华。他是"根据耶和华的指示"率众从美索不达米亚迁到迦南的。但此时耶和华仅是亚伯拉罕氏族部落的保护神，其氏族世系外的希伯来人各有自己所信仰的神灵。

摩西十诫

如果说亚伯拉罕时代是犹太教的胚胎期，那么摩西时代则是犹太教的诞生期。正是摩西这位卓越不凡的民族领袖成为犹太一神教的创建者。埃及法老对希伯来人的迫害和凌辱，促使了犹太一神教的问世。

据《出埃及记》记载，耶和华在西奈山向正在岳父家避难的希伯来人利未部落后代摩西显灵，授命他率领苦难中的同胞离开埃及，返回美好宽阔的"流奶与蜜之地"迦南。于是摩西与兄长亚伦在"神主耶和华佑助"下，通过与法老的一番英勇机智的斗争，带领希伯来人克服重重险阻，胜利走出埃及。然而，长期处于埃及暴君统治下的奴隶生活，磨损了这些希伯来同胞独立的民族意识，加之他们多年受到埃及多神信仰的潜移默化影响，以致在返回迦南的艰苦征途中对耶和华的尊奉笃信产生动摇，再次出现偶像崇拜的现象。

为此摩西假托神主耶和华之诫命，对离经叛道的希伯来人发动了一场"清教运动"，声称耶和华在西奈山向他传授十条诫律，作为耶和华与希伯来人订立的约法，即"摩西十诫"：

（1）除了耶和华之外不可有别的神。

（2）不可为自己雕制和崇拜任何偶像。

（3）不可妄称耶和华的尊名。

（4）当守安息日为圣日。

（5）当孝敬父母。

（6）不可杀人。

（7）不奸淫。

（8）不可偷盗。

（9）不可作伪证陷害人。

（10）不可贪婪他人的一切。

值得注意的是，前三诫强调对耶和华的绝对敬奉，这显然是犹太教一神观的重要内容。

在宣布十诫之后，摩西还以耶和华启示的名义，向希伯来人宣布一系列律法，主要是关于献祭、人身和财物权利、个人行为、节期与祭物四方面的法规，从而以宗教律法的形式确定了希伯来人的宗教信条和伦理准则，实际上也制定了犹太教的一些最基本的教义和教规。在此基础上，摩西明确了专由利未部落成人男子担任祭司的专职祭司

犹太教经卷护盾上刻的"摩西十诫"

制度，制定了逾越节、五旬节和住棚节等重要宗教节期。

这样，人类最早的一神教——犹太教便在西奈半岛"脱胎而生"了。耶和华从原先亚伯拉罕世系氏族的部落神上升为全体希伯来人的民族神，摩西明确地将耶和华称为"以色列的上帝"。

犹太教一神信仰的巩固

在随后几百年定居迦南的时期，犹太教一神观经历了一个发展、巩固、深化的曲折过程。在进占迦南的征服战争中，希伯来人带着刻有"摩西十诫"石板的约柜随军而行，耶和华成为鼓舞、佑助希伯来人的战神。

约前1050年希伯来人惨败于非利士人，及至随军携带的约柜也曾落入敌手，一些悲观失望的希伯来人抛弃了对耶和华的信仰，改信异族神祇。希伯来王国建立后，大卫王为巩固民族凝聚力，大力扶植犹太教，将之定为国教，把约柜安置于首都耶路撒冷，并为之设计了华丽的圣殿。他同时整顿犹太教礼仪，制定祭司等级制度。到所罗门在位的"黄金时代"，更是在耶路撒冷大兴土木，以7年时间在锡安山建成一座气势雄伟的耶和华圣殿，将约柜放在圣殿最里层的圣堂中，此即"第一圣殿"。从此，四方游客、商贾纷至沓来，耶路撒冷成为希伯来人的宗教圣地及政治、经济中心，也极大地促使了犹太一神教的传播。

不过，所罗门本人对耶和华的信仰并不虔诚，他允许那些来自外邦的妻妾嫔妃在宫中建造异教神庙，甚至在耶和华大圣殿中设立异族神祇的偶像柱石，公开献祭祈祷。南北朝时代，由崇拜异族偶像引起的犹太教一神观信仰危机更是层出不穷。北面的以色列国君王耶罗波安不但在伯特利城和但城修筑神殿，安放金牛犊供人崇拜，还禁止百姓前往南国的耶路撒冷圣殿朝觐。亚哈王后、腓尼基人耶洗别更是把她家乡的异教崇拜引入，在撒马利亚建筑巴力神庙，设立祭坛和偶像，并怂恿亚哈大肆屠杀耶和华的崇拜者，从而引起先知等犹太教虔诚信徒的强烈谴责。随后军队统帅耶户发动政变，夺得王位，逮捕、处死了崇拜巴力神的亚哈夫妇及其门徒，史称"耶户宗教革命"。但此后北国偶像崇拜仍不时再现，而南国围绕一神信仰还是多神崇拜的斗争也几经反复。

玛拿西王在位时，就大力排斥对耶和华的信仰，虐待犹太教祭司。公元前640年约西亚即位后，以耶路撒冷大圣殿里发现的摩西律法书为依据，大张旗鼓地强化犹太教一神信仰。

公元前8世纪，昔日强盛的犹太国家在南北分裂、信仰危机和异族入侵中逐渐衰落。前721年亚述王萨尔贡二世攻灭以色列王国，前586年尼布甲尼撒皇帝率新巴比伦军队攻陷耶路撒冷，捣毁所罗门圣殿（即第一圣殿），上万人沦为"巴比伦之囚"。在此前后，深重的民族灾难极大地强化了犹太民族的宗教信仰，促进了犹太教一神观在随后200年的"先知运动"中进一步深化和完善。

包括以利亚、耶利米、以西结、以赛亚第二等在内的这些先知常借上帝耶和华之口揭露时弊，呼唤公义，劝谕世人，极力鼓吹复兴耶和华的独尊地位，反对并要求清除种种偶像崇拜的污垢。这些先知不遗余力地宣传彻底的一神观，并把耶和华推为全人类的至高主宰。先知们把犹太人的厄运解释为耶和华假借异族君王之手对离经叛道、崇拜异神偶像的犹太人的报复，但同时又以"救世主"观念来慰藉逆境中的犹太人，宣传在他们改邪归正、恢复独尊耶和华之后，上帝会派出救世主"弥赛亚"降临、拯救他们，并在人间建立一神统治的永恒王国。到这时，耶和华显然已从佑助希伯来人的民族神变为支配全人类的世界神。

公元前538年波斯大帝居鲁士战胜新巴比伦帝国，他以"奉耶和华神谕"的名义，让"巴比伦之囚"返回故乡，并支持他们重修圣殿，复兴犹太教。前516年"第二圣殿"建成。其后犹太地区长官尼希米按祭司观点整理犹太一神教教义、教规，并指示巴比伦犹太学士、祭司以斯拉宣讲巴比伦文士缮写的律法书《托拉》，为犹太教确立第一部成文法典。这一时期波斯国教琐罗亚斯德教中关于来世、复活、善恶二元论以及末日审判论、天堂地狱论等神学观念日渐为犹太教所吸收，同时犹太教仿效琐罗亚斯德教，形成了以巴比伦学士为主体的犹太祭司阶层。犹太教权威的希伯来经典主要部分律法书和先知书也基本形成。

至此，犹太教作为一个具有比较完整的教义、教规、礼仪和经典的一神教基本确立，并成为犹太文明的主要文化基础。

二、犹太教的基本教义

从亚伯拉罕时代到第二圣殿重建，犹太人逐渐形成了作为犹太教基本信条的宗教观，其主体即是对上帝以及对上帝、犹太人、救世主三者关系的认识。

突出的一神观

犹太教一神观的形成，经历了一个从自然物和祖先崇拜发展到对抽象的上帝崇拜，从多神崇拜嬗变到一神崇拜的长期演进。作为犹太教的崇拜对象，耶和华不仅是全体希伯来人的上帝，更是全人类的圣父，宇宙之中唯一存在的真神。他自有永有，无处不在、不生不灭，具有智慧、公正、博爱、正义和仁慈特征。他被视为最高的超自然的精神实体，全知全能，创造世上万物、主宰宇宙。

犹太人认为，人世间的一切变故都表明耶和华的旨意在不断地付诸实施。对耶和华的信仰意味着对其他神灵的排斥，既不承认，也不允许其他神灵取代或与耶和华并存。对不时遭到异族攻伐的弱小而多难的犹太民族来说，这种独尊一神的信仰扭曲地反映了其追求民族独立统一的愿望。

犹太教神选观

关于"特选子民"和"应许之地"的教义，是犹太教神选观的主要内容。

所谓"特选子民"，意即犹太人是上帝从万民中挑选的特等选民，负有上帝委托的特殊使命。这一说法又从犹太早期神话"挪亚方舟"演化而来：上帝因世人行恶而降洪水灭世时，持守正义的挪亚蒙神赐福，遵旨造方舟，在洪水泛滥时得以留生，犹太民族始祖亚伯拉罕的祖先便是"义人"挪亚的长子闪姆。

深信这些说法的犹太人认为，作为忠实信徒的犹太民族体现耶和华旨意，被选作特别恩宠的第一选民，成为人类中"与万民有分别"的最优秀民族。作为耶和华"使者的臣民"，犹太人肩负耶和华委托的特殊使命，作为"一个祭司的王国和神圣的民族"，要在全世界传播上帝旨意，人类应该通过他们学习认识上帝和遵守诫律。虽然这一使命的完成极其艰难，但耶和华在佑助他们。犹太人深信，耶和华不仅从万民中挑选了他们，赐福于他们，其他民族也因他们而得福。

所谓"应许之地"，意即迦南早就是上帝应允赐给犹太民族永远居住的乐土。据《希伯来圣经》记载，当亚伯拉罕忠实服从耶和华旨意，率本族从两河流域移居巴勒斯坦即迦南时，耶和华与之立约，将迦南赐给亚伯拉罕及其子孙。以后耶和华又先后对亚伯拉罕的子孙以撒和雅各显灵，重申将此地赐给犹太人。

这块"应许之地"并不肥沃富腴，但对于四处漂泊的犹太人来说，可算得上是一块珍贵的"流奶与蜜之地"。耶和华将此地赐予亚伯拉罕及其子孙的神话故事，反映了早期犹太游牧民族在向定居生活过渡时期对土地的渴求。以后饥荒使犹太人离开"应许之地"进入埃及，在那里，他们深感自己是流亡在外的"异乡人"或"客人"。所以几世纪后，犹太人又根据耶和华的旨意，重新征服这块"应许之地"，并建立希伯来王国。其后，耶路撒冷的耶和华大圣

绿色葱郁的加利利山谷

殿更是成为犹太教圣地。

到希伯来王国分裂灭亡，犹太人离散各地后，"应许之地"观念因其返乡复国的强烈渴望大为增强。犹太人认为，耶和华曾向其祖先雅各保证过，无论以后犹太人流散到哪里，他最终一定会佑助犹太人返回这块"应许之地"。

惩罚与救赎

关于"加路特"和"苟拉"的信仰，则是犹太教善恶观、契约观和救赎观的具体体现。

"加路特"意即放逐、苦行、赎罪；"苟拉"意即从放逐中得到解救并回到祖先的土地。其均出自《圣经》："耶和华对亚伯兰说，你要的确知道，你的后裔必寄居别人的地，又服侍那地的人，那地的人要苦待他们四百年"，"到了第四代，他们必回到此地。"这里实际上蕴含了犹太教的善恶观。其从一神观出发，以对耶和华的态度为善与恶的由来，承认万物之主的耶和华是善恶同一之源。犹太教主张耶和华是一个公义之神，他严格按照善恶报应的原则治理世界，人们信奉、崇拜、服从他即是善，而违背他的意志和诚律、崇拜偶像和异族神祇则为恶。

相应的，犹太教善恶观与契约观密切关联，上帝耶和华与其选民犹太人之间通过割礼、"十诚"，存在一种互有义务、交感互通的契约关系。其中上帝的承诺与选民的责任是息息相关的。犹太人"特选子民"的优越地位及上帝赐予的"应许之地"是与重重诚命挂钩的；犹太人无论君王还是平民百姓，如果违背上帝诚命，就会由上帝选民变为上帝弃民而遭受惩罚，失去上帝恩赐的乐土而被流放异乡。

与契约观相伴随的是犹太教的救赎观。按照犹太教教义，尽管犹太人受到上帝耶和华的惩罚，但他们毕竟还是上帝的"特选子民"，耶和华决不会弃之不顾的。终有一日，他还是会赦免知罪悔过的犹太人，拯救也将伴随而来。

当犹大王国灭亡、犹太人囚居于巴比伦之时，耶利米、以西结和以赛亚第二等先知就竭力宣传，犹太人目前失去祖国、被逐异邦正是耶和华对违背诫命、道德沦丧、崇拜异神的犹太人的一种"惩罚"。只要犹太人恭顺地接受惩罚，悔过自新，最终还是会得到耶和华的宽恕，耶和华会拯救犹太人，助其返乡复国。

不过上帝并不一定要亲自出马，他可以派遣弥赛亚以帝王使者的身份出现，拯救犹太人，在耶路撒冷建立公义之国。犹太教的这种弥赛亚思想其实也是犹太人渴望民族解放的宗教幻想的反映，其后来为基督教所继承，成为"耶稣是基督（救世主）"这一基督教信条的宗教根据。

对犹太人来说，后来波斯帝国灭亡新巴比伦，并支持犹太囚虏还乡重建圣殿，这似乎是对"加路特"和"苟拉"的有力证实。以后每当犹太人遭遇寄人篱下、受人欺凌的厄运时，这些观念便愈发强烈。从此犹太人用"加路特"把其面临的亡国流散之惨境合理地解释为一种赎罪苦行，以为只要自己逆来顺受，反省忏悔，恪守诫命，补正摩西律法，继之而来的必将是"苟拉"，即上帝派遣救世主解救犹太人回归"应许之地"，让犹太人继续完成其作为"特选子民"的特殊使命，最终在人间建立一个永恒统治的王国。

在坚持独尊耶和华一神信仰的基础上，犹太教"特选子民"和"应许之地"的教义，"加路特"和"苟拉"的信仰，以及犹太人与上帝之间订有契约、救世主弥赛亚终将降临的观念，不仅强化历经战乱、屠杀等灾难的犹太民族的宗教认同感和使命感，也使长期处于屈辱逆境中的他们获得永不枯竭的精神慰藉。

在古往今来的世界各民族中，宗教与民族之联系如此紧密，实为罕见。通过对犹太教如上信条的坚奉不渝，千百年来漂泊四方的犹太人获得持久不衰的民族凝聚力，得以在沧海桑田的历史漩涡中历经千难万劫却奇迹般地生存下来，依然拥有其传统的民族特性和民族精神，始终保持旺盛的生命意识和强烈的进取精神，执着地弘扬、发展犹太文明，对人类文化的繁荣做出了巨大贡献。

三、犹太教经典

犹太教的圣经本称《希伯来圣经》，后被基督教继承，作为基督教正典《新约圣经》的对应，也即《旧约圣经》。《旧约》再加上《次经》《伪经》和《死海古卷》，是早期犹太民族留给后世的文化宝库。其不仅成为西方文明的一大源泉，而且对整个人类文明发展进程产生了巨大影响。其中作为犹太教正典的《旧约》最为重要。

正典及其中的《托拉》

犹太人将《旧约》称为《塔拿克》，即《律法书·先知书·文集》，表明他们对全书内容的三分法，具体结构如下：

（1）律法书。"托拉"是希伯来文"律法"的音译，犹太人所称的《托拉》，广义上是指整部犹太教圣经，狭义上则是指《旧约》首5卷，即《创世记》《出埃及记》《利未记》《民数记》和《申命记》，因所传这5卷经文中的律法是耶和华在西奈直接传授摩西，故又称《摩西五经》。它们反映了希伯来人从远古时期到出埃及返回迦南之前的历史。

其中，首卷《创世记》是关于上帝创造世界和人类始祖以及犹太民族起源的描述。《出埃及记》叙述摩西的成长和他领导希伯来人迁

经卷匣中的《托拉》

希伯来文的《托拉》经卷

出埃及，以及在西奈，上帝通过摩西与希伯来人立约、颁布十诫。《利未记》为摩西宣布献祭等宗教仪式的礼仪，以及立亚伦及其子孙利未人为祭司，因而此卷有犹太教的"祭司法典"之称。《民数记》讲述摩西在率希伯来人离开埃及之前调查户口、颁布律法，及其随后向迦南推进的历史。《申命记》是风烛残年的摩西的三篇告别辞，劝诫希伯来人恪守约法、一心事奉上帝，以及立约书亚为后继人。可见，律法书除首卷《创世记》外的其余四卷，为犹太人民族英雄摩西故事的宏伟史诗。犹太教认为，这5卷书是犹太教圣经中最重要的一部分，为犹太人对耶和华信仰的基石。

　　（2）先知书。先知书又分前先知书和后先知书两部分：前者为《约书亚记》《士师记》《撒母耳记》《列王记》4卷，记载了希伯来人返回迦南后经历希伯来王国的建立、兴盛、分裂、衰亡，直到从巴比伦重返耶路撒冷再建圣殿的历史。后先知书为《以赛亚书》《耶利米书》《以西结书》3卷以及合为1卷的《十二小先知书》。其汇集公元前8~前5世纪先知们以宣讲"神谕"的形式对社会问题发表的政论。先知书共8卷，其地位为仅次于律法书的犹太教经典。

（3）文集。又称《圣录》，由《诗篇》《箴言》《约伯记》《但以理书》《以斯拉·尼希米记》《历代志》以及被称为《五卷书》的《雅歌》《路德记》《耶利米哀歌》《传道书》《以斯帖记》共11卷组成，包括上古到公元初年希伯来人所创作的诗歌、小说和智慧文学、启示文学作品。在每年固定的节日，犹太人集体诵读《五卷书》，以激发离散犹太人的民族感情。

这三部分犹太教正典以律法书为首位，在犹太教会堂诵读时属必读部分；先知书次之，属应读部分；文集则居末位，属选读部分。

上述犹太教圣经即《旧约》，基本上是在纪元前一千余年的漫长时期里，由众多犹太文士学者陆续编撰成书，绝大部分以古希伯来文写成。它是人类历史上一份古老而珍贵的文化遗产，是希伯来人勤劳智慧的结晶，反映了早期犹太民族的政治、历史、宗教、文化、生活和思想。

《次经》

《次经》也是希伯来人留下的重要文化遗产，全书15卷，由一些隐姓埋名的犹太文士在公元前200年到公元100年之间，以希伯来文和希腊文写成。在随后的历史岁月中，希伯来文抄本，还有希腊文和公元前3~2世纪亚历山大犹太学者翻译的《七十子希腊文译本》，除被列为正典的《旧约》外，还包括《次经》，在通行希腊语的犹太人和非犹太人中广泛传播。公元5世纪基督教圣经学家哲罗姆整理出一部包括《旧约》《新约》及《次经》在内的《拉丁文通俗译本》。此译本在1546年的特兰托会议上被定为天主教

《次经》残页

权威圣经，正式宣布《次经》作为"神圣的经典"是"第二正典"，应该受到"相应的信仰和尊重"。17世纪时，基督教新教把《次经》删掉了，只有天主教和东正教至今一直把《次经》收录在其圣经中。

《次经》不仅宗教色彩强烈，受希腊文化影响明显，而且文学特色纷呈。作品情节增强，文体趋于统一，叙事逻辑前后一致，形式生动活泼。如《犹滴记》出神入化地描写智勇双全的希伯来女英雄犹滴，在兵临城下的关键时刻，只身深入敌营，智取敌酋之首，生动地讴歌了希伯来人的爱国主义精神。而《苏撒拿传》则是希伯来文学中最早的公案小说之一，它通过对苏撒拿被诬告受审，最后又真相大白的描述，揭露了执法者知法犯法、侮辱妇女的罪行，歌颂了伸张正义的但以理的机智和勇敢。更值得指出的是，这些作品提供了公元前数世纪里犹太人生活、思想、宗教和传统习俗等方面极其珍贵的历史资料。如《马卡比传上》对后人研究马卡比起义和马卡比王国具有极高的史料价值。

《伪经》

历史上，还有一些犹太宗教作品没有被列入犹太教正典（即《旧约》）和《次经》，其是假托圣经人物名义之作，被称为《伪经》，其大约写于公元前200年至公元200年。

《伪经》作品与《次经》相似，不少内容是对《旧约》中相关内容的补充和扩展。由于

《伪经》残页

《伪经》的产生年代正值希伯来人灾难最为深重的时期，因此作品主题往往围绕罪恶、受难、救世、审判以及天国而展开，揭露丑恶和启示未来的篇章较多。另外因受希腊文化特别是斯多葛派哲学的影响，加上不少篇目后来经过一些基督教徒增补改编，作品更具有思辨和理性的色彩，出现了基督教思想的胚芽。尽管这些作品的卷名或作者名多属假托，但这是著书者为借重权威来宣传自己的观点的缘故，因此对作品价值实无多大影响。

不过，《伪经》作品与《旧约》和《次经》一样，都在不同程度上反映了成书之时犹太民族面临的历史环境及精神面貌，因而皆为早期犹太文明和犹太教的重要历史文献。

四、千世珍物《死海古卷》

《死海古卷》和《旧约》《次经》及《伪经》一样，也是早期犹太文明和犹太教文化宝库的一部分，以其保留了一批相当完整的犹太原始文献，而特别具有无可比拟的历史价值。

牧童的意外发现

1947年春天一个阳光明媚的日子，在巴勒斯坦死海西北岸的库兰山谷，阿拉伯牧童穆罕默德·伊尔迪伯寻找迷失的羔羊时，在一处崖壁上方发现有个树枝遮挡的深洞。随后胆大心细的伊尔迪伯叫来两个小伙伴，一起小心翼翼地钻入那狭窄而黑暗的洞中。凭借一丝暗淡的光线，他们在洞内拱形顶部发现几个陶罐，原以为里面可能装着金银财宝，但打开一看，却是一些用布包着或皮带捆着的皱巴巴、写有古文字的羊皮卷和纸草，便随便挑了些带出来，看能否换些钱。

这些古文献最初在伯利恒的黑市交易，几经转手，为耶路撒冷东正教马可修道院大主教撒母耳和希伯来大学教授苏格聂购获。经初步研究，认定这是几篇最古老的希伯来文圣经抄本，马上引起各方重视。许多考古学者和历史学

发现《死海古卷》的库兰1号洞

　　家陆续前往库兰地区进行系统的大规模发掘。十年间，在牧童发现的库兰1号洞附近，先后又找到藏经洞10处，分别命名为库兰2~11号洞，并在1号洞东南1公里处发现一片6000多平方米的古代遗址，经考证认为这是犹太教艾赛尼派一个隐居旷野的宗教团体集体活动之地，定名为"库兰废墟"。

　　从库兰11个藏经洞中，专家们共寻得古卷600余种，残篇碎片数以万计，经整理和放射性同位素测试，确认这些古卷残片产生于公元前250年至公元68年间，是以希伯来文、亚兰文、希腊文和拉丁文书写在皮革、纸草或金属片上。对于早期犹太文明和基督教历史研究而言，这些作于公元前后的史料显然具有极其珍贵的价值，从而被视为自文艺复兴以来的最重大的文献发现，并在20世纪50~60年代兴起一门围绕《死海古卷》进行研究的考古学新学科"库兰学"。

　　珍贵历史文献

　　上述《死海古卷》（或称《库兰古卷》）按其性质内容大致可分5类：

装有《希伯来圣经》古抄本羊皮卷的库兰山洞陶罐

藏经洞里的经卷

（1）圣经抄本。犹太教《希伯来圣经》即《旧约》，各卷除《以斯帖记》1卷外，均有全部或部分抄本。其中《以赛亚书》和《撒母耳记》几乎完整无缺。《诗篇》有3种抄本，抄本中还有8篇《诗篇》今本没有。古卷不但有希伯来文抄本，还有希腊文和亚兰文译本，这对于校勘《旧约》翻译史具有重大参考价值。

（2）《次经》《伪经》和《经外经》抄本。古卷中不仅有《次经》和《伪经》的抄本，还有一些未列入《次经》和《伪经》之内而又具有一定意义的著作，这些用亚兰文写成的当时广为流传的犹太民间神话传说作品被统称为《经外经》。这些《次经》《伪经》及《经外经》和《圣经》抄本同时被保存在库兰洞穴，说明当时尚未完全形成正典概念。

（3）《旧约》注释书。这些均是库兰社团讲经者对若干《旧约》段落所作的注释或讲解。它们往往以"解梦""释谜"和揭示"奥秘"的形式，针对当时的宗教问题和政治事件作出"预言"式的评论。这些犹太教的讲道说教显然不同于后来基督教会《圣经》的注释，但对研究库兰社团及当时的犹太教极富学术价值。

（4）库兰社团法规。古卷中还有相当一部分是记述库兰社团所崇奉的宗教信仰、所遵守的行为准则和所举行的礼拜仪式，主要有《会规手册》《撒督文献》和《会众守则》三部。包含库兰社团的入会手续，会员在日常生活、行为起居、祈祷献祭时的注意事项，以及有关机构设立、财产管理、社员义务和责任、对违规社员处罚等内容，使今人得以了解库兰社团的历史沿革、组织形式等。

（5）库兰社团遗留下来的其他文献。最重要的为类似《圣经》中《诗篇》的诗集《感恩诗篇》，内容为对上帝的赞美、感谢、倾诉和恳求；描写善与恶之间的战争的《光明众子与黑暗众子的战争》，这是一篇预示在末世弥赛亚降临、天国建立之前的善恶大决战的希伯来文启示文学佳作；介绍耶路撒冷圣殿的建造和装饰以及一系列献祭礼仪规范的《圣殿卷》。还有一卷刻在铜片上的特殊古卷，记述着圣殿财宝的名称、数量及埋藏的各个地方。

隐秘的库兰社团

通过对上述《死海古卷》以及库兰洞穴周围一带发现的众多文献（文书、信件），以及包括铜币、陶器、生活器具和武器等在内的丰富文物的整理、考证，专家作出如下推断：公元前2世纪中叶马卡比王国时期，犹太教艾赛尼派的一部分教徒组成一个公社式宗教团体，在库兰山谷过着一种隐居旷野的集体生活。这个"库兰社团"在约1世纪后逐渐达到鼎盛。然而公元前31年至公元5年因受地震影响，人员暂时撤离，社团生活中断30多年，以后又重新恢复，一直延续到公元68年，罗马帝国派遣第十军团前来镇压自公元66年开始起义的犹太人。面临大敌压境，库兰社团成员便将他们的典籍封藏于陶瓮，妥善埋在周围山洞中。公元135年，犹太人最后一次反抗罗马的巴尔·科赫巴起义时，该地区又一度成为起义者的据点。起义失败后，库兰社团遭到彻底的破坏，而这些静存洞穴的古卷直到近2000年之后才终于为人发现，重见天日。

今天在博物馆展出的《死海古卷》

　　除去这批珍贵历史文献和文物对研究犹太教的分支教派，特别是艾赛尼派、库兰社团及至巴尔·科赫巴起义有无可比拟的巨大意义外，仅就《死海古卷》而言，对犹太教宗教经典的考证研究具有极其重要的学术价值，使学术界在关于犹太教经文典籍的范围、正典形成的时代、《圣经》的注释翻译史等问题上的探索获得极其难得的资料。今天，《死海古卷》保存在耶路撒冷死海古卷博物馆，供人翻阅。

五、圣殿、祭礼与圣器

　　犹太教不仅是犹太人的宗教信仰，而且是其民族文化的表现形式，这在其宗教观念、经典文献、活动场所和宗教礼仪等各方面均有明显的反映。耶路撒冷成为犹太人的宗教圣地，锡安山成为犹太人的精神家园中心，源于古代希伯来人两度在此建立的耶和华圣殿。

耶和华圣殿

古代希伯来王国鼎盛时期，即所罗门在位时（前973~前930年），其最大的建筑成就即是耗时7年，在耶路撒冷建成一座气势雄伟的耶和华圣殿。圣殿位于锡安山上，山下有一条直通圣殿大门的石阶。在圣殿的中央有一座祭坛，点着长明灯。祭坛的旁边有一个巨大的铜缸，它由12头铜牛驮着，东南西北四个方向各有3头铜牛。圣殿最里层的圣堂中供奉着神秘的约柜，约柜内安放着刻有上帝耶和华与摩西在西奈山定约的法板。约柜的两旁放着刻有《摩西五经》的石板和各种木雕图案。圣殿内还放置了巨大了铜盆、铜柱、铜座，精雕细琢的金台灯、金碗等，无不彰显着圣殿的金碧辉煌、雄伟壮丽。此即"第一圣殿"。

公元前586年，新巴比伦王尼布甲尼撒二世率军攻陷耶路撒冷，第一圣殿被毁。公元前538年，新崛起的波斯帝国灭亡新巴比伦帝国，波斯皇帝居鲁士允许流亡的犹太人重返家园，并支持他们在耶路撒冷再建圣殿，复兴犹太教。由于从巴比伦返回的犹太人仅几万人，很多人并不富足，加上定居在这里的非犹太人的反对，圣殿修复并不顺利。直到公元前516年，圣殿重建历时20年方才竣工，称"第二圣殿"。

然而此后数百年中，圣殿又经历摧毁、重建、再次摧毁。公元70年阿布月（犹太历5月）9日，罗马大将梯特率兵攻入耶路撒冷，第二圣殿化为一片灰烬。此后圣殿再也没有重建。后来，一些犹太人在圣殿西外墙的废墟上，用原圣殿所残留的石块垒起一堵长48米、高18.3米的大墙，称为"西墙"，其成为犹太教重要圣地。每年阿布月9日即圣殿被毁日，来自世界各地的犹太人身穿民族服装，在此或虔诚祈祷，或为民族历史上的苦难哭泣，因此西墙又称为"哭墙"。

虽然圣殿已成往事，但它一直留存在犹太人的内心深处，耶路撒冷也因此成为故乡的心脏。在浪迹天涯的岁月中，犹太人无论身在何处，每逢相聚，最后一句告别的话总是"明年在耶路撒冷见！"

祭祀仪式

祭祀仪式在犹太人各种宗教活动中占有重要地位。其献祭可分定期与特别举行两大类。多在家庭中进行的定期祭有日祭、周祭、月祭、季度祭、出生祭、结婚祭、死亡祭等。多在会堂中进行的定期祭，一般在赎罪日、逾越节、五旬节、住棚节等各种节期进行。特别安排的是因胜利、灾难、感恩、歉收等特殊需要而举行的不定期祭献，表达蒙恩、谢主、保佑、消灾的愿望和请求。献祭的祭品多为牛羊、家禽、奶、油脂、酒、蜜等。

根据情况和目的的不同，献祭又分为许多种。最常见的首先是燔祭，犹太人往往选用头生无疾的公羊、公牛做祭品。牛羊被屠宰后，人们用手指将其血弹在祭坛上，肉块、脂油放在柴上焚烧。内脏做祭品前必须洗干净。其次是用农作物作为祭品的素祭。一般用细面与油调和，加上乳香后放在坛上当作火祭。用不完的细面、油、乳香归祭司所有。素祭中不能忘记放上盐。平安祭为犹太第三大献祭。其用牛羊做祭品，可以不用头生的雄性牛羊，但必须是没有残疾的健全牛羊。屠宰时要将手放在供物的头上，宰于会幕门口。供物的血与脂都不可吃。

还有赎罪祭。犹太人凡做了耶和华所吩咐不该做的事，就要将没有残疾的公牛犊牵到会幕门口将它宰了，作为赎罪祭。另外，在犹太人生活中，赎愆祭也很重要。犹太律法规定不得为人作假证。如果一个人发誓后却不把所见所知的事情说出来，那就不是一般的说谎过失，而是有罪；此外，在有所不知时接触了死兽、死畜、死虫、别人的污秽，知道后便感到自己不洁和有罪，犹太人便要以母羊或羊羔或山羊为祭品，举行赎愆祭。

圣 器

圣器是献祭仪式中使用的相关器物，主要的有祭坛、约柜、烛灯等。祭坛可用石头、泥土和金属制成。古代犹太的祭坛一般都很简朴。

约柜的重要性不下于祭坛。犹太人与上帝立约，将所立的内容刻在法版

犹太教礼仪用品——七支烛台

上，或抄写在羊皮卷上，然后珍藏在约柜之中。古代约柜用皂荚木制成，里外都要包上精金，四周镶上金牙边。在犹太会堂中一般都有这样的约柜。约柜所在的墙要面对耶路撒冷，表示与圣城无法割断的关系。

宗教活动场所的照明用灯，其用途不仅是照明，时常也具有特别的宗教含义。尤其是在持续8天的净殿节里，除了其他庆祝活动外，最有特色的便是每家每户门前都要点灯，而且每日增加一盏。因而净殿节又称"灯节""光明节"。

犹太教礼仪用品圣器

犹太教礼仪中还有一种悼念灯，一般在父母或其他关系亲近的亲属的忌辰（以犹太历为准）和赎罪日前夕使用。其由特制的蜡烛做成，通常放在玻璃或金属容器中，至少能连续点燃24小时，可以在家中或犹太会堂中点燃。如今悼念灯多由电灯代替。在燃灯时，一般要同时诵读悼文。犹太人通常会在大屠杀悼念日和阵亡将士纪念日点燃悼念灯。

笃信犹太教的正统犹太人每日都要祈祷。晨祷用内装经文的小盒系于前额及双臂。饭前先说简短的祷词，饭后照例必须作较长的感恩祷告。

另外一些虔诚的犹太人家庭的房门上都贴有写着经文的吉祥物梅祖查（门柱圣卷），有的还贴在朝向耶路撒冷方向的墙上，钉有图画或标记。犹太人进出家门的时候，用手触或用嘴吻它。

六、犹太会堂与拉比

犹太会堂

犹太会堂是犹太教徒进行宗教活动、学习犹太律法、进行集会的地方。其与圣殿的区别在于，圣殿是以朝廷为中心的全国宗教活动场所，会堂则是散居各地的犹太人的祈祷场所。犹太人在会堂中参与诵读经文、唱赞美诗、学习宗教律法。与圣殿相比，会堂的宗教活动具有仪式简便、民众参与程度高等特点。

公元前6世纪，新巴比伦帝国摧毁第一圣殿，犹太人被放逐巴比伦之后，作为坚守礼仪的犹太教徒集体祈祷和宗教活动的专门场所，会堂普遍出现。古代流散于巴勒斯坦之外的犹太人，出于宗教目的定期会聚集在一起，在犹太会堂进行集体祈祷、诵读经典，逐渐形成一种固定的制度。会众在会堂中自己参与诵读经文、唱赞美诗、学习宗教律法。可见，犹太教并未因圣殿被毁而消亡。因为一个圣殿已被化作几百个会堂。犹太会堂对于犹太教、犹太文化和犹太民族得以延续，起了不可磨灭的作用。散居世界各地的犹太人都

意大利都灵的犹太会堂

利用会堂作为宗教活动的主要场所。所造的会堂因为都建在客居国的土地上，为了避免惹是生非，常常采用外表简单朴素、内部豪华庄严的风格，减少对异教徒的视觉刺激。

　　在各地建造会堂不能不受到所在国文化的影响，在欧洲各国的犹太会堂中可以见到其受罗马式、哥特式、洛可可式等建筑风格的影响。尽管如此，犹太会堂仍然保留着自己的特色，如为约柜留出朝向耶路撒冷的位置、不搞偶像崇拜等。此外，犹太会堂里还有一个叫作诵经坛的地方，做祷告的犹太人面朝耶路撒冷，在此坐成一排。在犹太会堂中，还专门设置将男女座位分隔开来的"麦齐塔泽"。在今天的以色列，有的犹太会堂虽小，但仍有一处小小的隔开部分，即妇女专用的楼座。

意大利都灵的犹太会堂近景

荷兰马斯特里赫特的犹太会堂

　　可以说，在世界各地，凡有犹太人群居的地方，一般都有犹太会堂。

拉　比

　　"拉比"在希伯来语中是指长者或教师，尤其是指对犹太教律法深有研究并在宗教仪式中作为主持的学者，是对犹太教长者、博学者及神职人员的一种尊称，这种称谓沿用至今。

　　拉比的出现并不与犹太教的产生同步，他们是继祭司、先知之后登上历史舞台的。公元70年罗马皇帝下令焚毁第二圣殿后，为使犹太教宗教信仰不致中断，在约哈南·扎凯的领导下，一批犹太文人继续从事犹太律法的研究，他们就是最早的拉比。这些拉比们在失去圣殿的情况下，利用犹太教公会和犹太会堂继续弘扬犹太教传统，因而从第二圣殿被毁到7世纪阿拉伯帝国建立，这段时期的犹太教也被称为"拉比犹太教"。

起初，拉比们以学院为活动中心，潜心律法钻研和学术研究，它们后来发展为专门的拉比学院。巴勒斯坦的拉比学院以加利利学院为代表，而巴比伦的拉比学院统称萨珊波斯学院。《巴勒斯坦塔木德》和《巴比伦塔木德》便是这两个地区拉比学院研究犹太律法的成果集成。

拉比学院还源源不断地培养大批年轻的拉比，他们活跃在各犹太社区的犹太会堂与学校。从7世纪中叶起，拉比学院的首领们在犹太社区越来越有发言权，他们与流放领袖一起分享着犹太社区的权力。9世纪后在巴比伦和波斯一带的犹太社区中，原先送交犹太流放领袖的捐税缴到拉比学院，学院首领甚至拥有任命社区法官的大权。11世纪时，犹太社区实权已基本掌握在拉比学院首领们手中。

因此，在随后相当漫长的流散时期，犹太社团以拉比为中心，拉比不仅成了犹太人的精神领导，而且也是犹太社团的领袖。

七、塔木德文化

巴勒斯坦和巴比伦犹太社团所共创的塔木德文化，是中世纪犹太文明的一大瑰宝，也是在危难时刻支撑犹太人精神世界的力量源泉。

《密西拿》

公元70年巴勒斯坦犹太人反抗罗马的民族大起义失败，第二圣殿随之被毁，耶路撒冷失去了作为犹太人政治、经济和宗教中心的地位，犹太教的发展也面临重大转折。由昔日祭司贵族组成的撒都该派因失去其所依附的圣殿而急趋衰微，而从他们中分化出来的法利赛派（"法利赛"在希伯来文中意为"分离"）深感在当时严酷的历史条件下，犹太教必须为自己找到新的活动中心，更要顺应形势改变其活动方式，才能保留民族信仰和传统文化，延续并发展犹太文明。由此，一些法利赛派人士聚居巴勒斯坦西部沿海城市亚布内，不久又在加利利的太巴列建立据点。在这两地以及后来的乌沙等地，精通律法的法利赛派文士开办圣经学院，深化律法诠释，潜心研习律法，逐渐成为犹太民众的精神教师，获得"拉比"的尊称。

针对犹太人民族危机和犹太教生存面临的严峻考验，以及巴勒斯坦犹太人对犹太教教义的动摇和怀疑，拉比们着力强调社会及个人伦理，试图以祈祷和研习律法来达到巩固犹太教的目的。当时犹太教除成文律法《托拉》外，还积累了几世纪以来犹太教文士学者诠释律法所形成的大量"口传律法"，其多为律法原则在现实生活中的具体应用，指导犹太人日常生活中的"可行"和"不可行"事宜。公元132年巴尔·科赫巴起义的精神领袖阿吉巴拉比是第一个将口传律法编辑成书的人，以后他的学生梅厄拉比又修订了此书。被称为"圣者拉比犹大"的犹大·海亲王在其掌管犹太教公会期间（171~217年），在收集了包括100多位学者遗作的13部法规文集的基础上，领导拉比们经过几十年的分类、整理和补充，在公元3世纪初成功地编纂成一部希伯来文巨著——《密西拿》。

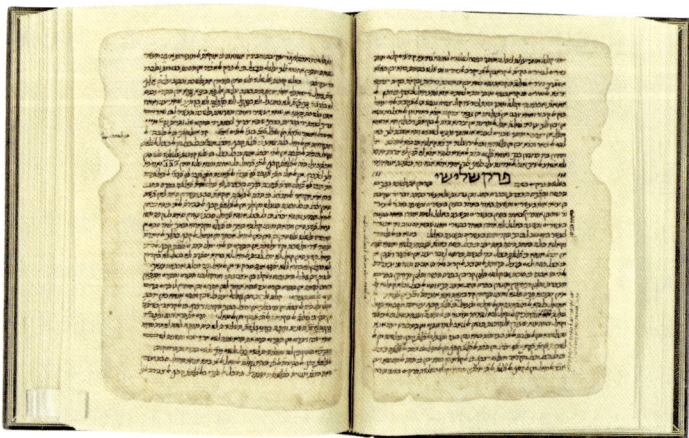

《密西拿》

　　"密西拿"在希伯来文中意为"重新阐述"。《密西拿》这部犹太教口传律法总集共有6卷，内含63篇，即63个议题。第一卷《泽拉伊姆》（希伯来文意为"播种"）11篇，主要阐述与农事有关的章则。第二卷《摩耶德》（意为"节期"）12篇，记述宗教节期及奉献礼仪。第三卷《那希姆》（意为"妇女"）7篇，为关于订婚、结婚、离婚及婚姻誓约的律法。第四卷《涅济金》（意为"损害"）10篇，阐述债务、遗产以及偷盗等民事和刑事处理条例。第五卷《科达希姆》（意为"圣事"）11篇，探讨宗教献祭仪规及有关圣殿事宜。第六卷《特哈罗特》（意为"洁净"）12篇，是关于身体、食物、居室和用具等方面的洁净与不洁净条例规定。

　　由上可见，《密西拿》是一部包含公元初年犹太人各种成文和口传的宗教法、民法和道德法的大典，它于3世纪起广泛流传于各散居地犹太人生活之中，并成为6世纪完成的犹太教律法及诠释总汇——《塔木德》的一个基本组成部分。

《巴比伦塔木德》

　　自公元前6世纪"巴比伦之囚"时期起，巴比伦成为巴勒斯坦以外一个重要的犹太人聚居地。到公元70年第二圣殿被毁时，当地犹太人已达100万。在公元初巴勒斯坦犹太人纷纷外迁的情况下，巴比伦逐渐发展为当时日益重要的犹太文化、精神中心。这里聚集着一批颇具权威的犹太教贤哲，并形成以其为核心的犹太学者阶层，这些精通律法的学者在当地社团中的地位类似于巴勒斯坦犹太社团中的拉比。这些巴比伦犹太学者认为，作为犹太教律法总汇的《密西拿》缺陷甚多，其不仅行文简约抽象，而且遗漏了当时许多已有的律法材料和口传法规，难以满足犹太人生活应用中的实际需要。

　　于是这些巴比伦犹太学者在随后的几百年岁月中，在详尽研究《密西拿》的基础上，对之进行补充与诠释，最后以当时西亚犹太人通用的亚兰语编成又一部律法释义汇编，称《革马拉》，并与《密西拿》合并，在经页上左右分列，组成著名的《塔木德》。"革马拉"在希伯来文中原意为"展示、补充、评注"，"塔木德"在希伯来文中原意为"学习、教导"。这部在公元6世纪初完成编纂的《塔木德》又被称为《巴比伦塔木德》。此前巴勒斯坦的拉比们也在4世纪中叶完成了另一部《塔木德》，称《巴勒斯坦塔木德》。现存的《巴比伦塔木德》不仅篇幅长达250万字，内容远比仅75万字的《巴勒斯坦塔木德》充实完备，在学术价值上也优于《巴勒斯坦塔木德》，因而在犹太人生活指导方面更具权威性，今人所谓《塔木德》通常是指《巴比伦塔木德》。

　　《塔木德》反映巴勒斯坦和巴比伦犹太人在公元前6世纪至公元6世纪之间文化、宗教、生活的历史演变。其内容包括《圣经》训诫、神话传说、诗歌寓言，律法礼仪以及天文地理、农事建筑、医学算术等。因而它不仅是一部诠释评注《圣经》律法的权威法典，也是一部包罗古代犹太文明万象的百科全书，无疑是当时犹太学者的集体智慧结晶。

　　《塔木德》中最引人注目的部分是《米德拉西》（意为"解释、阐述"），这是阐述道德伦理训诫和宗教律法礼仪的犹太教布道经卷，其内容分为两类：一是《哈拉卡》（意为"规范"），讲解经文中的律法、教义、礼仪与行文规范以及说明律法在现实生活中的应用；二是《哈加达》（意为"宣讲"），为阐述经文及其奥秘含义的故事、寓言、逸事、传奇。前者文体庄重严谨，具有较高权威，后

《巴比伦塔木德》首位编纂者拉夫·阿席

者体裁生动活泼，富有趣味性。《米德拉西》因此成为犹太教的通俗典籍，是犹太家庭教育的重要读物。

如果说《希伯来圣经》即《旧约》是犹太人永恒的圣书，那么《塔木德》则是犹太人实际生活的指南。它给流散中的犹太人提供了宗教生活的礼仪准则以及为人处世的伦理规范，对于巩固和完善犹太教律法、维护和加强犹太流散民族同一性发挥了不容低估的影响，以至1948年以色列国建立后，有人曾提出要将《塔木德》定为国家法典。

八、塞法迪文化

塞法迪文化主要由西班牙犹太社团所创造，是离散时期犹太文化发展史上的又一重要篇章。塞法迪是指称15世纪末以前居住在西班牙及葡萄牙的犹太人及其后裔的专用名词。

公元初年犹太人陆续来到西班牙，在相当长的时期内保留着自己的语言、宗教、文化和习俗。711年阿拉伯人征服西班牙，在8~13世纪阿拉伯人统治西班牙期间，犹太人得到善待，塞法迪文化的发展达到黄金时代。阿拉伯统治者允许犹太人信仰自由和司法自治，可以从事包括农耕、贸易、手工业、医学等各种职业。在科尔多瓦、格拉纳达、托莱多等城市的犹太社团中涌现出一大批才华横溢的犹太思想家和学者，在宗教、哲学、语言、文学及自然科学各领域建树卓著。

宗教哲学

摩西·迈蒙尼德（1135~1204年）是中世纪首屈一指的犹太思想家。他生于科尔多瓦犹太名门，年轻时便博学多才，不仅从中世纪阿拉伯哲学大师阿维森纳等长者那里接受了亚里士多德学说，且掌握了医学、天文学、数学和物理学等自然科学知识。迈蒙尼德后移居开罗附近的弗斯塔特，一边开店行医，一边讲解犹太教义，协调解决犹太事务，后成为当地犹太社团首领。他著述丰富，在宗教、哲学领域以《密西拿托拉》和《迷途指南》两本著作最为重要。前者是他花费十年精力完成的犹太教法典巨作，以简练通俗的希伯来语系统地介绍犹太教的全部律法和教义，该书享有"小《塔木德》"之美称。后者则是其历时15年写成的哲学经典，旨在让犹太人更好地依靠理性哲学来理解犹太教义，消除心中的疑惑，故取名《迷途指南》。此著在调和宗教和理性的基础上，对犹太教神学

摩西·迈蒙尼德

进行空前系统的理性探索，不仅为后世的犹太教理性主义哲学奠定了基石，而且对中世纪基督教经院哲学影响重大。由于迈蒙尼德的博学多才及其他对犹太文化的卓越贡献，使犹太人不胜敬佩地发出"从摩西到摩西，谁也比不上这位摩西"的赞叹。

该时期最著名的犹太教神秘主义哲学家是托莱多的犹大·哈列维（约1075~1141年）。其代表作为《库萨里——为被鄙弃的信仰辩护》，将新柏拉图主义、伊斯兰苏菲派神秘主义和犹太教虔敬派思想融汇一体，试图证明犹太教优于基督教和伊斯兰教。哈列维的犹太教神秘主义也表现出强烈的民族主义情绪。

语言文学

科尔多瓦的萨缪尔·纳格雷拉（993~1056年）被誉为中世纪最伟大的希伯来语言学家，通晓7国语言，而且深谙《塔木德》，以及哲学、数学、希伯

来语法和诗词格律等许多学科的知识，著有一系列《塔木德》研究著作和文辞优雅的诗歌。他编著的圣经希伯来语辞典，词汇解释透彻，表现出极高的语言学水平和运用语言的技巧。另外他还曾出任地位仅次于哈里发的国务大臣，总揽外交和军事，同时成为当地犹太社团的领袖。

中世纪西班牙犹太学者在诗歌创作方面同样取得史无前例的成就。以犹太民族"诗歌之王"而著称的加布里埃尔在其著名长篇诗《高贵的王冠》中，以诗的语言描绘了宇宙的浩瀚和自身的渺小，表达了其独到的宇宙观和哲学观。他创作的许多宗教诗至今仍是在犹太会堂常可听到的礼拜诗歌。

许多犹太学者往往又是才藻艳逸的诗人。例如哲学家加布里埃尔、哈列维和语言学家纳格雷拉和以斯拉，就是该时期西班牙犹太人中最突出的四位诗人，他们或是从古老的民族文化宝库《圣经》，或是从西班牙优雅的景色和环境中汲取灵感，创作出一系列反映犹太民族苦闷彷徨和渴望拯救的心理的宗教诗，以及热情讴歌欢乐爱情和美丽大自然的爱情诗、赞美诗，表现出强烈的民族主义和自然主义倾向。其中哈列维一生创作800余首诗歌，早期诗作多以歌颂爱情和赞美上帝为主，后期则多为反映犹太民族散居生活和内心情感的题材，《锡安颂》《流放哀歌》《齐奥尼德》等被列入最著名的犹太诗歌之列。

自然科学

塞法迪文化也在自然科学领域取得辉煌成就。这首先表现在医学领域，其次是在常与天文学和星占术相联系的数学领域。

迈蒙尼德同时又是技艺超群的医学家。他做过埃及君王的御医，还是卓越的医学著述者。他最重要和最普及的医学论著是《医学要旨》，从其众多的医学著述中可以看出其在医学、天文学、数学、物理学等多门自然科学学科中的深厚造诣。与他的哲学名贯东西一样，他的医学著作也对东西方医学影响深远。

犹太人哈斯戴·沙普鲁特（915~970年）担任哈里发宫廷的御医和金融、外交首席顾问，对医学经典《药物论》由古希腊文译成阿拉伯文贡献重大。他还利用自己的影响开办犹太科学学校。与之共同创办此校的西班牙犹太人乔那·毕克拉里希编纂的药学辞典，后被译成叙利亚、波斯、希腊、拉丁和西班牙等多种语言。

12世纪西班牙的亚伯拉罕·巴·海雅是一位知识渊博的犹太科学家。他那本阐述实用几何学的论著后被译成拉丁文，从而最早把阿拉伯三角学和求积法介绍给西方世界。海雅还借鉴古希腊天文学家、地理学家托勒密的成果，制订了希伯来文的天文学图表，他的《启示者手册》精辟论述了阿拉伯天文学。

犹太语言学家、诗人以斯拉也在将阿拉伯科学著作译成希伯来语方面做出重要贡献，包括他将算术中的十进位制引进犹太人的科学中，后人也是从他那里获得了有关十进位制从印度传到阿拉伯的珍贵历史资料。

8~13世纪的塞法迪文化在东西方文化交流史上占有极为重要的地位。当时尚处知识复兴黎明时期的基督教世界热切追求阿拉伯知识宝库，熟练掌握阿拉伯语的西班牙犹太人在这种文化传递中发挥了突出的桥梁、纽带作用。众多犹太学者将阿拉伯文著作直接译成希伯来语，或在其希伯来语著作中间接介绍阿拉伯文化，再由欧洲犹太学者译成拉丁文，传播给基督教世界。乔哈涅斯·黑斯帕伦西斯（约1090~1165年）为中世纪的拉丁文库翻译了数量众多的数学、天文学和星占术等方面的伊斯兰和阿拉伯世界的著作，其最具意义的译著是《十进位制运算册》，这对将阿拉伯数学系统介绍给拉丁语世界乃至开创西方近代数学意义重大。另一位是杰兰德（1114~1187年），他至少留下71本译著，其中包括著名的伊斯兰学者阿维森纳最负盛名的《医典》。

总之，8~13世纪的塞法迪文化不仅丰富发展了犹太宗教、哲学、文学和自然科学，而且在中世纪初叶之末也滋润了欧洲文化这块贫瘠的土地，推动了东西方文化交流，为中世纪后期欧洲文化的繁荣创造了条件。然而从14世纪初叶起，重新统治西班牙的基督教政权掀起了迫害犹太人的浪潮，犹太史上塞法迪文化的辉煌时代就此结束。

九、意第绪文化

意第绪文化由散居东中欧的阿兹肯纳齐犹太人创造。阿兹肯纳齐人原指中世纪居住在莱茵河畔及整个日耳曼地区的犹太人，后扩展为对他们后裔的称谓。这种以意第绪语为基础的文化构成中世纪中期以来对犹太文明影响最大的组成部分。

意第绪文学的由来

意第绪语是10世纪前后散居在德意志南部、法国北部的犹太人创造的一种语言，其语法结构类似于日耳曼语，拼写采用希伯来语字母。13~14世纪使用这种语言的犹太人流散到东欧后，意第绪语又受到斯拉夫语影响，逐渐发展为绝大多数阿兹肯纳齐犹太人的日常口语和文学语言，出现大量富有民族特色的意第绪语文学作品。意第绪文学最早兴起于13世纪，原是为适应那些受教育较少的犹太阶层特别是妇女阅读需要，她们由于不懂希伯来语而无法接触希伯来语作品，需要一种与其知识水平相称、符合其欣赏品味的文学作品。因此最早的作品多为能给女子提供道德教诲或使女子心情愉悦的通俗文学。随后意第绪文学逐渐演化为一种满足阿兹肯纳齐人各阶层精神生活需要、表达犹太智慧和美感的别具一格的大众文学。

意第绪文学早期作品主要是犹太教圣经即《旧约》《塔木德》等经典及评注的翻译或转述。以下是几类意第绪圣经文学作品：一是《希伯来圣经》的意第绪语译本，包括最初在原《希伯来圣经》文本上的隔行对照翻译，《旧约》单卷翻译，《摩西五经》翻译和整部《旧约》的完整翻译。二是将《旧约》故事改写成便于唱诵的意第绪语韵文体史诗，如《旧约》中有关亚伯拉罕、约瑟和摩西等希伯来早期族长故事改编的史诗，最有艺术价值的是1544年奥格斯堡出现的《撒母耳书》，生动再现了希伯来人从士师时代向君主制王国时代过渡的历史。三是《圣经》索引和辞典。1534年出现了第一本意第绪语《旧约索引和辞典》。四是祈祷辞的译作。1544年雅科尔完成第一本包括全年祈祷辞的完整《祈祷书》译著，爱泼斯坦在1697年完成的意第绪语《祈祷书》流传甚久。

意第绪文学中还有多以犹太女子为阅读对象的伦理说教作品。其内容包括在会堂礼拜、节日欢庆以及社团、家庭各种宗教仪式中应遵循的礼仪习俗，以及教育孩子、对待仆人等日常行为规范。1522年在威尼斯出现《女子律法》一书，1542年伊斯尼出版首本希伯来伦理著作的意第绪文译作，1590年在曼图亚出现首部综合性的《生活准则指南》。这些作品往往点缀着许多寓言、故事、传说、逸事，具有通俗易懂、活泼明快的文学风格。

意第绪语世俗文学

15世纪起出现意第绪语世俗文学作品，最初多为其他欧洲语言世俗文学作品的翻译或改编，以后犹太作家原创的意第绪世俗文学作品纷纷问世，其主题通常取材于流散犹太民众所熟悉的古代和中世纪犹太世界的传说逸事。意第绪世俗文学原创作品在15~16世纪意大利北部尤为兴盛，它们不同程度地带有文艺复兴时期意大利文学的烙印，同时清晰地表现出独特的犹太艺术风格。当时意大利最著名的犹太作家，是由德国迁来的以利亚·巴赫·莱维塔（1469~1549年）。他将《诗篇》译成意第绪语，编纂了第一本意第绪语—希伯来语词典，还编译、创作了不少意第绪语世俗文学作品。正是他把意第绪语称为"阿兹肯纳齐语言"，他也被誉为"18世纪之前意第绪文化中最为卓越者"。

17~18世纪流散欧洲的阿兹肯纳齐犹太人用意第绪语创作或翻译大量历史诗歌和著作，至今保留下来的就有40多篇历史歌谣，它们栩栩如生地展现当时阿兹肯纳齐犹太人社团的生活和个人景观，特别是他们所遭受的各种天灾人祸。例如赫尔恩以希伯来语和意第绪语两种语言创作的长篇叙事诗《梅吉雷特·维恩兹》，描绘17世纪初叶法兰克福犹太人生活的艰辛和苦难，叙述了当地反犹恶潮对他们的摧残蹂躏。德意志哈默尔恩的犹太女子格卢克尔撰写的《回忆录（1645—1719）》，从个人视角反映了当时阿兹肯纳齐犹太妇女的生活和情操，其文学价值和史学资料均受到后人的重视。

在戏剧创作方面，最早的著名意第绪戏剧是《以撒献祭》，自15世纪以来

意第绪名剧《附魂》剧照

意第绪名剧《附魂》剧照

在众多阿兹肯纳齐犹太社团久演不衰。17世纪起包括独白剧、讽刺剧、滑稽剧、幽默剧等各种形式的意第绪戏剧大量涌现，受到各地犹太观众的热情欢迎。18世纪中叶以后，反映犹太流散民族现实生活的意第绪戏剧也开始陆续问世。

从13世纪到19世纪，意第绪文学作为散居中东欧的阿兹肯纳齐犹太人文化生活的重要内容，在保存、传播、发展、繁荣犹太文化方面发挥了不可替代的历史作用。18世纪末随着犹太启蒙运动"哈斯卡拉"的兴起，意第绪文化又在新的历史条件下继续发展，并越出欧洲走向北美。

十、中世纪欧洲反犹浪潮

公元135年后，犹太民族进入世界性大流散时代，绝大多数犹太人离开巴勒斯坦，流散到世界各地。一部分移居到小亚细亚、阿拉伯半岛、两河流域和北非，也有不少人来到欧洲各国定居，主要散居在英国、法国、德意志、意大利、西班牙、葡萄牙及波兰等国家。在长达一千多年的中世纪黑暗岁月中，欧洲各国的反犹排犹浪潮频频涌起，犹太流散民族备受欺凌。

被迫改宗的"马兰内"

中世纪的欧洲是基督教一统天下的世界，当时基督教会竭力逼迫一切异教徒改宗基督教，因而也把犹太人信奉的犹太教列为异端邪说。罗马教会竭力宣传犹太人是被上帝唾弃的民族。他们一是力图改变犹太人的信仰，二是在达不到目的时对犹太人进行宗教迫害。因此，他们采取种种手段强迫犹太人改宗。在"改宗或死亡"的威胁之下，许多犹太人被迫改信基督教，但不少改宗者仍暗中信奉犹太教，他们遵守传统礼仪，不与非犹太人通婚，西班牙语将这些人蔑称为"马兰内"。这些被迫改宗的马兰内一旦被天主教异端（宗教）裁判所查出私下信奉犹太教，就会被施以各种酷刑，甚至火刑处死。1481年，异端裁判所在塞维利亚烧死了6位马兰内之后，迫害活动步步升级。异端裁判所威胁利诱一些犹太上层人物或者在犹太会堂任职的人揭发马兰内，当时有许多马兰内纷纷逃亡，异端裁判所在城外设立固定的火刑场。异端裁判所存在的三个多世纪，在西班牙与葡萄牙就有40万犹太人受到审讯，其中3万人被处以死刑。

反犹排犹面面相

至于保持信仰的犹太人，更是得不到居住国教权和王权势力的保护，他们在文化、经济、政治、宗教各方面遭受歧视和迫害，乃至被隔离、驱逐和屠杀。

在文化方面，不愿融入基督教文化主流的犹太人被视为精神"怪物"。当时欧洲大多数大学将犹太人拒之门外。他们也无缘进入其他上层文化艺术领域。1240年巴黎发生焚书事件，24车的《塔木德》手稿和许多希伯来文书籍被付之一炬。1553年在犹太新年这天，教皇保罗四世参加了在罗马举行的焚烧《塔木德》的活动，将搜查到的全部《塔木德》当众烧毁。

在经济领域，犹太人的经营和就业均受到诸多限制和排斥，时常被当局以种种理由敲诈盘剥。欧洲国家在法律上禁止犹太人占有地产，基督教会也不准犹太人及其帮工在星期天去田间劳动。而在安息日（星期六）犹太人遵照教规本来便不工作，加之他们常被驱逐，漂泊不定，因而失去务农机会。到欧洲城市手工业行会制度确立后，他们的手工业经营又普受限制。到中世纪后期欧洲各国商业资本增强时，犹太人又在贸易、金融领域受排挤。欧洲各国统治者还通过征收重税、规定就业限额、无故罚款、没收财产等各种手段，达到掠夺犹太人财富的目的。

在政治领域，犹太人没有一般公民所享有的权利、地位和自由，时常成为各国统治者转嫁阶级、民族、宗教矛盾的替罪羊，被诬为各种灾难的罪魁。1241年蒙古人进兵中欧时，就有人指称蒙古人可能是"失踪的10个以色列部落"的后裔，因而要犹太人对蒙古人蹂躏欧洲负责。1348年黑死病流行欧洲时，不少基督徒认为这是犹太人与魔鬼合伙造成的灾难。捷克胡斯农民战争爆发后，犹太人也被诬陷为胡斯战争支持者。欧洲人像躲避瘟神一样远离犹太人，后来教会干脆禁止犹太人和基督徒混居于同一地区，还规定犹太人必须佩戴一种醒目的黄色标志。这样在欧洲许多城市形成被称为"隔都"

的犹太区。

在宗教方面，犹太人没有宗教信仰自由，除常受到改宗的威胁外，各种出自宗教偏见的诬陷和迫害也不时发生。宗教会议所颁布的法规都成了迫害犹太人的理论根据。一些基督徒还制造毫无根据的宗教诬陷。1144年在英国诺里奇发现一名男孩尸体，就有人诬告犹太人将此孩钉死在十字架上以血祭神，从而挑起对犹太人的迫害。

屠杀与驱逐

欧洲宗教势力对犹太人的迫害在"十字军东征"时期达到了高潮。贪图犹太人的财产，又被宗教狂热情绪所笼罩的基督教徒突然意识到，"上帝的敌人"非基督徒就在自己的身边，犹太人成了替罪羊与牺牲品。1096年，第一次"十字军东征"开始后，袭击犹太人的活动开始于法国与德国。在诺曼底，十字军把犹太人抓进教堂，凡拒绝洗礼的格杀勿论。同年5月在德国的施佩耶尔，当躲入教堂的许多犹太人被主教要求接受洗礼方可求生时，主教看到的是十分凄惨的场面：没有一个人活着，他们集体自杀了。在这一地区，两天之内大约有近800人死去，而且是被赤身裸体地扔进坟墓。1096年5~7月，莱茵河和多瑙河畔的犹太社区里成千上万的犹太男女惨死于十字军屠刀之下，光在莱茵地区，大约就有12000人被杀害。

"十字军东征"浪潮过去之后，犹太人的境遇并没有改善，许多国家颁布了针对犹太人的法令，限制其自由。寄居在欧洲许多国家的犹太人都被赶进肮脏破旧的集体隔离区"隔都"。但"隔都"也不能确保犹太人的定居权和生存权，一有风吹草动，犹太人便会遭到驱逐和屠杀。

几百年里，驱逐犹太人的事件在欧洲不同国家时有发生。从13世纪末叶起，西欧各国又掀起阵阵驱犹浪潮。1290年英王爱德华一世把16000多名犹太人逐出英国。1182~1320年法国四次驱逐犹太人，到16世纪初，大部分犹太人被驱逐出法国。1492年西班牙颁布驱逐令，除5万名改宗者之外，其余20多万拒绝改宗的犹太人全部被逐出。1496年葡萄牙也出台了驱逐犹太人的法令，1498年以后，除了改宗者之外，葡萄牙就没有犹太人居住了。

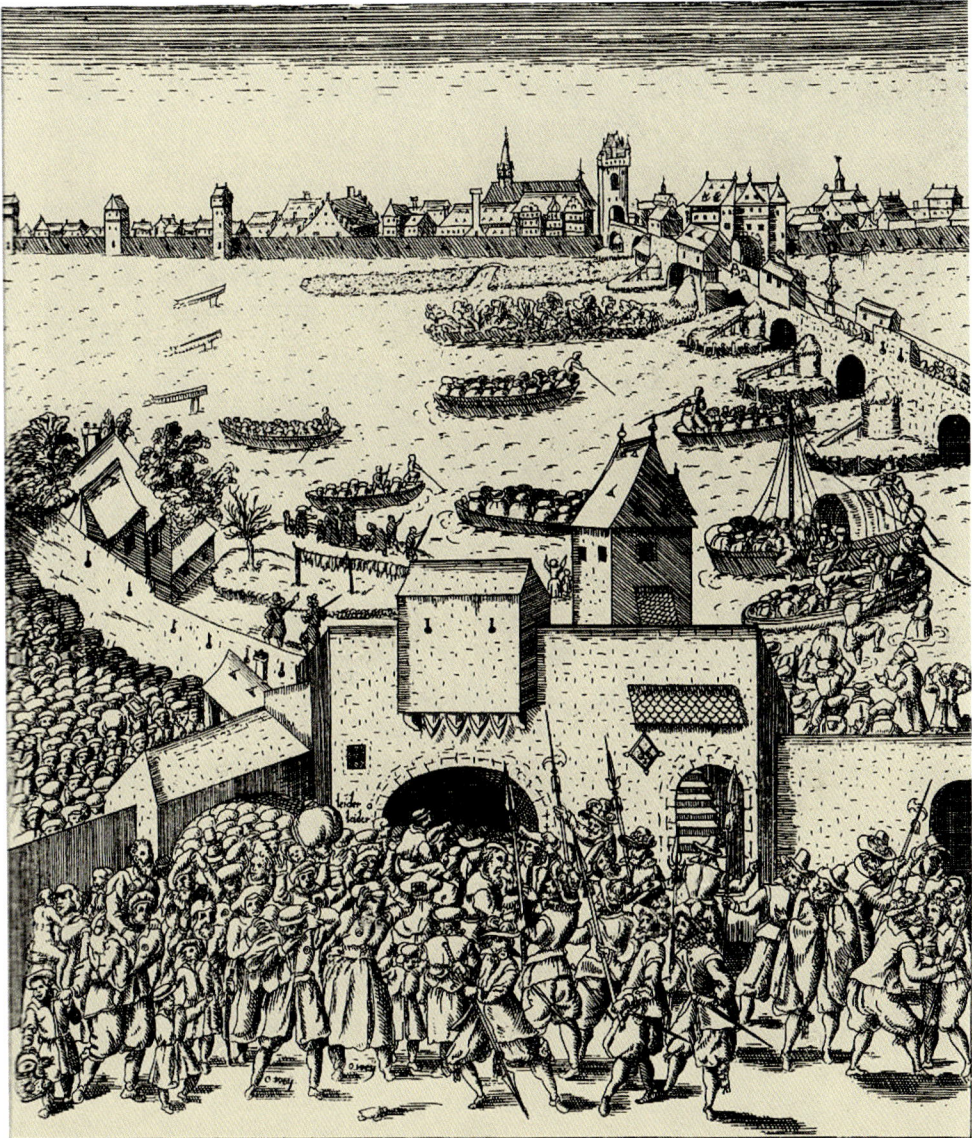

Aufzug der Iuden den 23.Augustj da man ihnen das Fischerfelds Pförtlein eröfnet, vnd sie off dem
Waſſer hinauf vnd hinunder abfahren laſſen, da ſindt ihrer 1380.Perſonen Iüng vnd
Alt, ſo zu der Pforten hinaufz gangen, abgezehlet worden⸺.

1614年德意志的法兰克福驱逐犹太人

莱茵屠杀绘画作品

虽然欧洲各国各地区情况不尽相同，在某些国家和地区，犹太人所处的环境相对宽松，在一些领域还取得某些成功。但就整体而言，源于宗教偏见的反犹浪潮从中世纪到近代在欧洲各地周期性出现，此伏彼起，从未间断。

十一、弥赛亚闹剧

中世纪阵阵排犹恶潮，使欧洲犹太人悲观绝望，人们从现实世界中看不到出路，便把希望寄托于宗教关怀。他们沉湎于梦幻中寻求解脱，期盼救世主降临，重演"巴比伦之囚"返乡复国的奇迹。

期盼救世主

同时面对黑暗世界，那些犹太苦难民众纷纷认为回到故土必须通过一种奇迹般的神力干预才能实现。在犹太人被赶出西班牙以及"用犹太人鲜血浇灌欧洲大陆"的迫害浪潮后，那种"弥赛亚降临使犹太人返回锡安"的梦想达到顶点，以致在犹太人散居的欧亚大陆上出现了一幕幕假扮救世主的"弥赛亚闹剧"。

在犹太人的观念中，救世主不是在未来而是在今世就会降临，出手拯救"上帝的选民"（即犹太人）并开创一个真正和平的"黄金时代"。早在沦为巴比伦囚虏时，这种救世主的梦想就产生了。在以后的苦难岁月中，犹太人对救世主的梦想日益强烈。特别是随着中世纪犹太人受迫害的加剧，这种等待救世主的梦想就更加强烈了。在反犹、排犹浪潮中伤心欲绝的犹太受难者力图在神秘哲学里寻找精神慰藉，也希望通过研究神秘哲学来解开他们奇异的命运之谜。当时，在犹太人中就出现了许多梦想家、幻想家、冒险家和启示先知，其中一些自称是救世主弥赛亚的人物便先后登场。

罗伊贝尼和默尔肖

最先登场的是犹太人大卫·罗伊贝尼。他生于德意志，是一个黑瘦而机敏的冒险家，自称是德意志哈伯尔的亲王。他宣称耶和华赋予其募集资金、筹建军队，将圣地从奥斯曼帝国解放出来的特殊使命。为获得西方教俗力量的支持，他居然说服了罗马教皇克雷芒七世，让后者为他写了一封谒见葡萄牙国王的引荐信。许多葡萄牙马兰内为之振奋，公开宣布他们对犹太教的信仰，可惜罗伊贝尼不久即被西班牙当局作为异教徒处死。

罗伊贝尼死后，其忠实门徒所罗莫·默尔肖继承他的事业。这位英俊少年本是巴勒斯坦的策费特最高法庭里的高级文书，因罗伊贝尼的热诚鼓动而自行割礼，潜心研究犹太神秘主义哲学，而后四处游说。他先到叙利亚，不久就成为当地著名的巫术师；以后又来到意大利，宣传弥赛亚即将降临的福音。他宣布弥赛亚王国将在1540年出现，犹太人即获拯救。1527年西班牙国王军队蹂躏罗马，似为其预言的部分证实。因按犹太神秘主义说法，"天主教的巴比伦"——罗马应在救世主降临前灭亡。可叹的是救世主并未降临，默尔肖却在意大利波伦亚被捕，后被曼图亚宗教裁判所处以火刑。

茨维的"弥赛亚闹剧"

中世纪最为轰动的一出弥赛亚闹剧则由萨巴泰·茨维"主演"。1618年开始的三十年战争给欧洲社会带来大浩劫，犹太人更是在劫难逃，他们祈望弥赛亚降临，结束颠沛流离的流亡生活重返故乡。于是茨维的"弥赛亚闹剧"应运而生。

1626年茨维生于土耳其士麦拿的犹太商人之家，年轻时就以怪人出名。他认同神秘主义巫术者习俗，时常忍冻受饿，自称因此可感受到与耶和华同在的欢乐。茨维熟读《塔木德》，热心钻研犹太神秘哲学，后来确信自己就是命中注定的救世主。在1648年（该年被犹太神秘主义者认为是拯救时代的开端）某个安息日，茨维走进士麦拿一座犹太会堂，当众宣布他是耶和华选中的"弥赛亚"，却被惶恐不安的犹太拉比以亵渎神明的理由逐出犹太会堂。茨维离开故乡后前往萨洛尼卡、伊斯坦布尔、开罗、耶路撒冷等地，出现在各地会堂。

茨维的游说活动热情认真，他所做的每样事，小至分糖果给乡村小孩，大到怎样发挥摩西的律法，都能得到百姓的信服。他在公众面前鞭打躯体，唱着奥妙的歌曲，分送他自己幻想的记录，有时甚至身穿王袍、头戴桂冠，吸引不少虔诚的信徒。他还差遣门徒四处宣讲他那"救世主"福音，建立了一个分布极广的网络组织。而后他又对信徒们许诺，他将于1666年在耶路撒冷显示奇迹。

1665年秋在外漂泊18年的茨维回到士麦拿。此时的茨维已闻名遐迩，受到当地众多犹太人的热烈欢迎。有关他的奇闻逸事流传各地，"救世主"茨维的威望如日中天。从亚洲的土耳其、叙利亚、巴勒斯坦，到欧洲的意大利、法国、德意志、荷兰、英国，各地犹太人奔走相告，精神振奋。波兰和俄国犹太人激动地上街游行，挥舞着印有茨维头像的旗帜，欢呼"弥赛亚"降临。欧洲各地犹太会堂都出现萨巴泰·茨维的字母缩写"S．Z."的标志。犹太人的幸运符都刻着他的名字，同时还有许多人在画茨维的像。画中茨维骑在一只咬着7头龙的狮子上，领着12个支派向圣地而去。许多地方的犹太人甚至把屋顶揭开，做起种种准备，迎接再一次"出埃及"运动。各地犹太人对弥赛亚的信奉已到巅峰状态，他们翘首以盼、焦灼不安地等待1666年的奇迹显示。

1666年元旦，茨维在士麦拿犹太会堂当众正式宣称他就是救世主"弥赛亚"，并预言1年内在耶路撒冷被加冕为犹太王，取代奥斯曼帝国苏丹的皇位。1666年2月茨维被人簇拥着重回伊斯坦布尔。当众人期盼的"救世主"终于来临之时，茨维却在伊斯坦布尔被苏丹当局逮捕，并被押往东地中海加利波利岛上的要塞囚禁。即使在被关押中，信徒们还从四面八方漂洋过海而至，隔着监牢铁栏向他叩拜。一名来自波兰的犹太神秘哲学家向苏丹告发茨维，揭穿

17世纪德意志雕刻家创作的"弥赛亚"茨维故事的作品

这个假救世主的真面目。1666年9月，茨维作为囚徒被押到伊斯坦布尔苏丹面前审讯。这位"弥赛亚"在死亡的威胁下皈依了伊斯兰教。消息传出后，不少犹太人绝望弃生，但还有一批忠实信徒却认为茨维皈依伊斯兰教也是"救世主降临前的阵痛"，坚信茨维还会回来拯救他们。茨维自己也这样鼓励其信徒，继续煽动犹太人和土耳其人。最后茨维被驱逐到阿尔巴尼亚一个孤僻乡村，于1676年在贫困忧郁中死去。

宣传犹太神秘主义的这些人最终不是被处死就是在死亡的威胁下改宗。这就让犹太人等待弥赛亚降临、实现返乡复国的梦想一次又一次地破灭，犹太民众的宗教复国狂热逐趋低落。在欧洲启蒙运动和资产阶级革命影响下，越来越多的犹太人开始致力于探索通过政治而非宗教的途径来实现返乡复国的夙愿。

第三章　从拯救、同化到自我解放

一、解放浪潮

随着17、18世纪欧洲启蒙运动和早期资产阶级革命的蓬勃开展，民族自由、平等、独立和解放的思想意识在欧洲大地广为传播，日益深入人心，不少有识之士提出不应对犹太人实行歧视或压迫，应给予他们平等和自由的社会地位，一些国家的统治者也开始调整对犹政策。

曙光初现

此时全球200多万犹太人有2/3生活在欧洲，他们也不同程度受到犹太启蒙之光的照耀，但这只是一场思想启蒙运动，影响多局限于知识分子与社会上层。就大部分犹太人而言，在法国大革命爆发之前，其法律地位及社会结构并没有根本变化，其争取拥有政治、经济自主权的愿望依然没有完全实现。当然，由于欧洲各国各地的政治气候、经济状况、文化氛围及宗教背景存在差异，犹太人的社会地位也不尽相同。在西欧，犹太人拥有一定的自主权；在东欧，犹太人在政治上毫无权利，但职业范围有所扩大；而中欧地区的犹太人仍面临着极其悲惨的生活境遇。随着思想闸门的打开和经济地位的缓慢提升，犹太人对争取他们的自主权和社会地位的欲望日益强烈，也开始付诸实际行动积极争取。

到了18世纪70年代后期，犹太人解放的曙光渐亮。受启蒙思想影响，中欧基督教世界开始出现一些同情犹太人的知识分子，以德国的克里斯蒂安·多姆为代表。他们批判欧洲社会对犹太人的不公，呼吁改善犹太人的命运。

这些开明主张得到了欧洲一些思想家、政治家的响应。1781年神圣罗马帝国皇帝约瑟夫二世在其内政改革中，取缔强迫犹太人佩戴徽章和缴纳带有侮辱性的人头税的规定；次年他又颁布《宽容特别权力法》，规定犹太人可从事手工业、农业，可做批发商，建立工厂；犹太子女可进入公立学校读书，也可建立犹太人自己的教育机构；犹太人可进入公共娱乐场所；少数被宽容的犹太人可居住在"隔都"之外；等等。1787年犹太人首次进入哈布斯堡王朝的军队。奥地利帝国境内的犹太人开始感受到一种宽松的气氛。不过，对于整个欧洲大陆的犹太人来说，还是高举"自由、平等、博爱"大旗的法国大革命给他们带来了解放的福音。

法国大革命与犹太人解放

法国犹太人的解放与大革命进程紧密相伴。早在大革命酝酿时期，法国就已萌现解放犹太人的因素。一些进步的启蒙主义者，如米拉博伯爵等为犹太民族的苦难历程所震惊，他们主张废除社会上一切侮辱性的限制，向犹太人开放各种谋生的渠道。梅斯皇家科学和艺术协会举办了一次题为"如何使法国犹太人生活得更幸福和更有益"的论文竞赛。《保卫犹太民族》等小册子也在法国各地散发。一些受到启蒙思想影响的犹太人也开始行动起来，为本民族的解放而积极努力。犹太人赛弗贝尔利用作为军火商的特殊地位，卓有成效地促使法王路易十六废除阿尔萨斯地区犹太人的人头税，并保证他们享有安全、稳定生活的权利。

法国大革命的爆发明显加快了犹太人解放的进程，并使之获得法律上的保障。1789年8月，国民议会通过了以"人生而自由，并享有平等权利"为主旋律的《人权宣言》。12月，国民议会开展了关于犹太人继续被驱逐还是赋予其国民权问题的讨论，经激烈争议，最终同意给予犹太人公民权。1790年1月，法国南部的塞法迪犹太人和阿维农教皇领地的犹太人获得公民权，但占法国犹太人大多数的阿什肯纳兹犹太人的公民权并没得到。此后，犹太人继续向国民议会提出公民权申诉。在多姆等自由主义思想家的支持与多方努力下，1791年9月27日国民议会通过决议：废除之前法律中对犹太人的限制、束缚及驱逐，他们将作为公民而宣誓。至此，法国最终赋予所有犹太人以国家公民身份进行宣誓的权利。

解放法令并不能立即改变人们长期形成的对犹太人的偏见与歧视的现实，直到拿破仑皇帝那种矛盾性地对待犹太人的态度因时势需要而改变后，欧洲犹太人的解放进程才得以大大推进。

拿破仑这位深受启蒙思想影响的叱咤风云的人物，既有想把大革命所弘扬的平等原则施惠于长期被排斥在主流社会之外的犹太人的开明一面，又有千方百计地控制、限制犹太人的利己一面。尤其是他想利用犹太问题在当时的欧洲所表现出的国际性特征，来显示自己的影响力。在其执政之初，一系列势如破竹的辉煌胜利，使他一跃而为欧洲的霸主，并在其所到之处，影响甚至改变当地犹太人的命运。可当局势稳定后的1806年，当阿尔萨斯地区的农民与犹太债权人矛盾激化时，拿破仑又采取限制犹太人的政策。阿尔萨斯事件平定之后，为把犹太人置于国家的严格控制之下，也为抬高自己在欧洲犹太人心目中的地位，这位好大喜功且以"犹太人救星"自居的皇帝于1806年7月推出犹太知名人士大会。

拿破仑关于犹太人的12个问题

1806年7月29日，犹太知名人士大会在巴黎市政厅举行，从拉比及犹太社区领袖中推举产生的111名犹太知名人士到会。尽管这天是犹太人的安息日，也明知这是拿破仑及法国统治阶级以此来考验犹太人是否把法兰西国家意志置于其宗教忠诚之上，犹太知名人士还是如期出席了大会。会上，拿破仑的犹太事务顾问莫莱伯爵代表皇帝向犹太人提出了12个问题：

（1）犹太律法允许一夫多妻吗？

（2）犹太教允许离婚吗？未经民法批准而依靠与法国法律相矛盾的犹太律法所宣布的离婚有效吗？

（3）犹太男子或女子能否与基督徒通婚？犹太律法只允许族内通婚吗？

（4）在犹太人的眼里，法国人是其同胞还是陌生人？

（5）在上述情况下，犹太律法对不信仰犹太教的法国人有什么样的行为规定？

（6）在法国出生、被法律认可为法国公民的犹太人是否承认法国是他们的祖国？他们认为有捍卫法国的义务吗？他们是否能够遵循法律以及对民法的一些解释？

（7）谁来任命拉比？

（8）拉比对犹太人拥有什么样的裁判权？行使哪些司法权？

（9）拉比的任命及司法权是根据成文法律来确定，还是根据习惯法来认可？

（10）犹太律法禁止犹太人从事某些职业吗？

（11）犹太律法禁止犹太人对其教友放高利贷吗？

（12）犹太律法是否禁止对非犹太人放高利贷？

这12个问题要求犹太领袖们一一作答。这些问题实际上涵盖了阻碍犹太人实现公民权的各种实际困难。与会犹太名人领悟到"皇帝的良苦用心"，他们对所有的问题都作了令对方满意的回答。拿破仑不失时机地在该年9月颁布召开犹太教公会会议的命令，要求把犹太知名人士大会对12个问题的回答变为宗教誓约。1807年2月犹太教公会会议按拿破仑的旨意通过相关文件，第一次使犹太教享有同天主教、新教在法律上完全平等的地位，正式受到政府的保护。

法国大革命及法国犹太公民权的获得明显推进了欧洲犹太人解放的进程。随着法国军队开进一个个欧洲城市，"隔都"的壁垒纷纷塌陷。在荷兰，法国公使力排众议，促使当地政府于1796年解放了犹太人；在意大利，拿破仑废除了对犹太人的种种限制，威尼斯和罗马的"隔都"于1797年和1798年对外开放；在葡萄牙、西班牙，拿破仑关闭了宗教裁判所，许多马兰内公开了自己犹太教徒的身份；在德国，当法军占领莱茵地区及一些省份

1807年在巴黎召开的犹太教公会会议

后，立即迫使当地政府签署犹太人解放令，德意志各邦先后在宪法中授予犹太人以公民权。在英国，犹太人的解放从19世纪20年代开始其漫长过程，一直持续到19世纪末才完成。

虽然1815年拿破仑倒台，到1848年欧洲革命爆发期间，欧洲各地犹太人又相继失去公民权，但犹太人争取公民权的斗争并未停止。特别是1848年欧洲革命波及了整个欧洲，荡涤反动势力，推动了欧洲社会的民主进程，更给犹太人以极大的鼓舞。他们以巨大的热情投身于民族民主革命的洪流，并谋求自身的解放。当时革命所营造的政治气氛大大有利于犹太人的解放，从而使1848年欧洲革命成为犹太人解放历程上的重大转折点。此后，欧洲犹太人在寻求解放的道路上接连取胜，到19世纪60年代，犹太人在大多数欧洲国家都依法得到不同程度的解放。

二、犹太启蒙运动哈斯卡拉

16~17世纪"弥赛亚闹剧"的事实证明，宗教复国思潮毕竟是一种虚无缥缈的空想，解决不了犹太人现实生活中面临的实际问题。到中世纪晚期和近代初期，欧洲的一些犹太精英开始探索通过非宗教的方式摆脱苦难的途径。

文艺复兴、启蒙运动和工业革命深刻改变着欧洲的面貌。新兴资产阶级高举自由、平等、博爱的大旗登上政治舞台，向封建专制和教会统治发起攻势。这股清新的启蒙改革之风也吹进被"隔都"高墙禁锢的犹太社区。欧洲民族民主革命和改革也明显推进犹太人的解放进程。由此，18~19世纪在深受启蒙思想影响的犹太知识精英领导下，犹太民族复兴史上具有深远影响的犹太启蒙运动在欧洲兴起。

"哈斯卡拉"先驱门德尔松

因希伯来语中的"哈斯卡拉"即"启蒙"之意，启蒙运动被犹太人称为"哈斯卡拉"。哈斯卡拉最先发源于18世纪末到19世纪初的德国柏林，著名犹太哲学家摩西·门德尔松（1729~1786年）则为先驱。

门德尔松生于德意志东部德绍的犹太平民家庭，自幼便从《塔木德》那里接受传统的犹太教育，早年研读犹太先哲迈蒙尼德的《迷途指津》。14岁跟随其师、著名犹太拉比大卫·弗兰克尔前往柏林定居求学，很快精通了德语，掌握希腊语、拉丁文、法语和英语，同时还攻读数学、哲学等多门学科。

在柏林定居期间，门德尔松广交朋友，跻身柏林知识界，积极投身于犹太启蒙运动，著书立说。在短短20多年里，他发表了一系列哲学和神学论著。1763年，门德尔松在普鲁士科学院的哲学征文比赛中赢得头奖，在柏林知识界一举成名，德皇授予他"有特权的犹太人"称号。门德尔松还用德语发表一系列美学与哲学论文，特别是他论述灵魂不朽的名著《斐顿篇》于1767年出版后轰动欧洲，被译成多种文字。门德尔松那深邃的思想、优雅的文风、非凡的智力和谦逊的品格给人们留下了深刻印象，他也被尊称为"德国的柏拉图"和"犹太人的苏格拉底"。

摩西·门德尔松

门德尔松不仅是虔诚的犹太教徒，更是深受欧洲理性启蒙思想影响的哲学家，一生中始终思考如何使犹太民族和犹太教适应社会的进步发展。他认为，犹太人必须冲破"隔都"的禁锢，努力学习科技文化新知识，融入欧洲社会的主流，适应文明进步。因此他提倡改革陈旧落后的拉比教育体系，开展犹太新文化运动，推行文明生活方式，建立一个能接受欧洲文明的"开明的犹太教"，而德语则是犹太人进入欧洲文明殿堂的桥梁。为此，他和他的弟子们将《托拉》（《摩西五经》）译成德语，这是门德尔松对犹太启蒙运动划时代的贡献。该书1783年一经面世，便在犹太社区广泛传播，各地的犹太青年如饥似渴地阅读此书。此举不仅促进了德国犹太人学习和掌握德语，还为犹太人进入西欧主流社会开辟了捷径。门德尔松还用希伯来文编写《圣经》注释本出版，以深入浅出的方式解读《圣经》。

除推动犹太人学习欧洲语言外，门德尔松还积极倡导世俗教育，主张犹太学生学习数学、物理、历史、地理、美学等课程，同时让犹太人学习农业、手工业、商业等技术，推广职业技术培训项目；1781年在门德尔松的亲自倡导下，柏林的犹太自由学校创办。门德尔松还积极鼓励与非犹太人间的交往。为宣传其启蒙主张，扫除犹太人与德国人之间的社会及心理障碍，门德尔松身体力行，把自己的家变成知识分子、国外来访者及德国名流会晤的场所。门德尔松因此成为犹太近代史上最早突破犹太教藩篱并且被非犹太世界所接受的第一位犹太思想家，被誉为"从隔都走向现代社会的第一人"。总之，门德尔松的言行在犹太人的生

摩西·门德尔松在家中与来访者会晤

活中掀起了一场思想革命，使启蒙运动从柏林走向整个德国，乃至全欧洲。

犹太教改革运动

犹太启蒙运动"哈斯卡拉"的重要内容之一就是试图建立适应新兴犹太中产阶级需要的"开明"犹太教。其必然导致一场改革传统犹太教的宗教运动，一批改革派理论家登上了历史舞台。盖格认为，犹太教作为一种具有活力、发展中的信仰体系，需要抛弃僵化过时的风俗惯例，通过不断更新升华到更高的境界。而侯德海姆更为激进地提出，拉比的职能应该转换，犹太教许多律法为适应其他国家可作调整和改变，一些犹太人的传统习俗应该摒弃。这些改革派思想家的论述为犹太启蒙运动和犹太教改革活动奠定了理论基础。

享有"犹太教改革之父"称号的是德国犹太慈善家以色列·雅克布逊。19世纪初他率先在宗教仪式中进行一系列革新：用德语吟唱和布道，以管风琴伴奏的男女合唱，进行无须教义问答考试的坚信礼仪式等。这一改革之风很快吹到柏林和汉堡，在汉堡形成更为激进的圣殿改革运动。汉堡的改革派不仅追随雅克布逊的上述做法，而且以通用语言重写有关复国的祈祷文，使之成为不仅限于拯救犹太人，还要使全人类共同得救的祷文。他们还在《托拉》朗读中用塞法迪犹太人使用的拉迪诺语取代意第绪语，并进一步推广两性共同参与的集体坚信礼仪式。改革运动者不仅在德国莱比锡开设分部，还很快把活动传入丹麦、奥地利、法国、捷克、匈牙利等地，并扩展至俄罗斯及俄占东欧地区。

以色列·雅克布逊

哈斯卡拉浪潮

犹太启蒙改革运动很快由德国走向全欧，尤其是在俄罗斯和东欧产生了巨大反响。19世纪20年代，启蒙运动的中心从德国柏林转移到奥地利维也纳，及至19世纪40年代后，又在俄国掀起高潮。伊萨克·莱温佐恩是俄国第一位启蒙活动家，被称为"俄国哈斯卡拉之父""俄国犹太人的门德尔松"。这位3岁便进入犹太小学、9岁开始写书、10岁会背《圣经》的犹太学者初遇启蒙思想之后，如饥似渴地钻研世俗文化，接受自由主义思想。他用俄语编写希伯来语法，在推广世俗教育的基础上出版俄语刊物，宣传启蒙思想和爱国主义，声称首先要成为俄国人，其次才是犹太教徒。俄国的这场启蒙运动不仅为希伯来文学发展开辟了道路，也为后来俄国出现的"热爱锡安运动"奠定了思想基础。

伴随"哈斯卡拉"的兴起和发展，欧洲大地上的犹太人开始觉醒，纷纷走出"隔都"，热衷世俗文化教育，推崇现代生活方式。一些犹太青年刮去胡须，脱掉长袍，说起欧洲语言；一些犹太女孩读上职业学校，有的还进大学，成为"欧洲化"或"斯拉夫化"的知识分子；有的家庭主妇穿上时髦的现代服饰，掌握各种欧洲礼仪，出入于社交场所。

可见，犹太启蒙运动作为一场规模广泛的理性主义运动，对犹太民族思想、文化及生活方式产生了极为深刻的影响，犹如漫漫长夜中的一颗明星，启蒙运动点燃了人们的希望之光。

三、"同化"迷梦

犹太启蒙改革运动经过一个世纪的发展，到法国大革命胜利后，西欧大多数犹太人获得政治和法律上的平等时，才初见成效。它虽然在解放思想、促进犹太民族文化的更新方面做出了不可磨灭的贡献，但与此同时，它又使犹太人及其文化处于被同化的境地。

渴望走出"隔都"

犹太启蒙改革运动的发起者，本意上无心瓦解宗教虔诚。大多数人一直主张打破"隔都"与外界的障碍，融传统文化与现代思想于一体，最终建立起新的犹太民族文化。但部分追随者走得更远。在启蒙改革运动的冲击下，许多犹太人被卷入同化浪潮。一些犹太热血青年踌躇满志，自称为"新文化的见证人""新时代的迎接者"，伴随着自由民主意识的增强，他们要求"走出隔都"，"实现现代化"。

特别是当各国政府允许犹太人享有与其他民族同等的公民权时，许多犹太人更是兴高采烈地沉浸在"同化"迷梦中，希望能在保留自身文化传统的前提下加入当地主流社会。加之同化主义者鼓吹，只要犹太人彻底同化于当地欧洲文化，欧洲社会对他们的偏见和敌意就马上烟消云散，他们就能获得绝对的平等和彻底的解放，摆脱受压迫、受侮辱的困境。许多犹太人更是积极响应，为了进入欧洲社会，一些犹太人轻率地宣布与自身民族的犹太传统断绝关系。他们不顾一切地要求欧洲社会承认，渴望做一个完全一般的德国人、法国人或波兰人，并把自己的命运同所在国联系在一起，成为一个守法的公民。

同化主义者热衷于改革传统的犹太教教育，破除一切不适应现代社会的生活方式，遵循犹太·莱布·戈登的"在外是当地人，在家是犹太人"的格言。德国犹太人加布里尔·里塞尔还公开提出："我们要依附于德国人民，无论在何处我们都将依附于他们。"他把犹太教与德国精神的结合概括为："我们有一位父亲和一位母亲，父亲是上帝，万民之父，在天宇，母亲是德意志，在地上。"

这样，许多犹太人为了换取"进入欧洲文明的入场券"纷纷改宗基督教，不惜彻底放弃犹太人的民族传统与宗教习俗。在犹太启蒙运动最初兴起的德国，同化现象最为严重。他们主动向欧洲统治者妥协，因担心德国人说其不忠，这些犹太人就从祈祷书中删掉"锡安"两字，废除祈祷用的希伯来语，彻底清除犹太礼仪和庆典中带有民族色彩的一切遗迹，包括纪念犹太民族的伟大人物。他们也不畏惧洗礼，他们希望这样做能获得欧洲社会的信任。在这种同化观念的影响下，门德尔松有4个子女改信基督教，在他逝世后百年内，所有直系后裔也相继接受基督教的洗礼；像海因里希·海涅等这些著名的犹太人纷纷接受基督教的洗礼。在门德尔松之后，从中欧到东欧，改宗在犹太人中成为一种极为普遍的现象。据不完全统计，1800—1810年间约有10%的德意志犹太人接受了洗礼。以至于19世纪80年代，当年轻的哈伊姆·魏茨曼（日后的以色列国首位总统）去德国当教师的时候，他发现德国犹太人正在丧失其民族认同性，完全融入了同化的大潮。

失望的结局

其实，走上同化之路的犹太人，并没有过上他们梦想的生活。这些改宗的犹太人本以为就此可以走上欧洲文明的广阔舞台，呼吸自由的新鲜空气。然而，事实却让他们陷入进退无门的境地。在他们急于拥抱现代化、寻求彻底解放而放弃传统和自己的文化后，却依旧不能得到主流社会的承认。他们心目中的祖国仍视他们为"外来人""不可信者"，他们满腔热情换取的仍然是外部世界的猜疑与轻视。可是再回头时，主体民族的冷漠与无情使他们不知所措，那种被遗弃的苦痛油然而生。他们的"同化"迷梦破裂，又找不到新的出路，这些人因而成为失去根基的异化人，从外表到内心都属于"无家可归的人"的典型。

海因里希·海涅

著名作家、诗人海因里希·海涅可以说是这类人中的佼佼者。1826年，犹太人海涅在他改宗基督教的一年后写道："我现在既遭到基督徒的憎恶，又受到犹太人的怨恨；我后悔接受了洗礼，因为自那天起我并未看到命运的丝毫改善，反之，我所遭遇的只是不幸和灾难。"

随后，欧洲社会周而复始、不断抬头的反犹主义，以及当局执行的排犹政策更是加剧了犹太人的困惑和失望。显然，犹太启蒙与改革运动没有能够给犹太人指出一条真正的出路，而现代锡安主义（即犹太复国主义）的兴起，才第一次为解决这一难题指明了道路。

四、宫廷犹太人与罗斯柴尔德家族

18~19世纪，欧洲资本主义的迅速发展，明显加快了商品经营与流通的节奏。特别是当时的西欧几乎成为"世界工厂"，商业、工业及各类自由职业的需求量猛增，而刚刚获得公民权及职业许可权的犹太人得到了前所未有的发展机遇。在自由资本主义空前激烈的竞争环境中，他们凭借勤奋和拼搏精神，很快从走乡串户的小商小贩、金银工匠、手工裁缝、借贷商，一跃而成为具有各种国际联系的大商人、制造批发商、各地证券交易所的中心人物。他们的经济实力随着欧洲资本主义经济的迅速发展明显增强。

宫廷犹太人

从18世纪中叶起，德意志各邦君主在重商主义影响下，邀请一些拥有资本并熟谙商业和金融业经营的犹太人担任顾问或参与决策管理，以促进本地工业和内外贸易的发展，以致在欧洲开始形成一批出入宫廷、享有特权的"宫廷犹太人"。如服务于腓特烈二世的李普曼·梅耶·沃尔夫，是19世纪初普鲁士王国最富有的人；而梅耶·阿姆歇尔·罗斯柴尔德负责保管黑森伯爵的财产，后以此为基础，建立起欧洲第一个金融王朝。

宫廷犹太人是犹太人中的特权阶级，享受一些特殊待遇，如可居住在城市中的犹太"隔都"之外，不必佩戴辨识犹太身份的徽章，不受犹太拉比的管辖等，甚至一些人还会被授予贵族爵位，担任政府公职。不过有时因犹太人在欧洲整体社会地位低下，宫廷犹太人也存在风险，特别是在为其提供庇护的国王、贵族死去时，自己也可能失去保护，甚至可能遭遇被放逐或处死的厄运。如曾为符腾堡伯爵服务的约瑟夫·奥本海默，在伯爵死后立刻被捕处死，尸体被放入铁笼示众6年。

一般来说，宫廷犹太人凭借他们享有的特权，往往不受任何中世纪禁令的限制，在国王、领主、贵族的保护下，自由地从事内外贸易，经营奢侈品，贩运武器和军需品，参与货币制造，开展广泛的金融汇兑业务。许多人因此发财升官，甚至被封为贵族，跻身上流社会。还有一些人从当权者的财政顾问演变为政治顾问，他们利用自己的影响和威望，在改善犹太人社会政治地位，促进犹太人"解放"的同时，又为犹太人开辟了几百年来一直被禁止涉足的众多社会经济领域。

一些犹太工商业者凭借其传统的经商优势，通过在工业、交通运输业、商业、金融业的积极投资而获得巨额利润。19世纪，德意志宫廷犹太人的后裔在法兰克福、汉堡、伦敦、巴黎、柏林、维也纳、圣彼得堡等金融中心的商业银行扮演重要角色。其中最著名的要数罗斯柴尔德家族。这个犹太家族建立了世界上第一个国际金融集团，并一度统治欧洲金融界。

罗斯柴尔德家族从16世纪起定居于德国法兰克福的犹太区，在法兰克福城默默无闻地度过了两个多世纪，直到18世纪才开始发迹。使这个古老的家族开始兴旺的是梅耶·阿姆歇尔·罗斯柴尔德（1744~1812年）。

罗斯柴尔德金融世家的开创

梅耶·阿姆歇尔·罗斯柴尔德1744年生于法兰克福犹太聚居区，父亲摩西是一个流动的金匠和借贷商。梅耶从小就受到父亲的悉心调教，年幼时梅耶不但从父亲那里学到了金融与借贷的商业知识、赚钱的技巧，也培养了对古币和其他古董的兴趣。20岁时，他开始做古董和古币的买卖，试水各种金融交易，包括交易债券、股票、货币，自此他攀上一批德国贵族。尤其是结识黑森-卡塞尔的威廉王子后，他获得了打开金融王国大门的钥匙。工于心计的梅耶通过以近乎赠送的低价将金币卖给威廉王子，加之精明能干，1769年25岁的梅耶就获得"宫廷御用商人"的头衔，成为"威廉王子殿下指定代理人"。

随后梅耶的生意愈趋红火，担任数名宫廷权贵的"代理人"，不仅从事棉制品、烟酒等行业，还涉及金融领域。成功的经营带来丰厚的利润，40岁时梅耶已成为法兰克福的首富。1806年拿破仑大军开进德意志，威廉王子仓皇逃亡，于1810年去世。威廉出逃前，将一笔价值不菲的资金交给梅耶保管，它成为梅耶打造金融帝国的第一桶金。1810年梅耶成立父子公司，以金融汇兑为家族主业。

这位颇具远见的法兰克福首富将其银行业由法兰克福向全欧洲辐射。在他的安排下，5个儿子即像5支利箭一样射向欧洲5个心脏城市。

梅耶·阿姆歇尔·罗斯柴尔德

老大阿姆斯洛随梅耶镇守法兰克福总部，老二所罗门到奥地利的维也纳开辟新战场，老三内森被派往英国伦敦主持大局，老四卡尔奔赴意大利的那不勒斯建立根据地，并作为信使往来穿梭，老五詹姆斯执掌法国巴黎业务。由此罗斯柴尔德国际金融帝国开始得到打造。

梅耶和他的5个儿子充分利用拿破仑战争带来的良机大显身手，向交战国提供贷款、棉布、粮食和军火，办理英国与欧洲大陆之间的国际汇兑。战后又抓住欧洲重建的机会，既帮法国支付战争赔款，又积极投资于德意志、意大利的各种重建项目，一跃成为欧洲金融业霸主。除原有的国际金融、贸易业务外，又逐步投资于铁路、煤炭、钢铁等各业。到19世纪中叶，罗斯柴尔德5兄弟通过其遍布欧洲各角落的网络，已在欧洲成功形成一个庞大的商业金融帝国，对整个欧洲的经济命脉，以及通过欧洲的殖民地附属国对整个世界经济生活施加至关重要的影响。1854年克里米亚战争期间，该家族向英国政府提供大笔贷款，为英法最终击败俄国立下汗马功劳。

1869年苏伊士运河通航，将红海与地中海连为一体，大大缩短了大西洋到印度洋的距离，成为世界航运的黄金通道。苏伊士运河上行进的70％的船只属于英国。时任英国首相迪斯雷利一心想将这一"帝国生命线"收入掌中。1875年埃及政府因开凿运河耗资1200万英镑而债台高筑，发生严重财政危机，有意出售44％的苏伊士运河公司股票。原先的交易对象法国政府给出的价格不合埃及政府胃口，后者又急于套现。迪斯雷利召开内阁大臣会议，决定向罗斯柴尔德家族借钱。最后英国政府做担保，向莱昂内尔借了400万英镑，买下苏伊士运河44％的股份。富可敌国的罗斯柴尔德家族势力帮助英国成功掌控了苏伊士运河，而自己也以年息15％迅速而稳当地赚得钵满盆溢。

犹太人在欧洲社会的崛起

除了罗斯柴尔德家族外，还有艾希塔尔家族、施派尔家族、塞格利曼家族、奥本海默家族、希尔施家族等在欧洲发挥着重要影响。据称在19世纪前半叶，离开了他们，就没有一个欧洲政府能用发行债券方式募集贷款。到1900年，法兰克福63％的犹太人收入已超过3000马克，而新教徒只有25％、天主教徒约16％能达到这一水平。19世纪中叶前后，一个颇具经济实力的犹太资产阶级已崛起于欧洲舞台。

随着经济实力的日益膨胀，犹太资本家的社会政治影响也日趋增大，开始进入政界。第一位成为英国贵族的犹太人是金融家摩西·蒙特菲奥雷。他曾长期担任伦敦行政司法长官，在1837年被维多利亚女王封为爵士。前面提到的罗斯柴尔德家族的莱昂内

摩西·蒙特菲奥雷

尔在1858年成为进入英国议会的第一位犹太人。犹太血统的本杰明·迪斯累利在1867~1868年和1874~1880年两度成为英国首相。1870年犹太人阿道夫·克里莫出任法国司法部长。在荷兰、意大利等国也有个别犹太人进入内阁。

同时，一些欧洲犹太人也涉足社会各领域，涌现出一批记者、教师、医生、律师、书商、报业主等。在德国和奥地利，犹太人在出版界和新闻界颇为引人注目。在不少国家，一些文化素质较高的犹太人开始崭露头角。

本杰明·迪斯累利

五、复国先驱与回归始端

无论是欧洲各国政府的解放政策，还是犹太人自己"走出隔都"的启蒙改革运动，均没能使饱受苦难的犹太人从此真正地、永久地获得自由平等的权利。随着犹太资产阶级在欧洲形成和欧洲反犹浪潮再起，一批犹太知识分子开始对犹太民族传统的返乡复国思想进行改造加工，设计如何通过政治上的务实努力，重建犹太国家，复兴犹太民族，一劳永逸地解决"犹太人问题"。于是政治锡安主义运动便应运而生。

锡安是耶路撒冷的山名，古代犹太人曾在那里建造大卫城与圣殿，后来"锡安"一词便成了圣殿或耶路撒冷的代名词。因而在巴勒斯坦重建犹太国家的复国运动，就被称为"锡安主义运动"。

政治锡安主义理论先锋

政治锡安主义理论的形成，是19世纪中叶之后许多犹太知识精英如赫斯、斯摩棱斯金、卡利舍尔、平斯克、比恩鲍姆、赫茨尔等共同思考、探索的结果，他们也因而成为政治锡安主义的先驱。

出生于西波兰的卡利舍尔（1795~1874年）主张，犹太人获得拯救的第一步就是在认同民族家园的前提下，实现流散过程中的局部聚合；第二步是在耶路撒冷恢复祭坛，从而使犹太人的罪孽得以赦免；第三步是实现离散犹太人的聚合，完成救赎。1862年，卡利舍尔出版《追寻锡安》，在书中重申传统的弥赛亚救赎理论。他指出，先知以赛亚早已预言了犹太人的回归，但拯救必须通过犹太人自己的努力，为此要把传统的救赎思想与重视体力劳动、重塑民族性格结合起来。他因而提出犹太人应该在圣地购买土地，建设家园，耕耘播种，获得丰产。他还号召犹太人要像意大利人、波兰人以及匈牙利人那样为民族的命运而抗争。

不过，最早明确从政治角度提出返乡复国理论的犹太思想家还是摩西·赫斯（1812~1875年）。他是一位德意志波恩犹太教正统派教徒的儿子，但在青年时期便和许多同代人一样脱离犹太教，成为一名同化论者，主张犹太人同化于所在国的民族之中。相信通过同化的道路，犹太人可以获得解放。在波恩大学求学期间，赫斯结识了卡尔·马克思，受到青年黑格尔派哲学思潮的影响，成为德国最早的社会主义者之一。此后他主要从事社会主义的各项活动并因此而知名。他曾将恩格斯介绍给马克思，并一度和他们共同探索社会主义理论。19世纪中叶，随着欧洲反犹浪潮再次泛起，赫斯开始摆脱"同化"论，深入研究犹太人问题，于1862年在科隆出版德文版《罗马和耶路撒冷：最后的民族问题》一书。

在书中，赫斯首次提出了一系列政治锡安主义理论。他认为，犹太人问题是目前欧洲"最后一个重大的民族问题"，对一个寄居在其他民族土地上的犹太人来说，"改革、改宗、教育和解放都不能给犹太人打开社会的大门，无家可归是犹太人问题的核心"。他明确指出，要摆脱反犹主义的攻击，唯一的办法是返乡复国，但返乡复国不能依靠救世主的力量，而应通每个犹太人的自身努力来完成。赫斯号召犹太人向巴勒斯坦移民，以此作为从政治上复国的手段。至于未来犹太国的性质，赫斯清楚地指出，它基本上建立在"社会主义"

摩西·赫斯

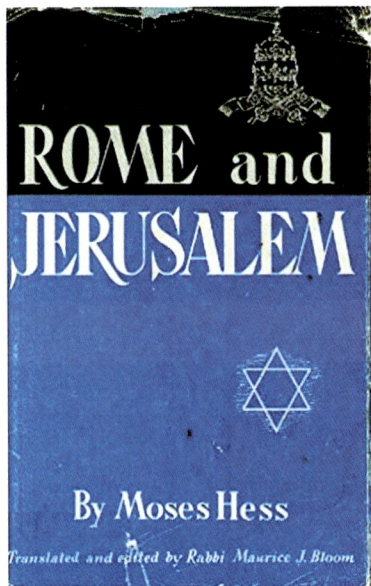

《罗马和耶路撒冷》英译本

原则上，实行土地公有制。这样，赫斯已勾勒出政治锡安主义的大致轮廓，因而被视为政治锡安主义第一位有影响的倡导者。

平斯克的《自我解放》

列奥·平斯克（1821~1891年）是政治锡安主义理论形成过程中第二位关键人物。他生于波兰，后入莫斯科大学学医，毕业后在敖德萨开业行医。作为一个犹太人，他曾是文化"同化"论的主要倡导者，希望通过同化使犹太人获得自由平等，竭力主张俄国犹太人要融入俄国社会。但1881年沙皇亚历山大二世遇刺后汹涌而起的反犹风暴，促使他重新考虑改善俄国犹太人困境的出路。1882年他在柏林匿名出版了影响深远的著作《自我解放：一个俄国犹太人对其同族同胞的劝告》。

平斯克在书中指出，欧洲反犹排犹的原因在于"犹太民族没有自己的祖国"。他提出治疗方法：犹太人问题的解决，不能寄托于捉摸不定的"解放"，而要"恢复他们自己的民族家国"。他特别强调犹太人应该树立自尊自信，发挥主动性，不要被动地等待欧洲统治者和当地民族的怜悯施舍，而要立即行动起来，实行自我拯救。平斯克还提出复国的具体计划，主张立即召开所有俄国犹太社团的全国性会议，商讨购置一块可供数百万犹太人定居的土地，并且争取大国对这一行动的支持。但在书中，平斯克并没有强调这个犹太人定居区一定是巴勒斯坦。他认为，解决犹太人问题的关键"不是要有圣地，而是要有我们自己的土地"。

可见，平斯克的锡安主义理论阐述要比赫斯更进一步。他不仅更为深入、更具逻辑性地分析犹太人问题的症结，而且为锡安主义理论提出实施原则和具体手段，考虑立国地点等细节问题。在俄国反犹思潮泛滥之背景下，其理论尤其是在俄国和东欧犹太人中引起相当反响。那些最早的锡安主义组织把此书奉为"新的《旧约》"而加以广泛宣传，从而掀起了欧洲犹太人向巴勒斯坦移民的首次浪潮。

在俄国和东欧，对犹太人的相对宽容时期总是十分短暂，严酷无情的迫害浪潮却是彼伏此起。因而在哈斯卡拉等各种近代思潮影响下，政治锡安主义组织和运动最先在此兴起。在1881年沙皇亚历山大二世被刺杀后掀起的反犹狂潮中，担任沙皇顾问的东正教会神父康斯坦丁·波贝多诺斯策夫策划制订了"解决"犹太人问题的疯狂计划：将犹太人1/3消灭、1/3驱逐、1/3同化。随后在政府的纵容下，对犹太人的疯狂袭击、驱逐和屠杀很快由乌克兰南部蔓延到整个沙俄帝国。这场反犹风暴使俄国犹太人的心灵颤抖。暴徒的肆虐，政府的敌视，乃至信奉自由主义的知识分子的冷漠，让哈斯卡拉的一批积极倡导者们从

列奥·平斯克

"解放"与"同化"的迷梦中猛然觉醒。平斯克、利林布卢姆、斯摩棱斯金、犹大·戈登等人几乎同时得出相似的结论：唯一的出路是重建犹太国家、实现民族复兴。利林布卢姆在他的《一般犹太问题和巴勒斯坦》《犹太民族在先辈圣地上的复兴》等著述中也指出，反犹主义不可能转瞬即逝，"解放"可能会使犹太人获得平等的公民权，却不能改变犹太人的流散状况。他的结论是：犹太人必须主动地集中到"先辈的圣地"——巴勒斯坦，以结束散居状态，重建自己的祖国。

热爱圣山运动

从1882年起，以促进犹太人移居巴勒斯坦、重建民族家园为宗旨的锡安主义组织——"热爱圣山运动"在俄国建立。此后七八年，该组织如雨后春笋般地在俄国及东欧、西欧甚至北美地区涌现。1884年11月，热爱圣山运动协会第一次代表大会在西里西亚的卡托维茨城召开。与会者主要为俄国代表，还有来自德国、罗马尼亚、英国、法国等国的代表。德高望重的平斯克主持会议，他修正了原先的观点，明确指出犹太人应在圣地——巴勒斯坦而不是其他地方重建民族家园。会议选出以平斯克为主席的中央委员会，总部设在敖德萨。卡托维茨会议是政治锡安主义运动在俄国和东欧兴起的重要标志。

1882年是锡安主义从理论走向实践的关键一年。这年不仅平斯克在维也纳发表《自我解放》，而且最早的锡安主义组织热爱圣山运动开始在俄国和东欧建立，并率先组织犹太青年移居巴勒斯坦，揭开现代犹太移民移居巴勒斯坦的序幕，从此开始了第一次"阿利亚"（指散居世界各地的犹太人回归故乡以色列的行动）。

1882年1月，俄国哈尔科夫的30名犹太大学生和中学生相聚讨论，最后达成共识：犹太民族的复兴只有在巴勒斯坦才能卓有成效地实现，必须立即为此目标展开行动。他们组成热爱圣山运动之下的青年团体"比卢"，成员很快便发展到500多人。1882年7月第一批比卢成员启程前往巴勒斯坦。别尔金德等14名比卢成员（包括1名女青年）到达巴勒斯坦雅法后，在米克维以色列农业学校劳动生活。之后建立新型的农业定居点"里顺齐温"（意为"首先到锡安"），

比卢成员到达巴勒斯坦

搭建木屋，平整土地，种植庄稼。以此为开端，掀起俄国和东欧犹太人迁徙巴勒斯坦，建立"伊舒夫"（指以色列建国前巴勒斯坦犹太社团定居点）的高潮。到1900年，这些锡安主义运动先驱已在巴勒斯坦建立21个"伊舒夫"。

六、德雷福斯案件

德雷福斯案件发生在19世纪末的法国，此案件惊醒了犹太复国主义先驱者，在一定程度上成为犹太民族命运的重要转折点。德雷福斯事件之后，越来越多的犹太民族知识分子开始反思犹太人究竟应该何去何从，是反抗，还是屈服，抑或是接受非犹太民族文化的同化？有没有一条更好的、适合犹太人自己的道路呢？难道就不能建立自己的民族家园吗？这一连串的问号引发了犹太知识分子的苦苦思索，让他们在千百年来受尽凌辱之后发出强有力的呐喊：一定要建立自己的民族国家！这些思考和实践都源于法国保守党对犹太人德雷福斯的迫害。

冤案由来

当时法国保守党认为，法国的社会贫困和经济萧条都源于犹太人。因为犹太人只占法国总人口的0.25%，却掌握了全法国一半以上的财富，这让居于统治地位的保守党找到了经济发展停滞不前的借口。保守党觉得，法国要强大必须排除包括犹太人在内的外国势力。而当时的法国也充斥着浓重的排犹主义气息。德雷福斯事件就是在这样的历史背景下发生的。

1894年12月的一个早晨，犹太人阿尔弗雷德·德雷福斯像往常一样去上班，他一直勤恳工作，已担任法军上尉。此时的他可能做梦也想不到德国驻法国大使馆中一位"女清洁工"的举动会将自己牵扯到一场蒙冤12年、轰动法国乃至全球的案件中，就此改变自己的后半生，甚至改变了整个犹太民族的历史命运。

1871年普法战争后，法国为加强情报工作，派出一名"女清洁工"打入德国驻法大使馆，她每天的任务就是收集各种有价值的"废纸"。这天早晨，她从大使馆的废纸篓中捡到署名为"D"的一封信，信中细述法国新式火炮、法军炮兵部署情况等。法国情报部门从"女清洁工"处获得这一涉及军事机密内容的信件后，立即着手开展调查，包括笔迹核对等。德雷福斯上尉很不幸被情报部门盯上，因为德雷福斯是个犹太人，而且他的名字恰好以"D"字开头。

只因他是犹太人

尽管可怜的德雷福斯一直大声疾呼自己是无辜的，并不知道此信和自己有任何关系，但他仍被开除公职和关押。相关部门还以维护国家安全利益为借口而禁止德雷福斯和外界接触，禁止向公众公布此案细情。情报部门起诉德雷福斯最为荒谬的原因竟为德雷福斯是一个犹太人，而且是一个野心勃勃、喜欢自吹自擂的犹太人，即德雷福斯的全部罪名只在于：他是一个犹太人。尽管情报部门缺乏足够的证据，信件里的笔迹和德雷福斯有多处不符，但还是认定德

阿尔弗雷德·德雷福斯

雷福斯是隐藏在法军中的"叛徒"，认为他在工作期间向德国人出售军事机密，借此获取大量钱财。情报部门由此向军事法庭起诉德雷福斯，法庭宣判他犯下了叛国罪并处以终身监禁。1895年1月，在军事学院的操场上当众举行了革除其军职的仪式，德雷福斯的肩章、帽徽、绶带、勋章被全部摘下，他的军刀也被斩为两段。3个月之后，德雷福斯被押往法属圭亚那附近的魔鬼岛。

然而到了1896年3月，案件出现了转机。法国情报部门又收到了一封含有军事机密的文件，文件内的笔迹和德雷福斯被指控的那封信一模一样。由此真相大白：德雷福斯不可能是写信的人，他是无罪的。刚刚担任法国反间谍处处长的皮卡尔中校希望给德雷福斯翻案，但法国当局坚持无论如何也不能为其翻案，陆军部长更是气焰嚣张地宣称该案件的判决"公正无误"，内阁总理也坚持认为该案件"没有任何问题"。

掀起轩然大波

德雷福斯案件在法国一石激起千层浪，引起社会巨大反响和广泛关注。法国掀起了声势浩大的保卫民主和正义的社会运动，著名作家埃米尔·左拉积极奔走疾呼，要求查明案件真相，但随即被指控犯下诽谤罪，被迫流亡海外。不久法国掀起了新一轮的反犹高潮，犹太人的商店遭洗劫，数以万计的法国民众涌上街头高喊"杀死左拉！枪毙犹太人"。法国政府收到大量要求驱逐犹太人的请愿书，甚至还有人提出剥夺犹太人的选举权。

然而，德雷福斯的家人为了证明他的清白始终没有放弃斗争，他们复制了大量的泄密文件照片贴在街头巷尾。结果恰巧一个银行家发现此信件的笔迹和他的一个客户埃斯特拉齐一样，德雷福斯家属对埃斯特拉齐提出控告，但当局部门却又包庇真正的罪犯使其逃脱。1899年8月，军事法庭重新开庭审理这一案件，与人们预料的相反，德雷福斯并没有被无罪释放，而是改判为10年苦役。这次判决轰动全球，抗议的电报如雪花般飞来，总理卢贝不得不宣布特赦德雷福斯，但是特赦不等于无罪。直到1906年克里蒙梭上台后再审此案，蒙冤12年之久的德雷福斯才被宣判无罪，在其被革除职务的军事学院举行荣誉授勋仪式。1935年德雷福斯在巴黎去世，而真正的罪犯埃斯特拉齐客死英国。

德雷福斯被宣判无罪后在其供职的军事学院参加荣誉授勋仪式

七、"复国运动之父"赫茨尔

　　德雷福斯案件对于迷茫中的犹太知识分子无疑是当头一棒，让他们认识到只有复国，只有重建自己的民族国家才是犹太民族唯一的出路。政治锡安主义（即犹太复国主义）的奠基者——西奥多·赫茨尔（1860~1904年）深受此事的影响，坐在军事法庭旁听席位上的他听着法庭外一浪高过一浪的"杀死犹太人"的狂吼，他意识到：反犹主义深深地存在于人们的意识当中，它不会轻易消失。他说，正是此事使他成为一名复国主义者。

破碎的"同化"梦

赫茨尔出生于匈牙利佩斯的犹太富商家庭，父亲做过匈牙利银行总经理。与19世纪许多有地位的欧洲犹太家庭一样，这是一个正在逐渐接受欧洲文明的半同化的犹太家庭。赫茨尔孩提时代便受过洗礼，以后又长期受到良好的欧洲基督教教育。1878年赫茨尔随全家迁居维也纳后，1884年在维也纳大学获得法学博士学位，不久投身于自幼钟爱的文学创作，成为维也纳小有名气的作家和记者。

青年赫茨尔也充满加入主流社会的"同化"幻想。但欧洲不时掀起的反犹浪潮逐渐改变了他。其在中学和大学求学阶段就几度受到反犹言行的刺激，欧根·杜林的《作为种族、道德和文化问题的犹太问题》一书里，字里行间所充斥的对犹太人的刻骨仇恨和极端恐惧令他难以忘却。他任驻巴黎记者后，耳闻目睹的种种事实无情地打破了赫茨尔的"同化"美梦。

最终导致赫茨尔从同化论者转变为政治锡安主义倡导者的，则是德雷福斯案件所带来的震撼。由此引起的疯狂的反犹高潮极大地刺伤了赫茨尔的心灵。昔日，赫茨尔自认为是已被同化的"半个犹太人"，而今残酷的现实提醒他：不管身世如何、信仰什么、经济状况和政治地位怎样，犹太人就是犹太人；即使犹太人都变成基督徒，真诚地加入周围的民族大家庭，也难逃排犹厄运。更使他痛心疾首的是，这一丑剧竟然"发生在共和的、现代的、文明的法国，而且是在《人权宣言》发表一百周年之后！"

随后赫茨尔全身心地投入犹太人问题的思考。他回顾近2000年来犹太民族的流散史，考察欧洲各国犹太人的现实处境，认识到犹太人的唯一出路是复国，只有这样才能躲避反犹主义的迫害。1896年2月，赫茨尔著作《犹太国：现代解决犹太人问题的一种尝试》在维也纳出版。这部纲领性著作最终使政治锡安主义形成系统而完整的理论。

《犹太国》

赫茨尔开宗明义宣布，重建犹太国家为此书主题。他指出，犹太人问题不可能通过"同化"来解决，反犹主义只会激发犹太人的民族意识，而后者

西奥多·赫茨尔

又会刺激前者；犹太人摆脱困境的唯一办法是集体出走到一个犹太人自己的国度，在那里"我们最终将作为自由的人生活在我们自由的土地上，并将安静地死在我们的家园中"。"巴勒斯坦是我们记忆中永存的历史性家园"，可作为复国地点的第一选择。更重要的是，赫茨尔还在此书中详细探讨了建立犹太国的具体步骤，提出成立"犹太人协会"作为政治机构，负责组织散居各国的犹太人分批逐渐移居新国家，建立"犹太公司"作为

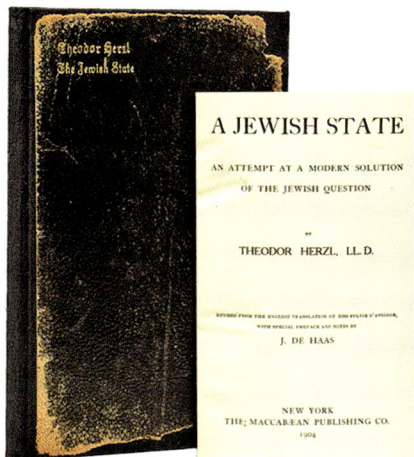

赫茨尔的著作《犹太国》

经济机构、负责金融财政和新国家的工商业发展。他认为大国的政治支持和犹太富豪的经济资助是立国的必要条件。书中还提出对未来国家政体、宪法、语言、国旗和军队等方面的具体设计。这样，赫茨尔首次完整阐述政治锡安主义的系统纲领，为创建世界锡安主义组织奠定理论基础。

这部充满炽烈情感的著作像闪电般地在各地犹太人中间引起巨大轰动，更引起广大饱尝迫害之苦的下层犹太百姓思想上的强烈共鸣。特别是作者在书中流露出来的那种感人肺腑的奉献精神，更对年轻的锡安主义者，包括后来的世界锡安主义组织主席、首任以色列国总统哈伊姆·魏茨曼，产生了极大的震撼和影响。

《犹太国》发表后，赫茨尔便以满腔热情投入到实施其复国理想的实际行动中。虽然他未能说动欧洲上层名流用其社会名望和经济实力来推进复国大业，但从欧洲广大的中下层锡安主义者那里获得热烈响应和支持。通过科隆热爱圣山运动的首领大卫·沃尔夫佐恩的介绍，赫茨尔认识了一大批热爱圣山运动的骨干，首次听说与自己见解不谋而合的赫斯、平斯克的著作，了解到热爱圣山运动在德国、欧洲以及巴勒斯坦所开展的民族复兴事业。许多中欧犹太人将此书悄悄带入俄国犹太聚居区广泛传阅，随后电报信函纷至沓来。保加利

亚、俄国和巴勒斯坦等地的热爱圣山运动协会要求赫茨尔这位"新摩西"挑起领导复国运动的重担。从火车站到犹太会堂，成群结队的犹太人夹道欢迎赫茨尔，细心聆听他的即席演说。赫茨尔逐渐明白，不应对上层人物寄予不切实际的希望，而应立足于发动深感失国离乡之痛的广大犹太下层百姓，决定建立一个世界性的锡安主义组织，并于1897年6月在维也纳创办《世界》周刊，进一步加强有关锡安主义运动在全球的宣传。

"我在巴塞尔缔造了犹太国"

在赫茨尔不懈推动下，1897年8月29日，第一届世界锡安主义者代表大会在瑞士巴塞尔隆重开幕。来自俄国、东欧、西欧、巴勒斯坦以及北非和北美等11个国家和地区约200名代表锡安主义者到会。会议主持人赫茨尔宣布，此会旨在为建立"保护犹太民族的大厦"奠基。经过激烈辩论，各派代表在求同存异的基础上，一致通过《锡安主义运动纲领》（即《巴塞尔纲领》），主要内容为：

> 锡安主义争取在巴勒斯坦为犹太民族建立一个公认的、有法律保障的家园。为达到这一目的：（1）要有计划地鼓励犹太农业劳动者、工人和其他行业人员移居巴勒斯坦。（2）根据各居住国法律规定，犹太人联合起来并在当地组成更为广泛的社团。（3）提高犹太人的自我意识和民族觉悟。（4）为得到各国政府对实现锡安主义目标的赞同而进行必要的准备步骤。

巴塞尔大会决定成立世界锡安主义组织，作为全球锡安主义者的统一机构，同时成立由世界各地犹太社团代表组成的总委员会和居住在维也纳的总委员会委员组成的执行委员会，处理日常事务。赫茨尔被一致推举为世界锡安主义组织主席，他担任此职直到逝世。会议还通过了犹太国国歌《哈蒂克瓦》（意为"希望"）和以白底、蓝条、大卫星为图案的犹太国国旗。巴塞尔大会标志锡安主义运动已发展为全球范围的组织严密的政治运动。世界锡安主义

巴塞尔第一届世界锡安主义者代表大会

组织迅即得到各国众多犹太社团的拥护，并设立其分支。赫茨尔兴奋地在日记中写道："我在巴塞尔缔造了犹太国。如果今天我把它大声说出来，大家会笑的。也许在 5 年后，无论如何在50年后大家将会看到它。"半个世纪后的1948年，以色列国成立。

　　《巴塞尔纲领》以明确的语言公开向全球宣布了锡安主义运动的政治目标。会后，赫茨尔和他的同伴们全力以赴地贯彻实施《巴塞尔纲领》。1898年8 月在巴塞尔举行第二届世界锡安主义者代表大会时，世界各地已有913个犹太社团接受世界锡安主义组织的领导，选出400名代表到会。按照赫茨尔的构想，在首届大会完成了创立"犹太人协会"世界锡安主义组织后，在第二届大会上完成"犹太公司"的创办即决议建立犹太垦殖银行，为巴勒斯坦犹太人发展农业、商业、运输业和建筑业提供信贷。1899年 3 月，犹太垦殖银行以英国股份公司的名义在伦敦建立，1902年 2 月银行建立子公司"英国—巴勒斯坦银行"，后逐渐成为"伊舒夫"的主要金融机构。同时犹太民族基金会建立，由世界各地犹太人捐献资助，在巴勒斯坦购置土地，开发农业和林业，建立农业定居点。

　　虽然赫茨尔在扩大队伍、创办金融机构等方面取得了较大发展，但在争取大国支持、寻求复国地点方面，却几经周折。1904年5月，由他主持的执行委员会作出决议，只有巴勒斯坦才是建立犹太民族家园的唯一地点。1904年7月3日，为复国大业呕心沥血的赫茨尔在艾德拉赫英年早逝，时年44岁。维也纳的6000多名犹太人为他送葬，世界各地犹太人也纷纷举行活动，悼念这位民族英雄。

第四章 浴火重生：通往复国之路

一、魏茨曼与《贝尔福宣言》

以色列外交家阿巴·埃班曾言："没有《贝尔福宣言》，就没有现代的以色列。"的确，1917年《贝尔福宣言》的发表为以色列现代民族家园的建立奠定了有利的国际环境。《贝尔福宣言》的诞生和后为以色列国首任总统的魏茨曼复国努力有着密切的联系。

魏茨曼的复国努力

哈伊姆·魏茨曼（1874~1952年）生于俄属波兰的一个犹太平民之家。沙皇政府残暴的反犹政策和英国犹太人的较好境遇，使他幼年时已产生犹太人只有在英国才会得到善待的念头。1896年赫茨尔在《犹太国》中发出重建犹太国的号召，在柏林求学的魏茨曼为之心驰神往，马上投身到锡安主义运动中去。1904年魏茨曼移居英国，在曼彻斯特大学教授化学，是位著名的化学家。第一次世界大战期间，魏茨曼受时任英国军需大臣（1916年出任首相）劳合·乔治的邀请，在海军部实验室工作，研制出一种廉价且有效的炸药材料丙酮的生产

海姆·魏茨曼（以色列国首任总统）

技术。丙酮大量生产的新工艺，解决了战时英国军需工业的一大难题。这使他得到英国政府的信任和感激，也加强了他与英国内阁成员的交往和友谊。后成为魏茨曼知己良友的劳合·乔治也承认"丙酮使我转向锡安主义"。

魏茨曼广泛结交英国各界尤其是政界、财界、新闻媒体界人士，包括内政大臣赫伯特·萨缪尔、外交大臣阿瑟·贝尔福和犹太财阀罗斯柴尔德家族等都和他保持着较多的往来，魏茨曼竭尽全力地向他们宣传犹太复国运动构想。

作为世界锡安主义组织中务实行动派的重要领袖，魏茨曼强调犹太复国运动要在巴勒斯坦创立新型的农业定居点、经济机构和科学文化设施，为复国打下牢固基础。同时他认为，犹太民族单凭一己之力难以在国际社会中生存，必须寻求大国的庇护；而犹太人处境较好的英国是各大国中最可能支持复国运动的国家，英国作为当时首屈一指的大国对复国运动有着至关重要的作用；虽然这样有可能使巴勒斯坦成为英国的保护国，但同时也保护了更多犹太人向巴勒斯坦移民，一个现代的犹太民族国家便可以在这种情况下诞生。

在魏茨曼看来，近200年来英国犹太人处境在不断改善，而现在已有犹太人担任各种政府要职并拥有相当的政治实力。魏茨曼清醒地意识到，要不失时机地抓住世界大战给锡安主义事业带来的机遇。要争取英国支持，就要显示出锡安主义目标与英国战略利益的一致性。在劳合·乔治的《战争回忆录》里记载了他和魏茨曼的这样一段对话：

> "你为这个国家做出了巨大的贡献，我要请求首相陛下给予你荣誉。"
>
> "我个人什么都不需要。"
>
> "那我们该如何认可你对国家所付出的重要帮助呢？"
>
> "好的，我希望您为我们的民族做点什么。"

各取所需

魏茨曼无时无刻不在向英国政要表达着犹太民族对巴勒斯坦的渴望。劳合·乔治回忆说："那就是《贝尔福宣言》的源头和起点。在我担任首相之后，我立即把所有的经过告诉了外交大臣贝尔福。"大战中的英国为争取中立的犹太人的支持，在外交政策上偏向于犹太复国运动。魏茨曼希望依靠英国获得民族独立的想法和当时英国执政者不谋而合，也满足了英国政府在中东的利益需求。1882年英国吞并埃及后急于寻找一块战略要地，以巩固其在中东的地位，巴勒斯坦成为英国首选的理想地，以便保护英国本土通往其殖民地印度的交通线。而一战期间作为巴勒斯坦名义宗主国的奥斯曼土耳其帝国加入了轴心国作战，这就为英国掠取巴勒斯坦提供了机会。

1917年11月2日，英国外交大臣贝尔福致函英国锡安主义联盟副主席莱昂内尔·沃尔特·罗斯柴尔德勋爵，该函即著名的《贝尔福宣言》，在宣言中贝尔福向犹太复国运动表明了英国政府的态度：

> 尊敬的罗斯柴尔德勋爵：
> 我代表英王陛下政府十分愉快地将下述同情锡安主义愿望的宣言转达给您，这个宣言业已送交内阁并为内阁所批准：
> "英王陛下政府赞成在巴勒斯坦建立一个犹太人的民族家园，并将尽最大的努力促其实现，但必须明白理解，绝不应使巴勒斯坦现有非犹太社团的公民权利和宗教权利或其他国家内的犹太人所享有的权利和政治地位受到损害。"
> 如果您能将这个宣言告知锡安主义组织，我将十分感谢。

这样，锡安主义运动的政治目标终于首次获得了大国的承认。对于魏茨曼做出的不可磨灭的贡献，查理斯·韦伯斯特爵士评价道："在那个时代，一些小民族中产生了一些伟大的人物——在大国之间发生冲突而导致世界局势发生变革的时候，他们为本民族争得了很多利益。我认为没有人能和魏茨曼相提并论。"这样也就不难理解在以色列建国后，为何魏茨曼能成为第一任国家总统了。

《贝尔福宣言》发表一个月后，英军占领圣城耶路撒冷，1918年9月英军完全控制了巴勒斯坦。1922年国际联盟确认英国在巴勒斯坦实行委任统治，同时也

英国外交大臣贝尔福

《贝尔福宣言》信件原文

确立了犹太人与巴勒斯坦的历史联系和犹太人在巴勒斯坦建立民族家园的权利。《贝尔福宣言》无疑推动了锡安主义运动（即犹太复国运动）思想的广泛传播，但这一思想真正广为民众所接受，还是在惨绝人寰的纳粹大屠杀之后。

二、纳粹迫害与大屠杀

第一次世界大战使欧洲的反犹主义有所减缓，但战争一结束，反犹思潮马上又抬头了。20年代的反犹思潮既继承了传统反犹理论中的种族歧视、宗教偏见等老一套货色，又突出地带有反犹与反共相结合的特征。1917年俄国"十月革命"及其后爆发的欧洲革命，将一大批接受了马克思主义的犹太精英分子推上了革命领导人的位置。一些反共理论家随即炮制出"犹太—布尔什维克主义"言论，竭力利用基督教欧洲的反犹传统来反对共产主义。

纳粹反犹祸起

这样，20世纪20年代的反犹运动向右翼极端势力靠拢，最终不可避免地与正在崛起的法西斯主义同流合污，而将五花八门的反共、反犹、种族主义和法西斯主义奇谈怪论拼凑在一起，炮制出一种系统的法西斯反犹理论的，正是第二次世界大战头号战犯阿道夫·希特勒。他公然宣称："犹太—布尔什维克主义"正在策划征服欧洲和全世界，作为"优良种族"的雅利安人必须通过"永久性的革命"来消灭犹太人及其马克思主义，以争取更多的"生存空间"。更严重的是，1933年1月希特勒居然打着反共反犹旗号夺取了德国的大权，并将其疯狂的理论付诸实践，掀起了一场空前惨烈的反犹运动，使欧洲犹太人遭到灭顶之灾。

在希特勒反犹运动的第一阶段（1933~1938年），主要还是在德国本土颁布一系列反犹法令，在政治、经济、文化诸领域对犹太人进行大规模的、自上而下的迫害。1933年4月，纳粹德国颁布首个反犹法令《恢复公职人员法》，规定"非雅利安祖先的文官必须退职"。随后纳粹颁法禁止犹太人从事公务员、医生、律师、新闻和出版等工作。1935年秋《纽伦堡法》更是剥夺了犹太人的公民权及一切相关的政治权利，并且不准犹太人与"德意志或其同源血统的公民"结婚。该法标志着希特勒的反犹行动从幕后走到前台并法律化。

同时德国政府和纳粹党还有组织、有计划地煽动不明真相的民众冲击犹太人经营的企业、商店和律师事务所，殴打甚至杀害犹太人。纳粹宣传部长戈培尔在柏林等地组织大规模的焚书活动，将犹太人写的书及其他"非德意志"书籍（如共产主义书籍）付之一炬。许多世界文化名人如海涅、毕加索、门德尔松等人的作品被查禁，连爱因斯坦、弗洛伊德这样的科学泰斗和文化巨匠也被迫流亡他国。

纳粹德国还公开采取强制手段将犹太人驱赶到其他国家和地区。1938年10月28日，17000名德国犹太人在未得到任何通知的情况下，在午夜被德国政府驱逐到波兰。其中有个波兰犹太移民的家庭，其儿子赫舍·格林斯潘当时住在巴黎的叔叔家。一周后他获悉全家被逐的悲讯便求助于德国驻巴黎大使馆秘书恩斯特·冯·拉特。11月7日得不到冯·拉特回应的格林斯潘只身闯进德国驻巴黎大使馆，为替被杀害的父母报仇，用手枪向冯·拉特连开三枪。11月7日冯·拉特不治身亡。这个事件成为德国对犹太人采取暴力行动的借口，纳粹当局立刻借机掀起了更大规模的反犹狂潮。

"水晶之夜"

冯·拉特被杀的当晚，希特勒对戈培尔说："应当放手让冲锋队（希特勒青年团）行动。"戈培尔则表示"今晚估计要发生反对犹太人的自发性示威，党对此不应干涉。"午夜，纳粹党卫军保安处和秘密警察的头子海德里希立即用特急电报指示手下："不得阻拦即将发生的示威"，"犹太会堂可以烧毁，但不得危及德国人的财产"，"犹太人的店铺与私人住宅可以捣毁"，"犹太人，特别是有钱的犹太人应予逮捕，人数视现有监狱能容纳多少而定"。

于是，1938年11月9日午夜至10日凌晨，在希特勒和纳粹干将的精心策划

臭名昭著的"水晶之夜"

下，一场暴力攻击惨案向犹太人扑来。当晚，德国各地的希特勒青年团、盖世太保和党卫军化装成平民走上街头，他们挥舞棍棒，对犹太人的住宅、商店、会堂进行疯狂的打、砸、抢、烧。

由于当日成千上万块玻璃被砸碎，破碎的玻璃在月光的照射下犹如水晶般发光，11月9日那夜被称为"水晶之夜"，在历史上它成了迫害犹太人的代名词。这一夜给犹太人造成巨大的灾难，约267间犹太教堂、超过7000间犹太商店、29间百货公司遭到纵火或损毁。奥地利也有94间犹太会堂遭到破坏。这一夜仅砸毁的玻璃，损失就达600万马克。其价值相当于比利时全国半年生产玻璃的总价值。事件中遇害的犹太人数目不确定，估计有90人死亡。大约3万名16至60岁的犹太男子在自己家里被捕，送往达豪和萨克森豪森集中营。

3天后的1938年11月12日，纳粹二号人物戈林召集手下制定出剥夺犹太人尊严和权利的具体措施，包括：迫使犹太人把焚毁的会堂清除干净，修成停车场供德国人使用；强制每个犹太人佩戴有"J"字母的侮辱性标记；甚至还强迫受迫害的犹太人向纳粹赔偿10亿马克。"水晶之夜"事件标志着纳粹对犹太人有组织的暴力攻击开始。

隔离、敲诈和驱逐

随后纳粹对犹太人的迫害逐步从德国向欧洲其他国家推进。在反犹运动的第二阶段（1938~1941年），纳粹反犹政策和法令被照搬到德占区，并发展为驱赶和隔离相结合的行动方针。1938年3月至1941年5月，纳粹德国先后侵占奥地利、捷克斯洛伐克、波兰、丹麦、挪威、荷兰、比利时、卢森堡、法国、罗马尼亚、希腊、保加利亚、南斯拉夫等国。纳粹反犹运动也随之扩展，一些傀儡当局与纳粹狼狈为奸，充当打手。如法国维希政府积极同德国合作，制定严厉的反犹法律。在挪威、荷兰、希腊、南斯拉夫等国，反犹行动也愈演愈烈。

欧洲各国犹太人的处境极度悲惨。波兰几百万犹太人全被集中到特定隔离区，禁止外出。华沙50万犹太人被赶入仅2.71平方公里的隔离区内，靠每天配给少量食物维持生命，成千上万的人不堪饥寒交迫而死去。在维也纳，纳粹建立"犹太移民总处"，专事将奥地利犹太人驱赶出境，并在驱逐之前榨

隔离墙

尽他们的钱财。1938年3月至1939年9月，近10万奥地利犹太人倾家荡产才换来出境许可。在柏林，承担同样使命的机构为"犹太人出境中央办事处"。1933~1939年，超过28万犹太人被迫离开德国本土，占当时德国境内犹太人口的半数，但比起留下惨遭杀害的同胞来说，他们还算幸运。

到后来，从留下来的犹太人身上已难以榨出油水，城市里又不易划出隔离区安置，食品燃料也日趋缺乏。于是，纳粹当局干脆将成千上万的犹太人直接送往集中营，强迫其青壮年做苦工。法国、荷兰、比利时的犹太人起先被赶入隔离区，后来则干脆被送上火车押往东欧集中营，途中他们经受了种种非人折磨，到达集中营时不少人因精疲力竭而死。

惨绝人寰的"最后解决"

到反犹运动的第三阶段（1941~1945年），纳粹当局转而实行从肉体上消灭整个犹太民族的残酷政策。早在1939年，希特勒就开始谈论"全部消灭"欧洲犹太人的可能性。在准备对苏战争过程中，他下达"消灭所有犹太—布尔什维克分子"的密令。1941年6月纳粹入侵苏联，考虑如何处置苏联境内的300多万犹太人。纳粹头目经酝酿后，出笼了从肉体上彻底消灭欧洲犹太人的"最后解决"方案。

1942年1月2日，在柏林万湖旁边的别墅里，纳粹秘密警察头子海德里希召集盖世太保头子缪勒等14个部门高官，研究布置大规模系统屠杀犹太人的计划。会议通过戈林半年前签署的文件，即"最后解决"方案：把犹太人运到东欧从事苦役，"其中大部分无疑将通过自然减少的方式消灭"，"对于最后留存的抵抗力最强的那部分人，必须以相应的方式处置"。于是"最后解决"一词就成了从肉体上彻底消灭欧洲犹太人的代名词。"万湖会议"后，纳粹开始全面实施这项庞大的杀人计划。

耶路撒冷的犹太大屠杀纪念馆

耶路撒冷的犹太大屠杀纪念馆

　　纳粹首先在苏联实施"最后解决"方案。为此党卫军保安处和秘密警察组织4个特别行动队紧随入侵德军，杀死所有被抓获的犹太人、吉普赛人、红军政工人员和共产党干部。1941年末到1942年初特别行动队处死近50万犹太人。在杀死大批东欧和苏联犹太人的同时，纳粹也在西欧和巴尔干围捕犹太人，押往德国、波兰集中营处死。

　　进入1942年，为以更快的速度实行"最后解决"，纳粹组织一批"专家"设计出毒气室，陆续出现了像奥斯维辛集中营那样采用毒气室、焚尸炉成批屠杀犹太人的地狱。成千上万的犹太人被送进这些"淋浴室"毒死，随后焚尸。奥斯维辛集中营曾创造一天毒死6000人的纪录。"最后解决"一直进行到战争最后一刻，只是由于盟军快速挺进，一些犹太囚徒才幸免于难。

　　纳粹的迫害、驱赶和"最后解决"究竟使多少犹太人丧生？大多数历史学家估计，大约有600万犹太人死于纳粹的魔掌中。20世纪30年代全世界约有1800万犹太人，其中1200万生活在欧洲。这就是说，希特勒纳粹"消灭"了全球犹太人的1/3，欧洲犹太人的50％！这不仅是犹太民族遭遇的灭顶之灾，也是历史上罕见的人间大悲剧。

三、《安妮日记》

　　《安妮日记》是犹太少女安妮·弗兰克遇难前两年藏身密室时的生活和情感记载。安妮的日记从1942年6月12日写到1944年8月1日，它真实再现了安妮等8人藏匿且充满恐惧的25个月的密室生活，成为揭露德军占领下的人民苦难生活的珍贵原始文献。

藏身密室

　　安妮（1929~1945年）出生在德国法兰克福一个犹太商人家庭里。安妮和家人为逃离纳粹的恐怖统治而移居荷兰阿姆斯特丹，1940年5月纳粹占领了荷兰，全家开始在反犹政策下战战兢兢地生活。少女安妮也被逼迫佩戴犹太标

安妮·弗兰克

志，从公立学校转到犹太私人学校上学。1942年6月12日，13岁的安妮收到父亲送的一个日记本作为生日礼物，便开始写日记。此时纳粹在荷兰到处搜捕犹太人，7月9日她父亲接到纳粹当局命令其全家去报到的通知，面对大难临头的不祥之兆，安妮一家在朋友的掩护下，和另外4名犹太人（温达安先生一家和牙医迪赛儿）躲入一间公司仓库里，从此开始了两年多的密室生活。

此时纳粹正在荷兰到处搜捕犹太人。安妮她们在密室里有严格的作息时间，白天不能随意活动，以免被在工厂工作的人发现，只有在晚上所有人都离开后，他们才能稍许放松活动一下。也仅在这时安妮才能隔着窗帘看看外面的世界。密室生活中，每个人都变得十分敏感，一阵陌生的脚步声，一串奇怪的敲门声都会使他们如惊弓之鸟。他们失去自由，整天只能躲在狭小的房间里。

这一切，都反映着纳粹屠刀下的犹太人
紧张不安的心理与凄苦的生活。他们也
从朋友的叙述、收音机、窗外的情景中
了解到外面世界有喜有悲的消息。悲的
是德国纳粹将抓获的犹太人送往集中
营，妇女、小孩、老人、病人无一幸
免，死亡便是被囚者的最终命运；喜的
是战况对纳粹日益不利的消息，这给密
室里的人以再次拥有自由的希望。

安妮的日记本

成长中的少女

　　在匿身密室的日子里，安妮借由
日记抒发了成长的苦涩、少女的情怀，
以及对未来的憧憬。作为一名成长中的

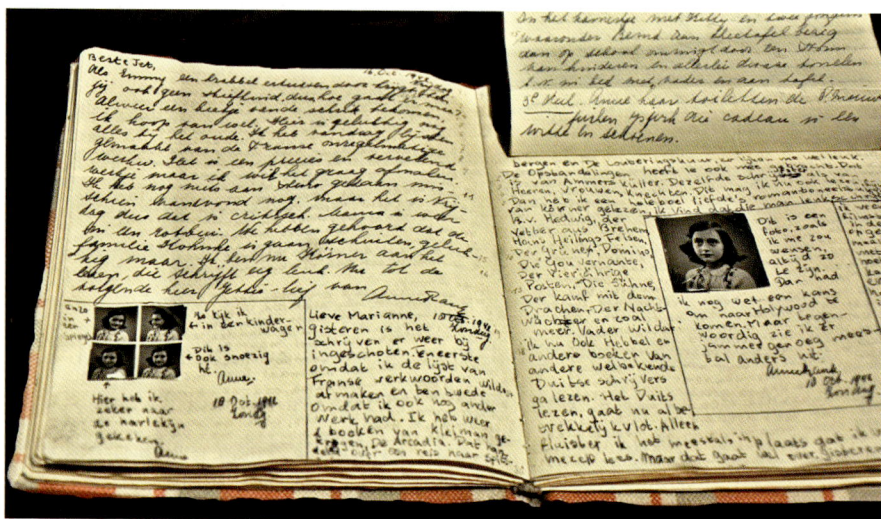

《安妮日记》

少女，她在日记中吐露与母亲不断发生冲突的困惑、对性的好奇以及与一道藏身的友人彼得的感情。安妮惊讶地发现自己日记中竟有那么多埋怨妈妈句子，她终于意识到必须学会妥善相处。在日记里，安妮还把生理上、心理上的每一个细微的变化都真实地记录下来，从第一次来月经的激动到自己对性的朦胧的好奇，真实记录着豆蔻少女在心理上走向成熟的过程。

安妮是一个开朗乐观、活泼可爱、善于思考的女孩。即使是在最恐惧、痛苦的黑暗时刻，也能以积极的心态面对现实，她在日记中写道："我相信今天失去的幸福一定能从大自然里再找回来。有信心和勇气的人也决不会困死在不幸的遭遇里。""我经常心情沮丧，可是从来不绝望。我将我们躲藏在这里的生活看成一场有趣的探险，充满危险与浪漫事情，并且将每个艰辛匮乏当成使我日记更丰富的材料。"就是这种乐观的心态支撑着安妮面对孤独、寂寞与恐惧。虽然被困在密室，但安妮却热爱写作，梦想着成为一名作家。安妮有着独立的思考，能从自己的亲身感受中，表达对战争、对种族灭绝政策的怀疑与愤怒，虽然开始时安妮只把避难看作一种冒险，但她逐渐发现自己必须思考这场战争以及自己与社会的关系。

安妮还是个敢爱敢恨的女孩，对于纳粹党迫害犹太人的行为，她深恶痛绝，对于那些帮助过他们的人，她心存感激。她在日记中写道："这些人的行为就像我们的救命恩人，我觉得他们这种博爱的行为，绝不输给任何一位前线战士。"当她听到被送去集中营的犹太人被集体毒死时，她心生怜悯，觉得"心里好难过，忍不住热泪盈眶"。

安妮还是一个渴望爱的女孩，来到密室后，安妮感到孤独，她渴望得到父母的理解与爱，但姐姐玛格却更得父母的疼爱，安妮并没嫉妒，而是努力地反思自我，使自己的思想更成熟。安妮虽然爱着彼得，但她懂得自控，有着独立的人格。

永远活在人们的心中

悲惨的是，如此懂得生活的花季少女，在纳粹大屠杀的黑暗岁月，终究没逃过纳粹的魔爪，未能实现她的梦想，过上憧憬的美好生活。1944年8月4日

早上，因有人告密，盖世太保发现了
这一藏身之处。

安妮和家人被捕后便送往集中营，
从此安妮的生活坠入人间炼狱。1945
年3月，15岁的安妮因斑疹伤寒死于德
国贝尔根—贝尔森集中营。但这位可爱
少女却永远活在人们的心中，正如她在
1944年4月5日的日记里所写："我希望
我死后，仍能继续活着。"

战后，安妮唯一活着的亲人是父
亲奥托·弗兰克。1945年6月奥托回到
阿姆斯特丹，后在当年藏身处的地板

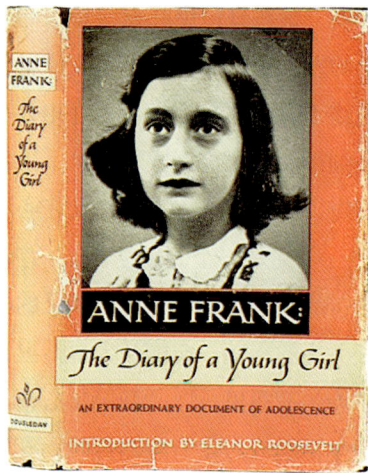
《一个年轻女孩的日记》封面

下发现安妮的日记。为完成女儿的夙愿，他重新编辑了日记，以《一个年轻女
孩的日记》为名出版。1947年日记一经出版问世便成为国际畅销书，被翻译成
英语和其他66种语言，日记也被改编成戏剧和电影。

《安妮日记》成为流传最广的有关纳粹大屠杀的文献之一，也被认为是
20世纪最重要的书籍之一。荷兰建立了安妮·弗兰克基金会，并把那间密室改
造成"安妮·弗兰克之家"博物馆。

四、人间地狱：奥斯维辛集中营

奥斯维辛集中营是纳粹德国在欧洲最大的杀人魔窟，它位于波兰南部的
小镇奥斯维辛。纳粹德国占领波兰后，1940年4月27日，纳粹德国党卫军首领
希姆莱下令修建奥斯维辛集中营，并任命臭名昭著的鲁道夫·胡斯为集中营的
长官。集中营建成后，纳粹便把犹太人从欧洲各国押运到奥斯维辛。1941年3
月奥斯维辛集中营扩建为一个同时具有关押、劳役和灭绝三种功能的超级集中
营。扩建后的奥斯维辛集中营总面积达15.5平方千米，一条专用铁路从南边大

奥斯维辛集中营

今天的奥斯维辛集中营

奥斯维辛集中营受害者的遗物

门一直通到集中营的北端。营内设有大规模杀人的4个毒气"浴室"及储尸窖和焚尸炉，同时操作一次可屠杀12000人，配备的焚尸炉每天可焚烧8000具尸体。

整个奥斯维辛集中营由三部分构成，即1940年修建的奥斯维辛一号、1941年修建的奥斯维辛二号和1942年修建的奥斯维辛三号。

奥斯维辛一号是最初的集中营，作为整个奥斯维辛地区集中营的管理中心。奥斯维辛一号通常关押着13000至16000人，1942年最多时达20000人。在这里杀害了大约70000名波兰知识分子、抵抗组织成员和苏联战俘。

奥斯维辛二号（比克瑙）是一个灭绝营，其主要任务是在毒气室进行大规模屠杀，有大约960000名犹太人、75000名波兰人和19000名吉普赛人在此遇害。此外它也包括布达的农业营等几个较小的集中营和一些医学、化学实验室。

奥斯维辛三号（莫诺维茨）是一个由1座主营和39座小集中营构成的劳动营。约11000名犯人在此从事挖煤、水泥和橡胶生产等。奥斯维辛二号（比克瑙）的医生会按时到访，将不能工作者送往毒气室。

1940年6月14日奥斯维辛集中营收容了首批728名波兰和德国政治犯。随后苏联、法国、奥地利、匈牙利、捷克斯洛伐克、荷兰、比利时、挪威、意大利、西班牙等国家的犹太人、吉普赛人、知识分子、起义者、"反社会分子"等都被关押在此处。1941年6月纳粹德国入侵苏联后，大批苏联战俘也被陆续收入。

1945年1月27日，苏联红军解放奥斯维辛集中营时，集中营里只剩下7650名活着的囚徒，其中包括130多名儿童。

1947年7月2日，波兰政府把奥斯维辛集中营改为殉难者纪念馆，展出纳粹在集中营犯下种种罪行的物证和图片，包括从囚徒身上掠夺的财物，以及囚徒们在集中营进行地下斗争的各种实物和资料。1979年，联合国教科文组织将奥斯维辛集中营列入世界文化遗产名录，以警示世界"要和平，不要战争"。每年有数十万来自世界各国的各界人士前往奥斯维辛集中营遗址参观，凭吊那些被德国纳粹分子迫害致死的无辜者。

五、黑暗中的拯救者：辛德勒

在德国纳粹灭绝人性地屠杀犹太人的黑暗岁月，仍不乏善良而有同情心的德国好心人帮助这些束手就擒的犹太难民，使一部分幸运的犹太难民得以免遭无辜的杀害，平安地度过艰难、恐怖的屠杀岁月。在这些德国人之中，最广为人知的便是奥斯卡·辛德勒。

具有正义感的企业家

奥斯卡·辛德勒（1908~1974年）是奥匈帝国摩拉维亚农机企业主的儿子。1931~1938年，辛德勒在布拉格的一家银行工作，期间于1935年以捷克斯洛伐克公民的身份加入苏台德德意志党，并于1936年被纳粹德国军事情报局吸收为特工，1939年加入纳粹党。之后辛德勒的职务也获得提升，并继续为德国军事情报局服务。在友人斯特恩建议下，1939年11月辛德勒签下一份搪瓷工厂的非正式租赁协议，并于1940年1月开业，名为"德国搪瓷制品厂"。起初厂里有7名犹太工人——其中包括帮他管理公司的亚伯拉罕·班吉尔和250名非犹太裔波兰人。到了1944年的高峰时期，工厂一共雇用了约1750名工人，其中约1000名是犹太人。辛德勒还帮助经营着一家做批发衣服生意的施洛莫·韦纳有限公司。

奥斯卡·辛德勒

作为一名精明的商人，辛德勒依靠在德国军事情报局和国防军及其下属军需部门中的人脉，获得为军队生产搪瓷炊具的合同。这些人脉后来也在他保护犹太工人免遭驱逐和处死的努力中发挥重要作用。随着时间的推移，辛德勒不得不向纳粹军官送去更大数额的贿赂，以及许多只有通过黑市才能获得的贵重礼物，来保护工人的安全。

辛德勒起初经营这家工厂主要是为了赚钱，雇用犹太人也是因为自纳粹占领波兰后这些人的工资水平大幅低于波兰人。但后来，当他目睹纳粹刽子手对犹太人惨无人道的屠杀后，尚未泯灭的人性促使其开始以招募工人的名义暗中帮助众多犹太人逃避被杀戮的厄运。作为一个对战争有重要作用的军需企业，辛德勒得以借此更方便地保护他的犹太工人。每当辛德勒的犹太工人面临被驱逐威胁时，他就会宣布工厂需要他们。这些犹太工人的妻子儿女，甚至残障人士都由他声称为必要的技术工人。为了保护他们，辛德勒有时甚至修改其人事档案，儿童被写成大人，律师、医生被写成专业技师。

1941年秋，纳粹开始将犹太聚居区居住的犹太人进行转移，其中大部分被送到贝尔赛克灭绝营杀害。1943年3月犹太区已被清空，那些仍然可工作的犹太人被送到位于普拉佐的纳粹新集中营，数千名被认为不适合工作的人被送至灭绝营杀害，还有数百人在街头被纳粹所杀。目睹纳粹这一残忍暴行，内心深为震撼的辛德勒决心尽可能多地救出一些犹太人。

克拉科夫—普拉佐集中营于1943年3月开始运作，其距辛德勒的德国搪瓷制品厂约2.5千米，由党卫队上尉阿蒙·哥特负责。此人曾数次在集中营内随机处决犯人，营内犹太人每天都生活在生死线上。哥特起初计划把包括辛德勒工厂在内的所有企业转移到集中营内。不过辛德勒想方设法，不但避免了工厂的转移，还说服哥特允许他自费在厂内建立一个子集中营，除了容纳工厂内的犹太人外，还可收容附近工厂的另外450名犹太人。这些人在这里逃脱了被随机处决的威胁，而且还配有食宿，甚至可以进行宗教仪式。

1943年，布达佩斯的犹太复国组织领导人通过抵抗运动成员和辛德勒取得联系后，辛德勒也竭尽全力，帮助将巴勒斯坦犹太人机构提供的资金带回并转交给当地犹太抵抗运动组织。

《辛德勒名单》的由来

1944年7月，面对苏联红军的节节逼近，党卫队开始关闭最东面的集中营，把余下的囚犯向西转移到奥斯维辛和格罗斯—罗森集中营。纳粹计划关闭所有与战争需要无直接相关企业，包括辛德勒的工厂。哥特的私人秘书庞帕把此消息提前告诉了辛德勒，并建议辛德勒将工厂产品从搪瓷制品改为反坦克手榴弹来挽救犹太工人的生命。辛德勒通过贿赂和游说，最终让哥特及柏林的纳粹官员同意他把工厂和工人转移到苏台德地区的小乡村布瑞恩利兹，使犹太工人免于被送入毒气室。庞帕把犹太区警察马赛尔·戈德伯格警官提供的姓名整理后，打印了一份1200名将转移到苏台德地区的犹太人名单，其中1000名是辛德勒工厂的工人，另外200名是朱利叶斯·马德里奇的纺织制品厂工人，这便是后来著名小说和电影《辛德勒名单》的由来。

辛德勒名单中的这些犹太人于1944年10月被送往布瑞恩利兹。因党卫队提供的口粮不足以满足工人的需求，所以辛德勒会花大部分时间在克拉科夫采购粮食。其夫人埃米莉留在布瑞恩利兹，暗中设法获得更多的口粮，并照料工人的健康和其他基本需求。辛德勒还安排将奥斯维辛集中营多达3000名犹太女性转移到苏德台地区的小纺织厂，以增加她们生还的希望。随着苏联红军的逼近，辛德勒为避免工人被杀而继续向军官行贿。1945年5月7日，他和工人们聚在工厂内，聆听广播中英国首相温斯顿·丘吉尔宣布德国投降的消息。

由于身为纳粹党成员，辛德勒有被以战犯惩处的危险。班吉尔、斯特恩和其他多人准备证明文件，以便让辛德勒呈交给美国人证实自己曾挽救了一些犹太人的生命。犹太人赛门·杰里特等还拔下金牙，用以打造了一枚戒指送给辛德勒，上面刻有一句犹太法典上的希伯来经文："凡救一命，即救全

二战结束后辛德勒前往以色列，受到犹太人的欢迎

世界。"

　　到战争结束时，辛德勒的绝大部分积蓄已在为挽救犹太工人而向纳粹行贿以及在黑市为工人购买给养中耗尽。几乎一贫如洗的辛德勒流亡多地，从雷根斯堡到慕尼黑，但一直没能在战后德国发迹致富。不过辛德勒与战争期间认识的许多犹太人保持着联系，来自世界各地"辛德勒犹太人"的资助仍让他得以继续生活。1963年以色列授予辛德勒"国际义人"的荣誉称号，以表彰他在第二次世界大战期间挽救1200余名犹太人（占波兰全部存活犹太人数量的一半左右）免遭大屠杀的功勋。随后，1966年德国政府也授予他联邦十字勋章。1974年10月9日，奥斯卡·辛德勒在德国希尔德斯海姆去世。他的遗体安葬在耶路撒冷的锡安山，是唯一一位得以葬在那里的前纳粹党成员。

　　2000年4月，在希尔德斯海姆的一位医生家里发现了辛德勒唯一的遗物：一只从没被打开过的破旧的黑皮箱。皮箱里塞满了辛德勒写于40~60年代和那些被他拯救的犹太人发自慕尼黑、布宜诺斯艾利斯、法兰克福、纽约、耶路撒冷、特拉维夫等地的几百封信件，以及成堆的剪报、照片、

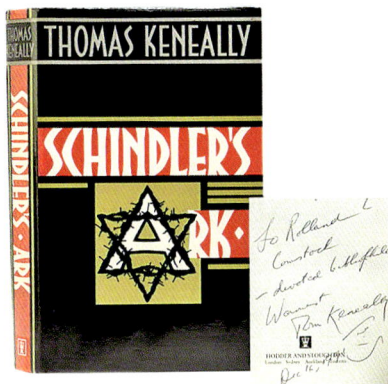

托马斯·肯尼利的《辛德勒名单》第一版封面

1993年电影《辛德勒名单》的海报

拍摄电影《辛德勒名单》时，著名导演史蒂文·斯皮尔伯格与辛德勒的扮演者连姆·尼森在讨论

保险单据、抵押证明，辛德勒工厂的位置草图等，其中最珍贵的就是那份"辛德勒的名单"。

　　根据奥斯卡·辛德勒拯救犹太人的真实感人故事，人们创作了一系列相关文学作品，其中就有澳大利亚德裔作家托马斯·肯尼利所著的小说《辛德勒名单》，后被改编成电影，由史蒂文·斯皮尔伯格执导。这部由史蒂文·斯皮尔伯格导演拍摄的《辛德勒名单》于1993年问世后，广受瞩目，赢得了7座奥斯卡金像奖。

　　2001年10月17日即辛德勒逝世25周年的纪念日，德国《斯图加特日报》公布了这份新发现的"辛德勒的名单"原件。"辛德勒的名单"不只是一件遗物，它更是一种象征，是人类精神遗产的一部分。

六、宁死不屈：华沙犹太人起义

第二次世界大战期间，面对纳粹的暴行，在纳粹统治的中心城市、隔离的犹太区、集中营和丛林里，犹太人都开展了不屈不挠的斗争。所有抵抗活动中，最为人难忘的是1942~1943年的华沙犹太人起义。

挣扎在死亡线上的隔离区

1939年9月，纳粹德军以"闪电战"战术在不到一个月的时间内便占领波兰全境。波兰首都华沙当时居住着35万犹太人，是仅次于纽约的世界第二大犹太人聚居地。1940年10月纳粹在华沙建立犹太人隔离区，面积只有华沙市区的2.4%，仅有2.7万套住房。随后全市及附近地区近50万犹太人被陆续赶入这个隔离区。一套房子至少要住两三家，平均每间屋子住13个人，许多人直接睡在地上或肮脏的稻草垫上，做饭、上厕所都很困难，还有许多人没有住房。华沙犹太区起初用铁蒺藜围住，后来又筑起高10英尺、长11英里的围墙，上架电网，开有13道门，分别由纳粹军警和波兰警察把守。德国驻华沙当局采用"以夷制夷"的办法，强迫建立犹太自治机构——犹太委员会。

自1941年起，随着饥荒和疫病的出现，隔离区的犹太人生活更加艰难。纳粹当局只供应不到一半人数的口粮，犹太人的食品热量每日每人只有194卡。这年严冬，当局不仅强迫犹太人将所有的皮毛衣服送给前线的德国士兵御寒，还切断对犹太人水、电、煤的供应，从而导致每天要饿死数千人的惨况发生，还有许多无房可居者被活活冻死。加之斑疹伤寒的蔓延，因缺医少药又导致1.5万人的死亡。这种情况却被纳粹党卫队头目希姆莱称为"自然淘汰"。

苦难的犹太人想找条活路，如出去做小买卖也受到限制，当局规定犹太人出门得戴臂章，并下令凡晚9点至次日凌晨5点走出家门者格杀勿论。更难以忍受的是纳粹对他们无休止的人格侮辱和肉体折磨。纳粹军警平时可随意闯入犹太民宅抢掠财物、打人抓人。

在这种情况下，犹太人生命中最大的希望仅仅是活着，可这小小的愿望也无法保证。1942年7月，希姆莱下达了"清除"华沙犹太人的命令，决定从当月起，分两批将隔离区内的犹太人运送到死亡集中营。第一批犹太老弱病残妇幼于7月22日被押送到华沙以北150公里的特雷布林卡集中营毒气室处死。随后，驱赶每天都在进行，一直持续到9月12日，在此期间有30万犹太人被遣送至特雷布林卡集中营毒死。从犹太区的楼上都能看到焚尸炉里冒起的黑烟，纳粹计划实行种族灭绝的消息很快蔓延开来，幸存者不再相信德国人会将他们送往劳改队的承诺。拒捕过程中，被枪杀或自杀的犹太人就有1万多人。经过这次大规模的屠杀行动后，隔离区内只剩下4万多名犹太人。

面对纳粹的屠刀，7月28日，华沙隔离区内的犹太复国主义青年运动组织成立地下"犹太战斗队"，此外还有波兰犹太工人运动建立的犹太自卫战斗组织等。10月，抵抗组织各派实现联合，组织犹太战斗组织，由犹太复国主义青年运动领导人阿纳列维奇任总指挥，在地下室开办军工厂，制造手榴弹、燃烧

华沙犹太人起义

弹和炸药，并搞到一些武器，以抵抗纳粹军警的抓捕和镇压。

抗击烈焰

按照希姆莱关于2月15日前全部清除华沙隔离区犹太人的再次命令，1943年1月18日，党卫军特种部队冲入犹太区，查抄每一座房子，随意杀人，其中包括孩子和老人，然后把被杀的人扔出窗外。纳粹抓捕到犹太人后，将能走动的拖到犹太区广场中央等着被驱逐，不能走动的则就地处决。在步枪和冲锋枪的射击声中，数百名犹太人惨遭杀害，随后纳粹欲将5000名犹太人押往特雷布林卡集中营。当日下午，当一大群犹太人如羊群般地被纳粹军警押解着走向华沙火车站时，总指挥阿纳列维奇率领一个10人战斗小组在街头打响了武装抗击的第一枪。他们向纳粹军警扔出手榴弹，当场炸死几名军警，剩下的仓皇逃窜。很快德军便赶来镇压，一场激战开始，除阿纳列维奇杀开血路、冲出重围外，战斗小组的9名成员全部壮烈牺牲。

3天后的1月21日，一大队德军又闯入隔离区，向民房内射击，投掷手榴弹，杀害了成百上千名平民。犹太战斗组织的40名成员手持10支手枪和自制炸弹，英勇灵活地与敌兵厮杀。持续4天的巷战，击毙德军50名，缴获不少枪支弹药，纳粹被迫撤走。

在随后的3个月内，阿纳列维奇的犹太战斗队和罗达尔的犹太军事联盟800名战士团结抗敌。他们在犹太会堂内设立指挥部，组织人员筹集武器，进行休整和军训，并动员全体犹太居民于夜间把地下室和下水道改建成庞大的地下工事网，在里面储备食品、药品和弹药。

慷慨就义

1943年4月19日，在纳粹将军斯特鲁普的指挥下，2000多名德国正规军、党卫军及地方帮凶军，配有坦克、装甲车和大炮等重型武器，向隔离区发起总攻。犹太战斗队200多名战士和其他几支独立犹太游击队，以及那些拒绝流放、加入抵抗队伍的犹太人，共约1500名犹太勇士毫不畏惧，拿着手枪、步枪、机枪冲上战斗前线，殊死抗击来犯之敌。

当敌军开进犹太区时，躲在窗户下、阳台下和阁楼里的犹太战士以冰雹般的子弹、燃烧弹和手榴弹一齐射（投）向他们。在一处隐蔽的据点前，当德军一靠近，一挺捷克造轻机枪便从一座建筑物窗口下伸出扫射前来的敌军，一排敌兵倒下。随后一辆德军坦克冲到楼前，对着窗口开炮。突然间，从浓烟滚滚的窗口上飞下一枚燃烧弹，击中坦克顶部，那挺轻机枪便迅速将跳出坦克企图逃跑的敌坦克手和几名德军打死。与此同时，由年轻的犹太姑娘齐维娅领导的一个20人战斗小组据守一个据点。当德军逼近时突然扔出手榴弹和自制炸弹，也创造了以少胜多的战斗奇迹。经过一天鏖战，德军被迫撤退。

4月23日，阿纳列维奇指挥的犹太战斗队又先后两次打退德军的进犯。当日晚，斯特鲁普决定火烧隔离区内所有的房子以摧毁整个犹太区。在隆隆的爆炸声中，敌军的包围圈越来越小。而犹太抵抗战士失去建筑物依托，阻击的火力也逐渐减弱，但抵抗力量仍然坚持战斗，一直持续到5月16日。这一天，犹太人起义总指挥阿纳列维奇在坚守米拉大街18号的战斗中壮烈牺牲。在这场激战中，180名犹太战斗队员阵亡160人，最后剩下20人被困在地下室内，壮烈地

华沙犹太死难者纪念碑前的联邦德国总理勃兰特

选择了自杀，宁死不屈。

5月16日晚，德军最后占领了作为犹太抵抗组织总指挥部的犹太会堂并炸毁了它。这场对纳粹的英勇抗击战以悲壮结局而告终。持续28天的战斗中，德军死伤数百人，华沙犹太人牺牲约1.3万，3万人被捕获、押往死亡集中营，华沙犹太区不复存在。

华沙起义是犹太人愤然抵抗法西斯的一个光辉篇章。参加战斗的犹太人以自己英勇顽强的义举表明，为了维护犹太民族的尊严和荣誉，他们宁为玉碎、不为瓦全！曾经的华沙犹太人区，如今只剩英雄纪念碑、犹太教堂、一些断壁残垣，但却记载着犹太人面对凶恶的敌人战斗到底的可歌可泣的场景。

七、梦幻成真：从民族家园到以色列国建立

第一次世界大战结束后，1922年7月国际联盟决定将巴勒斯坦交由英国实行委任统治，确定英国当局应支持犹太人在巴勒斯坦建立"民族家园"。这样，没有祖国的犹太民族近两千年来第一次有了一块为列强所承认的可以建立"民族家园"的土地，而这块土地正是锡安主义者梦寐以求的"应许之地"。

一战后的三次犹太移民潮

一战后，世界锡安主义组织马不停蹄地采取行动支持犹太人移居巴勒斯坦，包括建立基金会四处筹款，在巴勒斯坦购置大片土地以安置犹太新移民，随后掀起犹太人移居巴勒斯坦的三次"阿利亚"（指散居世界各地的犹太人回归故乡以色列的行动）浪潮。

战后第一次"阿利亚"是在1919~1923年间，共有3.7万多犹太人从俄国和欧洲辗转来到巴勒斯坦。他们有不少是有组织、充满理想的年轻社会主义者，能说希伯来语，做好了在巴勒斯坦艰苦创业的思想准备。这些先驱者为"伊舒夫"（指以色列建国前巴勒斯坦犹太社团定居点）的社会经济基础结构建设

移居巴勒斯坦的犹太移民

做出重要贡献。他们开发农业，建立了基布兹（集体农场）和莫沙夫（合作社）。

在1924~1926年战后第二次"阿利亚"间，涌入巴勒斯坦的犹太移民激增到6万多人。这与当时波兰政府在经济商业领域歧视、排挤、迫害犹太人的举措以及美国国内出现的反犹浪潮、美国政府限制犹太移民的措施密切相关。这次来到巴勒斯坦的多为来自华沙等波兰大城市的中小工商业者，大都涌入特拉维夫、海法等沿海城市，在新家园投资经商办实业。随着犹太资本的大量投入，中小店铺和企业在沿海平原城镇如雨后春笋般的出现，特拉维夫成为首个"犹太城市"。

1933~1939年是更大规模的"阿利亚"，也是二战前最后一次犹太移民浪潮。这次新的移民浪潮虽与世界锡安主义组织的不懈努力有关，但主要驱动力则是法西斯主义在德国和欧洲的崛起。1933年希特勒在德国执政伊始便掀起反犹狂潮，当年涌入巴勒斯坦的犹太人达3万多人，多来自德国，实际上已是难民。次年来到巴勒斯坦的中欧犹太人超过4.3万人。1935年纳粹政权颁布的《纽伦堡法》剥夺了犹太人的公民权，这使抵达巴勒斯坦的犹太难民达到创纪录的61844人。

与之前的"阿利亚"相比，这次"阿利亚"具有几个显著特征：一是规模空前。其间通过各种途径进入巴勒斯坦的犹太移民（难民）总数超过25万，超过以前历次"阿利亚"移民数的总和。二是资本流入激增。犹太难民们想方设法携带财产移居，大量资本的流入为巴勒斯坦犹太"民族家园"的发展提供了有利的经济基础。三是文化层次高。这次来到巴勒斯坦的德国犹太人中，有大量的知识分子和专业技术人才，如教授、医生、律师、工程师、作家、音乐家、记者、技术工人等，这为巴勒斯坦犹太"民族家园"在文化、科技、教育等方面的发展创造了有利的条件。四是定居点发展迅速。由于德国犹太难民带来大笔财产，世界锡安主义组织为救助犹太难民也投入了一定资金，犹太人得以继续在巴勒斯坦大量购置土地。1937年后抵达巴勒斯坦的犹太难民大都身无分文，便前往那些新购土地上建定居点，在艰苦开拓下，到1939年定居点总数已达251个。

由此，从1917年《贝尔福宣言》发表到1939年第二次世界大战爆发前夕，经过一次比一次规模大的三次"阿利亚"，巴勒斯坦的犹太人激增10倍，达到45万人（一说50万人），使"伊舒夫"获得了源源不断的人力和人才资源，为逐步形成名副其实的犹太"民族家园"奠定了人口基础。

犹太"民族家园"的形成

随着大批犹太新移民及其带来的资本流入巴勒斯坦，巴勒斯坦犹太社团的经济实力迅速增强，主要由犹太人经营的农业、工业、商业和对外贸易均获得了长足发展。

世界锡安主义组织和犹太代办处为加速复国进程所采取的主要方针就是在巴勒斯坦购置土地，开荒垦殖，发展农业。犹太移民们来到这些土地上排水

犹太文明
与神角力的勇士

松土、施肥灌溉，种植各类作物，尤其是柑橘类水果。莫沙夫和基布兹这些合作或集体生产组织迅速发展，大大促进了巴勒斯坦农业的繁荣。到1939年巴勒斯坦年出口柑橘达1000万箱，创造了90％以上的外汇收入。

伴随犹太工商业兴起，1920年"巴勒斯坦地区犹太工人总工会"（简称"犹太工总"）建立，成为推动巴勒斯坦工业，乃至整个经济发展的重要力量。来自波兰和德国的犹太工商业者和实业家大量涌入特拉维夫、海法和耶路撒冷等城市，开设商店，建立工厂，发展公用事业。犹太工总建立的索来尔包奈建筑公司迅速发展为一个建筑康采恩，拥有自己的轧钢厂、水泥厂、玻璃厂和化工厂。其他工业也纷纷建立并发展起来。犹太移民创办的洛兹依阿纺织厂的建立，标志着巴勒斯坦纺织、服装业的诞生。犹太工总还发起组织海洋捕鱼船队和海运公司。其他如农业机械、钻石加工、火柴、烟草、冶金、食品等工业也在犹太实业家的推动下蓬勃发展起来。犹太实业家创办的发电厂利用约旦河水发电，有效增强了巴勒斯坦的供电能力。1939年"伊舒夫"工业的年产值已达1000万英镑。此时，巴勒斯坦的工农业发展水平在中东已居于前列。人数远少于阿拉伯人的犹太人控制了巴勒斯坦80％以上的工业，以及最富饶高产的农业地区，主要的商业网点及金融、保险、对外贸易等经济命脉，使伊舒夫逐步具备"民族家园"的经济基础。

伊舒夫的迅速扩大和经济实力的增强促进了犹太文化在巴勒斯坦的发展，为巴勒斯坦犹太"民族家园"的形成和发展确立了牢固的精神支柱。1918年7月巴勒斯坦第一所犹太高等学府——希伯来大学在耶路撒冷奠基，不到20年其已成为中东教育水平最高的学府之一，为"伊舒夫"和巴勒斯坦以及世界各地的犹太社团培育出大批一流人才。希伯来语在巴勒斯坦犹太人中的推广和普及也取得巨大成效，希伯来语和以它为基础的希伯来文化开始扎根于巴勒斯坦。1920年希伯来语被英国委任统治当局确定为巴勒斯坦与英语和阿拉伯语并列的官方语言。这一古老语言在短短几十年内复兴，使希伯来文化在巴勒斯坦获得空前的繁荣和发展。包括现代希伯来语大师毕阿利克在内的许多犹太文化名人在希伯来语的"故土"大显身手，发表了大量希伯来文优秀作品。音乐、美术、舞蹈等其他文化领域也在这一时期蓬勃发展。以犹太希伯来文明作为主体的"伊舒夫文化"，对来自世界各地的犹太移民带来的各种非犹太文化兼容并蓄，形成了一种多元互补的巴勒斯坦犹太文化体系。

随着经济、文化的发展，"伊舒夫"的社会自治结构也日趋完善、成熟。1920年巴勒斯坦犹太社团便选出民族代表议会，该议会任命民族委员会来管理巴勒斯坦犹太社团的日常事务，被英国委任统治当局承认为"伊舒夫"的代表。犹太社团还选出首席大拉比和拉比法庭来协助民族委员会处理宗教问题。1929年世界锡安主义组织在巴勒斯坦建立了犹太代办处，其实际上成为委任统治当局承认的巴勒斯坦犹太人的唯一正式代表。这样，世界锡安主义组织从幕后走到台前，开始直接管理"伊舒夫"的一切事务。世界锡安主义组织的主席是犹太代办处的当然主席，魏茨曼就成了犹太代办处的首任主席。犹太代办处在协助犹太人移民巴勒斯坦、促进希伯来语言文化发展、推动经济增长、加强"伊舒夫"自卫能力等方面取得了巨大成就，实际上成了巴勒斯坦的"犹太政府"。前面提到的犹太工总，既类似工会的犹太工人团体，又是一个实力雄厚的经济实体，其经营范围从工商业扩展到农业、建筑、交通、文体教育、卫生保健及社会保险等各个领域。1912年在美国建立的妇女锡安主义组织（哈达萨）在巴勒斯坦团结了大批犹太妇女，对促进"伊舒夫"医疗卫生事业发挥了突出作用。当时巴勒斯坦犹太社团已拥有先进而高效的医疗、妇幼保健、社会保险、公共卫生、社会福利网络。

到二战前夕，"伊舒夫"这个犹太"民族家园"已拥有自己独立的经济体系、文化网络、社会组织、防卫武装，乃至事实上的自治政府。这个"民族家园"已成为英国委任统治下的"国中之国"。当1945年二战结束之时，巴勒斯坦的"犹太民族家园"已具备了向一个犹太民族国家过渡的所有条件。

分治决议与以色列国建立

二战结束时，经历大劫难的犹太民族空前一致地认同锡安主义目标，世界范围同情支持锡安主义的潮流也在不断高涨。锡安主义运动决定为建立犹太国家展开"最后冲刺"，由此与英国委任统治当局在巴勒斯坦问题上的冲突不可避免地升级。1947年2月，焦头烂额的英国政府决定把巴勒斯坦问题提交联合国讨论。

1947年9月1日，联合国处理巴勒斯坦问题的特别委员会提出巴勒斯坦结束委任统治后安排的两个方案：多数派方案建议在巴勒斯坦建立各自独立的犹太国家和阿拉伯国家，耶路撒冷由联合国托管，犹太国占巴勒斯坦（不包括耶路撒冷）的62%，阿拉伯国占38%，得到加拿大等7国支持。少数派方案主张在巴勒斯坦建立一个以耶路撒冷为首都，由阿拉伯实体和犹太实体组成的独立的联邦国家，得到南斯拉夫等3国支持。1947年11月25日，联合国巴勒斯坦问题专门委员会以25票对13票通过了以多数派分治方案为基础的分治计划。11月29日，联合国大会最终以33票赞成、13票反对、10票弃权的结果通过了关于"巴勒斯坦将来治理（分治计划）问题的决议"。其主要内容为：英国不迟于1948年8月1日结束对巴勒斯坦的委任统治，1948年10月1日之前在巴勒斯坦建立阿拉伯独立国、犹太独立国和耶路撒冷市特别国际管理机构；阿拉伯国面积为1.1万平方千米，犹太国面积为1.4万平方千米，耶路撒冷市及其附近地区是一个特别国际管理机构下的独立主体，面积为158平方千米。这样，犹太民族终于获得了受国际法承认的建立自己国家的权

本-古里安宣布以色列国建立

力。1948年4月，锡安主义组织建立由37名委员组成的全国委员会执行临时议会的职能，该委员会又任命了由13人组成的行政委员会，均设于特拉维夫，加紧为建国做好一切准备，同时未来犹太国的国旗——蓝白旗也在特拉维夫的公共建筑物上空升起。

　　1948年5月14日上午，由行政委员会发展而来的临时政府举行会议，决定新国家的名称为以色列，同时通过了《独立宣言》的最后文本。就在这时，最后一批英国军政官员离开了巴勒斯坦，最后一面英国国旗在巴勒斯坦徐徐降下，宣告英国委任统治的结束。下午4时，全国委员会在特拉维夫博物馆举行隆重的建国大典，临时政府领导人本–古里安在仪式上宣读了《独立宣言》，他大声宣布："因此，我们，全国委员会的委员们，代表犹太居民和锡安主义组织，今天，即英国委任统治终止之日，在这里召开会议，并根据我们自然的和历史的权力以及联合国大会的决议，特此宣告在以色列地建立一个犹太国家——以色列国。"至此，以色列国正式诞生，犹太民族的千年梦想终于成为现实。

第五章　沙漠中的奇迹：现代犹太文明的复兴

一、独特的政治建构

1948年以色列国的建立，使犹太人由寄居他国的客民再次成为民族国家的主人。此后，以色列走过了一条独特的政治发展道路，其政治形态既吸收了西方民主政治的模式，又保持了犹太民族的政治传统，还带有一定的社会主义色彩，在中东是独一无二的，在世界上也不多见。

没有宪法的法治国家

早在以色列国成立以前，巴勒斯坦犹太代办处和"伊舒夫"的自治组织形式已构成了未来以色列国政治制度的雏形。1948年5月14日以色列《独立宣言》的发表，宣告了由"伊舒夫"政治形态向以色列国政治制度的过渡。随后以色列通过行政律令，规定只要不违背《独立宣言》中所载原则和议会颁布的法律，立国之前在该地区通行的法律继续生效。这样，以色列法律体系吸纳了奥斯曼法律的残留部分、英国委任统治当局的部分法律、犹太宗教法的成分以及其他法律的一些元素。这一举措确保了政治过渡期的延续性和稳定性。5月16日，魏茨曼当选为临时国务委员会主席。由行政委员会发展而来的临时政府主要由民族委员会、犹太代办处和委任统治当局的有关部局改并而成。

1949年1月25日，以色列立宪会议大选如期举行，共有21个政党参加竞选。选举结果，在立宪会议的120个席位中，工党获57席，中右翼党获31席，宗教党获16席。120名议员中，犹太人为117名，其余3名为阿拉伯人。2月14日以色列立宪会议召开第一次会议，选举产生了正副议长，组成了各专门委员会。随后立宪会议通过后来被称之为"小宪法"的第一个重要法令《过渡法》，明确了国家政治制度的构成。《过渡法》确立国家政治制度为三权分立的议会民主制共和国，包括总统、内阁和议会。随即立宪会议就正式选举魏茨曼为以色列国首任总统。经过各政党协商，魏茨曼总统任命工党领导人本–古里安负责组建以色列第一届政府。经过3周努力，本–古里安最终与联合宗教阵线、进步党和塞法迪党结成联盟，成立以色列首届政府。本–古里安出任以色列第一任总理。

立宪会议本来的主要任务还包括为新建立的以色列国制定一部宪法，但由于当时以色列国内各种政治力量在制宪问题上意见不一，议会内各党派在立国的基本原则、民主政治的主体特征、宗教与世俗的关系等一系列关键问题上分歧甚大，在权衡利弊得失后，本–古里安和工党领导人建议暂不制定宪法。从1958~1992年，以色列议会共通过了12部基本法，即《克奈塞特（议会）法》《国家土地法》《总统法》《政府法》《国家经济法》《以色列国防军法》《耶路撒冷法》《司法制度法》《国家审计长法》《人的尊严和自由法》《居住自由法》和《直选总理法》等。时至今日，以色列仍然没有宪法，但各种基本法和普通法却形成了一个健全的法律体系，以色列成了一个没有宪法的法治国家。

三权分立的基本架构

以色列国是一个议会民主制共和国，实行的是行政、立法和司法的三权分立，以确保相互监督和制衡。

总统是以色列的国家元首，在希伯来文中称"纳西"（古犹太国元老院领袖的名号），超越党派和集团，是国家统一的象征。其职责主要是礼仪性的，如签署议会通过的条约和法律；向驻外使节授予委任状，接受外国使节的国书；责成大选中获胜的政党领袖组成内阁；任命法官、以色列银行行长和驻外使节；应司法部长建议，赦免罪犯和减轻罪罚等。根据《过渡法》，总统不经民选而由议员以简单多数选举产生。因此，除第一任总统魏茨曼与克奈塞特任期相同外，1951年后总统任期延长至 5 年一届，可连任两届。

克奈塞特（议会）是以色列最高立法机构，为一院制。议员共有120名，根据单一比例制选举产生，每届任期 4 年，也可提前解散。克奈塞特的职能是立法、监督政府和仪礼。议会举行全体会议并组成10个常设委员会来行使职能，每个委员会处理国家一项具体事务。任何立法议案都需经过议会"三读"通过，并经主管部长、总理和总统签署后才能正式成为法律。议会对政府的监督主要体现在对政府进行信任表决。如得不到信任，政府必须辞职。此外，议会还有根据提名选出总统，并听取总统宣誓等职能。议会虽有立法权和监督

正在举行会议时的克奈塞特

权，但由于政府由议会多数党派联合组成，因而对政府的监督往往因党派因素而削弱。政府的政策和提案由于得到联合政府各党派议员的支持，一般均能获得通过。

以色列政府对议会负责，但拥有极大的行政权。《过渡法》规定，议会中拥有最多席位的政党可指派总理并挑选内阁成员，以组成政府。联合政府各党派阁员由各党派自己提名。内阁名单交克奈塞特进行信任投票通过后，正式组成政府。政府任期一般为 4 年，但其任期可因总理辞职、死亡或议会投不信任票而提前中止。政府建立在组成政府的所有成员和所有政党集体负责的基础之上。为避免联合政府因集体负责原则而崩溃，需通过协商、妥协来取得内部的相对一致性，或借助总理的个人影响力来保持联合政府稳定。否则，一旦某位内阁成员的行为损害了国家利益，政府就要按集体负责原则而集体辞职。以色列政府的这种脆弱性，大大影响了政府的行政能力，政府危机时常发生。

以色列实行世俗宗教双重司法体系。世俗法院分为3个层次，下层由地方法院，市法院和少年地方法院组成；中层由地区法院组成；上层是作为终审法院的最高法院，它控制各级法院。此外，还有一些专门法院受理军队和劳动争议问题。所有法官按非政治途径加以任命。由司法部长、2 名议员、3 名最高法院法官、2 名其他部长和以色列律师协会 2 名代表组成的委员会负责选任，并向总统提名。经过总统任命和议会认可后，法官即可就任。以色列法官为终身制，年满70岁退休。宗教司法体系在以色列建国前就已存在。以色列建国后，通过一系列立法扩大了拉比法庭、穆斯林法庭和其他宗教社团法庭的司法权限。

党派林立的政党政治

以色列的政党十分繁多，有些是在建国前就已建立的，有的则是建国后从旧党中分裂出来或新近成立的；有的政党历史悠久，有的政党则昙花一现。如果按其政治倾向划分，大致分为社会民主政党、中右翼政党和宗教党派等几大类型。

社会民主政党由信奉社会主义的锡安主义政党发展而来，建国很长时期内成为以色列政坛的温和主导势力。最主要的是以色列工党，前身是1930年成立的以色列工人党（"马帕伊"），1968年与部分小党合并后改称现名。以色列建国后至1977年，该党曾长期连续执政。之后与利库德集团轮流或联合执政。本－古里安、梅厄、拉宾、佩雷斯、巴拉克等多位总理均来自该党。2013年工党在大选中获15席，未加入政府，成为最大反对党。

以色列右翼政党主要是由锡安主义运动中的修正派逐渐发展起来的。主张建立一个大以色列国，实行自由经济体制，带有浓厚的民族主义色彩。原来摇摆于左右翼之间的综合锡安主义势力在建国后逐渐与右翼合流，两者合称为中右翼。建国初期，中右翼政党主要有自由运动、综合锡安主义党和进步党。现最主要的是利库德集团，1973年9月由加哈尔集团、自由中心党等联合组成。1977年首次在大选中获胜并执政。来自该党的贝京、沙米尔、内塔尼亚胡、沙龙曾先后出任总理。2005年12月内塔尼亚胡再次当选利库德集团主席并连任至今。2009年利库德集团在大选中获27席，成为议会第二大党并成功组阁，内塔尼亚胡出任总理，并在2013年和2015年连任总理。

宗教党派在以色列建国前主要分为支持锡安主义运动的精神中心党和反对锡安主义运动的以色列正教党。1984年以色列正教党内塞法迪党员分离出去，成立了塞法迪圣经保卫者联盟（沙斯党）。宗教党派目前呈沙斯党、全国宗教党和圣经联合阵线三足鼎立之势，在以色列国内影响越来越大。宗教势力对世俗政治的干预是以色列政治发展中的突出特点。

此外，以色列政党还包括左翼激进党派如以色列共产党、争取和平与平等民主阵线，也有唯一的阿拉伯政党——以维护以色列阿拉伯人权益为政纲的阿拉伯民主党，以及来自苏联和俄罗斯的移民组成的以色列移民党等。

以色列之所以形成这种多党林立的政治格局，首先是由其特定的历史和政治环境所决定的。随着锡安主义运动的发展，来自各国家和地区的犹太人以不同派别、政党和集团的身份纷纷进入了巴勒斯坦，因其所处的政治经济环境和文化背景差异很大，便在以色列建国后发展成拥有各自不同的意识形态、组织体系的合法政党。其次是以色列建国后，各个政党围绕着国家社会经济纲领、宗教地位、种族血统问题、国家领土和对外政策主张取向等相互交错的政治争端发生分歧，使得各政党难以合并或联合。再次是比例代表制的选举制度强化了以色列的多党政治。这种选举制度将全国作为一个选区，议会所有议员都在全国范围内选出。各个政党在选举后根据各自所得票数的比例，按党内候选人名单上的先后次序来分配议席。由于一个政党只要获得总数1.5%的选票就至少可以在议会占有一席，这就诱使许多政党单独参加竞选，也鼓励党内的反对派分裂成小党派，使得以色列政党分化频仍。比例代表制的优点是具有广泛的参与性和代表性，有利于最大限度地发扬民主，但缺点是权力过于分散，难以集中。

总之，建国后以色列整个国家的意识形态基本上仍沿着锡安主义的方向向前发展，强调社会主义、世俗主义和平等主义。但之后以色列国内逐渐呈现出一种意识形态多元化的趋势。自由主义、民族主义和宗教思想的影响日益增强。以色列建国后平稳建立了以欧美国家为蓝本的三权分立与权力制约的议会民主制国家，为国家的发展和现代化事业提供了坚实的政治保障。但以色列是一个民族、宗教和社会矛盾错综复杂的国度，为避免冲突动荡，以色列政府注意使用行政方式，与传统及各方势力寻求妥协，强化国家的制约力与凝聚力。

二、法网恢恢：审判艾希曼

在纳粹德国疯狂残杀犹太人期间，德国党卫队军官阿道夫·艾希曼负责管理"犹太移民局"，驱逐和直接杀害了大批犹太人。但就是这样一个对犹太民族犯下滔天罪行的纳粹分子，在战争结束之际趁着混乱逃之夭夭，隐姓埋名，隐居到了阿根廷的布宜诺斯艾利斯，自以为可以瞒天过海，躲避正义的审判。但在1960年以色列的情报机构"摩萨德"组成特工小组，将这个"漏网之鱼"秘密绑架回以色列，一场迟来的审判轰动以色列。

无意露馅

1960年5月，艾希曼化名"克莱蒙特"和家人住在布宜诺斯艾利斯的查尔布克大街4261号，儿子尼克正在热烈追求心仪已久的犹太姑娘罗泽·赫尔曼，却全然没有意识到她的犹太人身份。为向姑娘大献殷勤，他极力吹嘘自己的父亲曾任德军高官，并宣称战时德国政府应将犹太人全部杀死而不应半途而废等。感觉男友甚为古怪的赫尔曼将情况告诉父亲。其父经过秘密调查，怀疑尼克的父亲很可能就是德国政府追捕的党卫队干将艾希曼，便立即致函德国法兰克福总检察长弗里茨·鲍维尔，他也是一名曾受迫害的犹太人。此时谈判赔偿问题的以色列政府代表团正在波恩，鲍维尔将这一信息告知代表团团长希纳尔博士。

希纳尔回国之后随即向摩萨德局长哈雷尔作了汇报。这些年来摩萨德虽然多次接到有关纳粹分子隐匿南美的情报，但大多是一些捕风捉影的消息，希纳尔的消息让哈雷尔彻夜难眠。他连夜调来艾希曼在战争期间所犯下的全部罪行的档案材料，并认真研究了当年"处死阿道夫·艾希曼"的全部档案。尽管档案中记载着艾希曼已经被"复仇者"成员处死，但哈雷尔凭着直觉认为艾希曼仍然生活在阿根廷。

巧妙缉拿

在经过一系列调查和验证后，摩萨德认定那个化名"克莱蒙特"的男子就是曾经的刽子手艾希曼。追捕决定已经下达，但对如何把艾希曼押解回以色列，哈雷尔思索再三。此时正逢阿根廷独立150周年，以色列政府应邀派出一个高级代表团前往布宜诺斯艾利斯。哈雷尔建议应该派出专机接送代表团成员，这样既能提升以色列的国际地位，又有利于在南美生活的犹太人境遇，以色列外交部欣然同意这一方案。当然，他们不知道的是哈雷尔派专机的最终目的是运送艾希曼。

1960年5月19日，以色列国家航空公司的"布列塔尼"号专机飞抵布宜诺斯艾利斯，代表团成员下飞机后入住早已安排的国宾馆，准备参加5月25日的庆典。此时艾希曼已顺利被以色列特工抓获关押。由于代表团成员参加完庆典后还要前往美国访问，所以这架飞机便成了押送艾希曼的专机，这就大大保障了行动的安全。为防止艾希曼在通过机场检查口的最后一刻向阿根廷执勤人员求助，艾希曼被打扮成一个在"车祸"中得了脑震荡的以色列"病人"，要回国治疗。由此，艾希曼被以色列特工悄悄送上专机，押往以色列。

1960年5月23日，以色列总理本–古里安和哈雷尔一起出席议会会议。万众瞩目下，本–古里安激动而庄严地宣布："我必须向各位报告一个好消息。我们的特工人员在南美找到并抓获了罪行累累的纳粹恶魔阿道夫·艾希曼。现在，他已被关押在以色列监狱。根据1950年惩治纳粹分子及其合作者的法律，法官将对艾希曼进行审判。"话音刚落，整个议会大厅爆发出经久不息的掌声和欢呼声。有人因回想起当年的苦难忍不住哭泣。本–古里安宣布的消息很快传遍整个以色列和全世界，犹太人沸腾了，他们心中交织着悲伤和喜悦两种复杂的感情。既为数以万计的亲朋好友和同胞被艾希曼杀害而悲痛，又为这一杀人恶魔将终究受到正义的审判和应有的惩罚而欣喜。

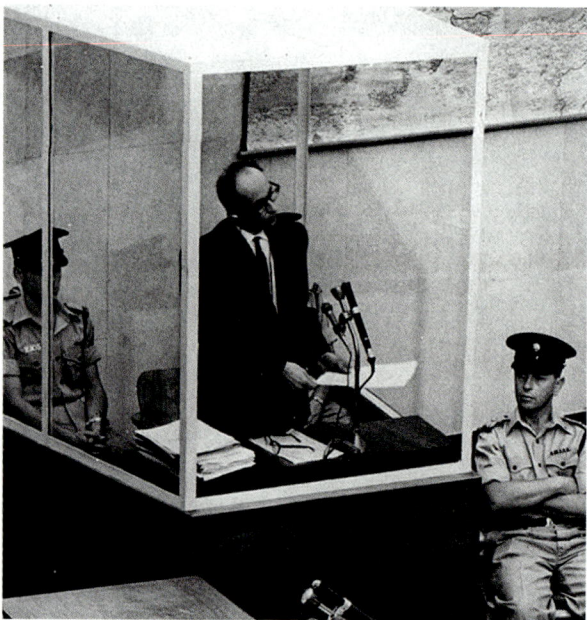

纳粹屠凶艾希曼受审

终遭审判

经过将近一年的取证和审讯后，1961年4月11日，对艾希曼的审判正式开始。全世界无数双眼睛密切关注这一案件，各路媒体记者从四面八方汇聚耶路撒冷。为防止意外，审判人员将艾希曼放在防弹玻璃罩内。为了提供充足的证据和供词，法庭专门安排了

100多位大屠杀幸存者出庭指控，有人因激动难以控制而昏晕，有人难以抑制哭泣而无法表述。大屠杀的记忆把所有人带回了恐怖与苦难交织的岁月。那些在大屠杀之后成长起来的以色列年轻一代对自己民族所经历的灾难深感震惊。

面对确凿的证据，艾希曼在承认犯罪事实的同时仍不忘狡辩："我只不过执行命令而已。"法网恢恢，疏而不漏。1962年5月31日，艾希曼被处以绞刑。

哈雷尔这位抓捕艾希曼首屈一指的功臣后在回忆中说道："艾希曼事件，远不仅仅是一个技术问题，而是整个犹太民族的心理问题。你要知道，我们犹太人太需要把艾希曼这个人押上法庭，我们需要让法庭来审判这个刽子手，这个曾经杀害了无数犹太同胞的刽子手。"的确，追捕艾希曼的行动，不同于摩萨德采取的其他任何一次行动，它具有道义和心理上的双重意义。

三、主流文化与多元特色

以色列是一个典型的移民国家，又是一个多民族共居的国家。经过几十年的努力，以色列的民族多样化以及各民族之间的差异，非但没有影响以色列国家的统一和社会的凝聚力，反而增强了社会的活力。

缤纷多彩的民族宗教与主流文化方针

犹太人虽然是以色列的主体民族，但大多是从世界各地移居而来，因而具有不同的宗教和文化背景。如主要来自欧美的阿兹肯纳齐犹太人，大多来自西亚北非的塞法迪犹太人，来自埃塞俄比亚的黑肤犹太人，来自苏联的俄国犹太人——阿兹肯纳齐犹太人中的俄语群体，等等。他们讲各种各样的语言和方言，带有原客居地文化和习俗的种种痕迹，在宗教上既有正统派，又有保守派和改革派，甚至还有一些人按正统犹太教法规根本不被承认为犹太人。

除犹太人以外，还有阿拉伯人、德鲁兹人、切尔克斯人、亚美尼亚人等少数民族。阿拉伯人中大多数信奉伊斯兰教，少数信仰基督教；德鲁兹人具有自己独特的宗教和文化；切尔克斯人是逊尼派穆斯林，属突厥人的一支，也保持着自

己的文化和语言；贝都因人是阿拉伯人中的一个特殊群体，仍处于从游牧生活向
定居生活转变的过程中；亚美尼亚人信仰基督教，拥有自己的语言和文化。

　　由于历史、传统、语言、宗教、习俗各不相同，各民族、宗教群体之间

多民族共居的以色列

以及犹太人内部各移民集团之间在文化上的碰撞和冲突不断发生。以色列开国元勋本－古里安在建国初就提出："我们必须把这一堆杂七杂八的东西熔化掉，在复兴民族精神这个模子里重新加以铸造。"他的话实际上提出了以色列发展主流文化的指导方针。具体而言，就是要将文化发展与国民集体认同和民族整合过程紧密结合，弘扬犹太民族的传统价值和犹太文明的精神遗产，强调以色列文化的继承性和共同性，反映不同群体在以色列文化发展进程中的共同创造和贡献，以构建以犹太价值观为基础的以色列文化体系，促进不同宗教、民族、移民群体的文化融合。推广和普及希伯来语是实施这一方针过程的最大成就，通过加强以犹太价值观为重点的历史传统和爱国主义教育，来消除不同犹太群体之间的文化差别是这一方针的突出体现。

在促进文化融合的同时，以色列政府也注意尊重各个群体在各自特殊的历史发展过程中形成的文化特征，使之成为以色列文化结构中的多元质素，以促进文化的多元互补、兼收并蓄。以色列建国后，虽然犹太希伯来文化逐渐成为以色列国无可争议的主流文化，但在现实生活中，以色列社会仍然是多种族、多文化、多宗教和多语言并存的社会。应该说，以色列政府起初对这一局面是认识不足的，一度还曾想以"熔炉"政策改变这种多元状态。但后来能在实践中不断总结经验，及时调整政策，逐步适应并进而驾驭了这种多元社会运行的规律，不但保护而且发展了这种多元性，使之在社会稳定和繁荣中发挥了重要作用。

多元社会文化的尊重与保护

从宗教角度看，根据1948年颁布的《独立宣言》，以色列政府保证全体居民的宗教自由。每个宗教团体无论在法律上还是实际上，都可以信仰自己的宗教，庆祝宗教节日，过每周的安息日，并管理自己的内部事务。每个团体都有自己得到法律承认的宗教理事会和法庭，并享有对所有宗教事务和结婚与离婚等个人事务的管辖权。因而犹太教、伊斯兰教、基督教、德鲁兹教在以色列都各自形成独立的宗教集团，拥有自己的会堂或教堂，还有合乎本教派信仰的司法机构，解决本派信徒婚、丧等私人问题，但其权限不能超越国家法律。

　　从民族角度看，以色列国内主要有犹太和阿拉伯两大民族。由于阿犹关系存在敏感因素，以色列当局在对待阿拉伯语言文化方面采取特别谨慎的保护政策，包括：确定阿拉伯语是与希伯来语享有同等地位的官方语言，规定在初级学校中（包括犹太人学校）阿拉伯语是必修课；在高等教育方面也给予阿拉伯学生一定的政策和财政支持，倡导阿犹两种文化共存互补，向阿拉伯学生颁发奖学金，资助阿犹学生合作研究项目。除了阿拉伯文化外，其他少数民族如德鲁兹人、亚美尼亚人、切尔克斯人的文化传统也基本上能得到尊重和扶植。

　　从语言习俗角度看，差异主要还存在于不同的犹太移民群体之间。虽然希伯来语已为绝大多数犹太人所接受，但许多犹太人仍习惯于在家里或私下场合讲原客居国的语言，特别是那些初来乍到的新移民，往往还只能用原客居国的语言进行交流。据不完全统计，以色列人使用的语言竟有70多种，除希伯来语和阿拉伯语外，意第绪语、英语、法语、俄语、波兰语、德语、西班牙语的使用平均率很高。为此，以色列当局有时也采取特殊政策来解决移民群众的语言需求。如苏联解体后近50万俄国犹太人涌入以色列，许多人只能用俄语交流，政府便开办俄语广播电视节目，出版俄语报刊，还在公共场合增设俄语标志。

　　长期以来，一些移民群体还以原客居国的语言自行出版一些报刊和书籍，甚至演出文艺节目，有的还保留一些原客居国的风俗习惯，这在以色列也是得到保护和支持的。有人说以色列一年365天节日不断，这话一点不假。因为除了犹太民族和宗教的重大节目外，各宗教、民族、移民群体还有各自的形形色色的宗教、民族、传统节目，这正是以色列文化多元特征的最生动体现。

四、教育与科技：新兴工业化强国伸展双翼

　　以色列建国仅仅半个世纪，面临与周围阿拉伯国家长期存在矛盾、摩擦频仍的特殊外部环境，却能在贫瘠的荒漠之地创造举世惊叹的现代化奇迹，由一个贫穷落后的弹丸小国变成了经济、文化、科技水平名列世界前茅的新兴工

业化国家，其国内生产总值从1948年的2亿美元增长到1998年的900亿美元，人均国内生产总值也已超过15000美元。其强国的秘诀在于"科教乃兴国之本"这句以色列举国上下奉为信条的名言。在世界现代化进程中，以色列的科教兴国战略具有其个性鲜明的模式，这主要体现在以下四方面的特征。

热爱学习、崇尚教育的传统

在长达近两千年国破家亡、寄人篱下的世界性大离散时代，知识和教育对多灾多难的犹太民族具有极其特殊的意义。公元1世纪，当巴勒斯坦犹太人反抗罗马暴政的奋锐党起义失败之时，被带到罗马统帅韦斯巴芗面前的奋锐党老英雄约哈南只请求一件事："请爱惜亚布内（巴勒斯坦圣经学堂所在地）及其智者。"约哈南的行动为失国离乡的犹太民族此后的发展迷津指道，这个民族缺乏恢复国家独立的正常条件，只能寄希望于自己的精神财富，唯有头脑里的智慧才是自己万无一失的无价之宝。因此即使在中世纪欧洲的困厄环境中，离散犹太人仍然不忘教育的重要性。犹太社区的慈善或救济机构尽可能设法让青少年有机会学习。

以色列图书博览会

以色列建国后，继续弘扬犹太民族重视教育的优秀传统，一直把教育放在优先发展的地位。1949年《义务教育法》规定：所有少年儿童均须接受免费义务教育。这使以色列基本消除了青少年失学，并逐步扫除了文盲。之后政府确立了统一管理的教育体制，投入了大量经费。20世纪60年代以色列的教育预算仅次于国防预算。1993年以色列教育经费占国民生产总值的9%，为世界第一。

在政府的主导和支持下，全国上下始终洋溢着勤奋好学的浓郁气氛。读书依旧是以色列人的嗜好。每年春季以色列规模宏大的图书博览会吸引着成千上万的书迷，而每年夏季的"希伯来图书周"又把城市的广场和公园变成人群熙攘的书海。14岁以上的以色列人平均每月读一本书，以色列每4000人就有一所公共图书馆，在人均读书比例和人均拥有图书馆上均居世界第一。

总之，以"嗜书的民族""学习的民族""智慧的民族"而闻名于世的犹太民族，在历史上把教育作为维系民族发展和生存的纽带。历届以色列政府也将教育作为立国之基，竭尽全力予以扶助。

全民教育体系造就高质量的智力资源

以色列把国民教育的重点放在基础教育，它由学前教育、小学教育和中学教育三阶段组成。儿童一般3岁起进入托儿所和幼儿园，开始学前教育。6岁后的儿童相继接受6年小学、3年初中和3年高中教育。其中义务免费教育包括1年幼儿园

以色列的基础教育场景

和10年学校教育，高中后两年也实行免费教育。以色列的基础教育已经囊括了绝大部分的适龄儿童。基础教育的行政管理和经费由教育部和地方分担。

高等教育的水平直接影响和反映着一国的综合国力。以色列政府在狠抓基础教育同时，也特别重视发展高等教育。以色列大学由政府拨款，但所有院校在招生、聘任、课程设置、科学研究等方面享有充分的自主权。耶路撒冷希伯来大学、特拉维夫大学、巴伊兰大学、本-古里安大学、海法大学、以色列工程技术学院、魏茨曼科学研究院是以色列最著名的7所大学和研究院，在教学和科研方面均已进入世界先进水平。以色列的人均教授拥有量为世界第一。

注重全民教育的以色列政府也没有忽视职业教育和业余教育。职业学校学生数从1948~1949学年的2000多人，增至1964~1965学年的25000多人。20世纪70年代以来，为进一步适应经济科技发展和社会进步的需要，政府又全力发展成人业余教育，其中职业和技术培训成为课程教学的重要内容。

无论是学前教育还是中小学教育，老师不仅注意培养学生的劳动观念，

耶路撒冷希伯来大学

帮助学生掌握一定的技术知识，还特别重视激发学生的动手能力和创新思维。1997年以色列每万人中就有130名科学家和工程师，是世界上比例最高的。

考察今天以色列综合国力的各项指标，政府通过发展教育以培养人才、提高全民素质进而推动现代化建设的战略目标已成功实现。

官学产协作的科研体制

以色列土地狭小、自然资源贫乏，政府领导人清醒地认识到，必须借鉴欧美发达国家的现代化经验，紧紧抓住战后世界新科技革命带来的契机，在教育立国的基础上，发挥人力资源的优势，把科技进步作为发展国力的关键。

建国之初以色列就制定科技兴国的长远发展战略。1949年成立科学委员会，组织协调全国科技发展，10年后该机构由全国研究和发展委员会取代。从20世纪70年代起，以色列调整科研管理体制，由以往突出基础研究的中央集中管理型，逐步转向有重点地鼓励应用技术研究开发的官学产协作的分散型科研体系，让政府、大学和企业这三路科研大军各显神通，协调作战。

政府（包括中央政府部门和部级单位两级科研管理和科研机构）注重有效发挥主导和支持作用。1982年以色列设立科学开发部接管原全国研究和发展委员会的职能，负责全国科技研究与开发宏观管理工作，特别是制定科技政策、设计发展规划和确定重点项目。政府把具体研发工作管理权下放各部，在各部建立首席科学家办公室，负责本部业务范围的科研与开发，从而与经济发展更好地结合。

20世纪70年代以来，作为全国基础科学研究主要阵地的以色列各大学也愈加重视应用技术的研发，设置管理机构，帮助教师申请科研基金，积极促进学校与企业间的联系，成为科技发展的生力军。耶路撒冷希伯来大学、特拉维夫大学、以色列工程技术学院和魏茨曼科学研究院依赖其雄厚而高素质的科研队伍和先进完备的实验设施，在以色列的科技进步和成果转化中占据举足轻重的地位。

作为以色列第三支科技大军的工业企业与基布兹的研究开发机构，则在科技开发尤其是科技成果的产品化和商品化方面发挥突出作用。大型企业和基布兹所属企业一般均设研究开发部，其拥有的研发人员最多，研发活动规模最大，也最为活跃。1977~1985年，电子、机电、运输设备和化学等行业的企业集中了80%以上的全国研发人员。

面向经济建设的高科技创新

科学技术是第一生产力这一人类文明发展规律的核心，乃是科技与经济的结合，即经济建设必须依赖于科技，科技必须面向经济建设。

以色列自然资源贫乏，缺水、缺能源是两个最大问题，以色列科研人员设计出了世界上最先进的电脑控制滴、喷灌技术，在农业生产中最大限度地利用并节约了水资源。基于以色列大部分地区全年日照时间长、阳光资源十分充足的独特优势，科学家们长期以来致力于研究开发太阳能，以解决能源不足的问题。

以色列政府坚持"有所为、有所不为"的原则，运用有限的资源有重点

闻名世界的以色列滴灌技术

发展高新技术，组织高、精、尖攻关项目，多形式、多渠道地带动和鼓励企业利用高新技术科研成果，发展高新技术产品出口。建国以来，以色列在高科技研究、开发方面取得长足进展，特别在通信设备、电子计算机、精密化学产品、航空航天、通用生物技术、能源开发、医疗设备、农业技术等方面进入国际先进行列，有的甚至位居世界第一。同时，以色列的高科技创新也有效带动了国民经济的快速发展。高科技产业逐步成为以色列经济的主要增长点。目前，高科技产业的产值已占工业总产值的50%以上，高技术产品出口已占整个出口总值（不包括钻石）的54%左右。

"要强大，你得靠科学，不只是靠领土的面积。要富裕，你得靠高技术，不只是靠自然资源。"以色列著名国务领导人佩雷斯的这席话，不啻是以色列科教兴国一个深入浅出的经验之谈。在高科技成就基础上，以色列已建立起门类齐全、生机勃勃的工农业体系，其发展重点也由进口替代的劳动密集型产业转向出口导向的资本技术型产业。可以说，领土狭小、资源贫乏的以色列以世界科技大国和新兴工业化强国的身份而崛起。

五、发源地的文明复兴

建国近70年来，以色列文化发展取得巨大成就，使犹太文明在其发源地再度繁荣兴盛，这表现在文学、艺术、体育、文博考古和新闻出版等方面。

文　学

建国以来，活跃的以色列的文学创作题材主要集中在三个方面：一是现实主题，大多表现以色列建国以来的社会生活，反映国家建设中的喜怒哀乐，特别是以阿冲突在人们心中留下的创伤。二是历史主题，主要描写犹太民族的文化传统和生活习俗，大流散时期犹太人的苦难经历，二战期间纳粹大屠杀更是成为热点题材。三是终极价值主题，着重探讨人类共同面临的一些问题。

阿格农获诺贝尔文学奖

现代以色列涌现出一批才华横溢的
作家和诗人，创作了许多颇具影响和艺术
价值的文学作品。以色列的作家群大致可
分为三代：第一代是在20世纪初移居巴勒
斯坦，"在废墟上建设，并创造自己"的
移民作家和诗人，如柴尔尼科夫斯基、毕
阿利克、阿格农、肖夫曼等。阿格农为杰
出代表，他创作的《婚礼华盖》《宿客》
《前天》等作品蜚声国内外，并在1966
年荣获诺贝尔文学奖，成为第一位使用希
伯来语进行文学创作而获此殊荣的犹太
作家。第二代是在40~50年代之交进入以
色列文坛的本土作家，常被称为"独立战
争的一代"，其代表人物是耶胡达·阿米
海。1955年以来已出版《现在和它日》
等14部诗集，在国际上享有盛誉，被称为
"当世著名桂冠诗人"。第三代是60年代

阿莫斯·奥兹

后脱颖而出的青年作家，写作手法上大多借鉴西方现代主义。阿莫斯·奥兹创作的《我的迈克》和《理想和平》等已被译为30多种文字，在世界各国广泛流传。

艺　术

每年在以色列各地举办的大型艺术节多达20余次，包括一年一度在耶路撒冷举行的国际艺术节、12次音乐节，5次电影艺术节和4次舞蹈艺术及民俗节。

以色列被公认是世界上音乐水平最高的国家之一、世界音乐活动中心之一。1990年以色列就拥有几十个音乐团体和机构，其中包括17个交响乐团、7个合唱团和1个歌剧团，当年举办了327场不同形式的音乐会和歌剧演出。以色列爱乐乐团举世闻名，伯恩斯坦、斯特恩和祖宾等著名音乐家蜚声世界。

祖宾·梅塔指挥蜚声全球的以色列交响乐团演奏

著名音乐家伯恩斯坦

"冷战"后，许多苏联造诣很高的演奏家、歌唱家和音乐教师移居以色列，给以色列的音乐生活增添了光彩。特拉维夫的曼恩礼堂和耶路撒冷的宾亚内·哈奥马大厅都是可容纳3000观众的现代化音乐厅，受到爱听音乐的以色列人的青睐。每年春天，耶路撒冷都举办为期3周的以色列音乐节，它汇集了世界各地的音乐、戏剧和舞蹈节目。

建国以后，以色列的舞蹈事业也取得了长足发展，犹太民间舞蹈和其他少数民族舞蹈在政府的扶植和鼓励下得到了继承和发扬，艺术舞蹈和现代舞蹈的水平也有了很大的提高。目前，以色列共有 6 个专业舞蹈团，每年举办一届国家舞蹈节。以色列的电影业虽起步较晚，但发展较快。现每年出品十二三部大型故事片。

同时，以色列与世界各国建立并发展着官方或民间的文化交流，包括舞蹈团、剧团、作家和交响乐队的互访，举办美术展览、国际博览会、电影节和各种体育比赛，以及互相教授对方国家的语言和文化艺术等。

体　育

以色列国民积极参加各种体育运动和健身锻炼。每4年一度的"马卡比"体育运动会将来自世界各地的犹太体育组织和犹太运动员相联结。"哈卜尔"运动会也每4年举行一次，由来自世界各国的运动员进行较量。以色列运动员在拳击、柔道、篮球等项目的国际比赛中表现不俗。当今以色列还有意识地在体育领域融入高科技元素。2016年以色列快乐创业基金抓住里约热内卢奥运会的国际体育盛事契机，联合微软和索康尼公司推出全球首个体育技术创新平台。

文博考古

以色列的文博事业也相当发达。目前，以色列共有大小博物馆120个，其中国家级的8个，每年参观人数近1000万人。如耶路撒冷以色列博物馆、特拉

耶路撒冷以色列博物馆

维夫艺术博物馆、贝斯·哈德夫索斯大离散博物馆、耶德·瓦谢姆大屠杀历史纪念馆等均闻名于世，吸引了大量来自世界各地的观众。以色列政府投入重金支持考古工作。如《死海古卷》的发现，不仅是犹太文明研究的突破性进展，也是世界考古史上的一个重大事件。马萨达城堡是公元1世纪爱力·阿沙尔领导的犹太起义反抗罗马帝国的最后据点，数百名犹太起义者在该城堡宁死不屈，集体自尽。现经发掘修整，该城堡已成为以色列人民进行爱国主义教育的圣地。

新闻出版

以色列的新闻出版事业也很发达。报刊数量自建国以后持续不断地增加，至1969年已有481种。目前，以色列全国性的主要报纸有29种，除发行量最大、创刊于1932年的英文日报《耶路撒冷邮报》外，希伯来文报纸有9种，包括建国前就已创办的《国土报》《新消息报》等，阿拉伯语报纸有7种。平均每百人拥有21份报纸。以色列每年共出版期刊1000多种，每种期刊的发行量

以色列出版的报纸

均在数千册以上。以色列现有广播电台 5 座，"以色列之声"电台开设8个无线电广播网，用17种语言广播。除有线电视外，以色列还开办两个频道的电视节目。在中东，以色列的电视节目最具西方色彩。除每年夏天的希伯来图书周外，每年春季还要举行规模巨大的图书博览会。联合国教科文组织的统计表明，1962年以色列人均拥有图书量为世界第一，每1000名居民拥有76本书。

在世界文化争奇斗艳的大花园里，以色列文化表现出一种独特的风格：它带有浓重的历史痕迹——那是犹太民族5000年历史的轨迹；它始终难以抹去大屠杀的烙印——那已成为以色列文化作品的一个永恒主题；它总是表现出一种不安全心态——那可能是长期遭到压抑和围堵所造成的逆反心理；它一直洋溢着强烈的奋斗精神——那正是在极其困难的条件下建设和保卫国家所最需要的；它处处体现出集体意识——那是犹太民族得以生存和复兴的精神支柱。

以色列建国70年来文化的空前发展和繁荣，成功实现了当代犹太文明发展之主体回归其发源地的梦想。以色列政府采取了一系列措施来协调和推动全球犹太文明的发展。如在以色列建立了世界犹太学研究联合会，每4年举行一次世界犹太学研究大会，它代表着全球犹太学研究的最高水平。以色列还建立了国际犹太学教学中心，协调和推动全球各地犹太文化、历史、语言的教学。

第六章 犹太人的政治、经济、文化

一、犹太社区与"隔都"

从社会政治结构来看，犹太人最早是生活在一种宗法族长制基础上的氏族部落社会。他们相互间具有紧密的血缘联系，而且有着共同的祖先和宗教信仰。

从族长制、士师制到君主制

作为犹太人第一代族长的亚伯拉罕，被奉为犹太民族的始祖。之后以撒、雅各及雅各的12个儿子都是犹太人早期族长。摩西在率民众出埃及赴迦南途中，不仅初创犹太一神教，而且在希伯来人中选择贤能之人作千夫长、百夫长、五十夫长和十夫长，协助自己管理百姓，使希伯来人内部各级行政机制开始形成。这样，作为一位集先知、祭司、军事统帅和政治首脑于一身的卓越领袖，摩西将原来无序涣散的希伯来部落百姓纳入有序的部落联盟状态。

部落联盟是犹太人向王国建立和民族形成大踏步发展的过渡阶段。摩西的继承者约书亚率领犹太人进占迦南后，主持12个支派部落的分地立业，各部落均以士师为领袖。在和平时期，士师是处理百姓民事纠纷的司法长官；在战争时期，是率领民众抵御外敌的军事统帅，士师还是部落的宗教祭司。但在士师时代，没有一位士师成为全体犹太人的权威领袖，各部落联系松散。公元前11世纪，希伯来人为团结抗击非利士人，要求结束部落分立、建立王国。扫罗成为古代希伯来王国首位君主，其后大卫继承王位。扫罗只是从古老的、松散的部落联盟组织到完善的君主政体之间的过渡人物，大卫才是真正意义上的希伯来君主王国奠基者。他把希伯来人12个部落统一成一个专制君主统治的民族国家，在中央设立元帅、史官、大祭司、书记等职协助国王处理国务。其子所罗门继任国王后，进一步改组行政机构，按地域将全国划分为12个行政区，各设由国王委任的总督管理，在以血缘关系为基础的部落制度解体基础上，建立系统的中央集权君主国。

所罗门去世后，希伯来人进入国家分裂的南北朝时期，内部社会矛盾加上外部强寇入侵，导致南北王国相继灭亡和犹太人被逐流散的开始。此后直到公元135年犹太人进入世界性大离散时代之前，世俗王国君主政体不复存在，除一度短暂独立的马卡比王国所建立的神权政体以外，巴勒斯坦犹太人基本上处于外部强邻统治下的、没有政治独立的祭司自治体状态中。由大祭司组成的犹太教公会拥有犹太律法处理日常犹太事务的司法自治权。

犹太社区

在大离散时代，失去祖国的犹太人只能寄居在其他民族的国土上，势必产生与寄居国的民族如何相处的问题。犹太民族客居他国的历史可远溯到3500年以前。在迦南生活的犹太人因饥荒，经埃及法老允许，雅各率众进入埃及，移居歌珊。在随后4个世纪的客居中，仍然是由族长领导，这是犹太社区的由来，开创了犹太人客居他国又集居一地的先河。

公元前6世纪，犹大王国被新巴比伦帝国灭亡后，从王族祭司到平民工匠的上万名俘虏虽被强迫押离故乡，却能够在巴比伦一带长期集中聚居，致使后来巴比伦的犹太社区形成和不断发展。与此相对照，北方以色列王国被亚述攻灭后，其居民分散地处于与外族杂居状态中，逐渐被外族同化，终至消失。由此可见犹太人的社区组织对犹太民族得以留存与延续的重要性。

在犹太人开始大规模的散居后，犹太人在某一地区的相对集中便形成了犹太社区。公元1世纪，亚历山大城成为当时世界上人口最多的犹太社区，人数多达数十万之众，从下层的手艺人到上层银行家、商人都有犹太人。犹太人还散居各希腊化国家之中，形成为数众多的犹太社区。

罗马统治者依据罗马法律将政教分开，允许犹太人享有宗教自由，承认犹太教最高权力机构"犹太教公会"的合法地位。犹太人还享有罗马帝国的公民权和广泛的司法自治权。正是有了这三项权利，犹太社区存在具有法律保证。尽管罗马人在各个历史时期制定过一些法规，对犹太人宗教、择业、社会生活中的权利加以限制，但犹太社区基本上平安无事，能建立自己的研究机构、崇拜地和墓地。

10~11世纪移居欧洲的犹太人从事葡萄种植及葡萄酒酿造等行业，成为商业先锋，而当地的国王及贵族同犹太商人的关系相当融洽，犹太社区得以形成。此时每个城镇的犹太人构成一个独立的自治社会法律实体，有一个社群管理事务委员会（卡哈尔），订有自己的规章，处理社区内的司法事务，犹太社区中的学者还对《塔木德》和《旧约》加以研究和注释，并将它们用于犹太学校教育。

然而在11世纪末，教皇乌尔班二世在法国克莱蒙发动第一次"十字军东征"，针对阿兹肯纳齐犹太社区的暴力事件不断发生，在德、法等国生活的犹太人时常面临生存威胁。十字军战士在莱茵兰一带对异教徒犹太人实行抢劫与屠杀。犹太人被迫改宗或自卫，不少城市中的犹太社区被消灭，犹太人成为"十字军东征"的第一个牺牲品。在反犹主义的阴影笼罩下，犹太"隔都"开始出现。

"隔都"的形成和演变

犹太"隔都"是指当地统治者以政府法令名义，强迫犹太人居住在某一街区，其周围以大墙围住，犹太人在内几乎丧失人身自由的集中营式的隔离区。

如果说，古代犹太民族在其他民族的国土上客居时，尚未受到所在国强加的隔离处置，那么大约从12世纪起，欧洲犹太人就遭到强制性的隔离，只准许居住在政府指定的区中，不许与客居国居民混合居住。

东欧"隔都"的一条小街

1179年，基督教会召开第三次拉特兰会议，规定犹太人必须与基督教信徒分开居住。表面上是基于宗教信仰的不同，实际上是要对犹太人加以压制与隔离。1215年教皇英诺森三世召开第四次拉特兰会议，再次强调对犹太人的限制，称犹太人永远只能处于基督教徒的附庸地位，并规定犹太人必须佩戴特别的徽章。1276年，英国伦敦市政府明文规定犹太人能够居住的街区，然后把分散居住的犹太人强迫迁入，这就是犹太隔离区的雏形。到13世纪末，对犹太人加以隔离的教会法律为欧洲许多国家所执行，规定犹太人只准住在指定的街区或地区中。德国法兰克福、捷克布拉格及波兰、立陶宛一些城市的犹太隔离区已具一定规模。这种犹太人被迫集中居住的地区即"隔都"。"隔都"这个词来自意大利文，意为枪炮铸造厂。据说在1516年，威尼斯政府颁布法律，在枪炮铸造厂一带划出一个街区，强迫犹太人迁住该区。由此"隔都"成了犹太隔离区的名称。

这种用政府法令划定、以高墙围住、用基督教徒看守的犹太隔都已完全不同于过去犹太人集中居住的社区。它所包含的居住自由的丧失以及人身自由受到的限制，使犹太人落入屈辱与受压的境地。"隔都"的大墙之内，住房相当拥挤，卫生条件极差。狭窄的住房中杂物乱放，较易引起火灾。1555年，教皇保罗四世发布限犹法令，不准犹太人与天主教徒来往，再次命令犹太人佩戴表示其身份的标志。随后罗马的犹太人被强迫迁入台伯河左岸地区，然后筑起围墙，形成犹太"隔都"。教皇在罗马的限犹举动，为欧洲各地政府所仿效。接二连三设立的"隔都"，团团围住的大墙，在犹太人与客居地主体民族之间划出深深的沟壑。

当时东欧犹太人受隔离的程度稍弱于西欧。在波兰、立陶宛等地犹太人居住的城镇被称作犹太居住区。在俄国，沙皇规定在西部几个省中让犹太人居住，这些地方地域较大，没有被围墙隔开，被称为"栅栏区"。但里面的犹太人也受到政府强制性的限制。

18世纪末，欧洲资产阶级革命风起云涌，平等、博爱、自由的思潮对隔都形成了强大冲击波，拿破仑指挥下的法兰西军队进入意大利时就推倒了"隔都"大墙。但欧洲犹太"隔都"的彻底废除，那是在希特勒的法西斯政权垮台之后才实现的。

二、百工百业和犹太人的经济生活

孟德斯鸠说过，"有钱的地方就有犹太人"。在很多人心目中，犹太人就是一个与"钱财"紧密挂钩的商业民族。的确，犹太人以善于经商理财而著称于世，不过，自古以来犹太人的经济生活可谓丰富多彩，从游牧到农耕，从制造到商业，直至金融借贷、银行业，历史上很多犹太人均取得不菲的成就。

早期畜牧业

很长一段时期里，犹太人的先祖希伯来人保持着其传统的逐水草而居的生活方式，主要的经济活动是畜牧业。

他们居住在用羊毛制成的帐篷里，呈长方形的帐篷内用羊毛帘分隔成前后两部分，前者供男子居住或待客，后者是妇女、孩子居住的地方。他们的财富和家当主要是牲畜和帐篷。羊和牛是希伯来人饲养的主要牲畜。羊也是希伯来人宗教祭祀的理想供品。传说当亚伯拉罕接受上帝考验，把儿子以撒献为燔祭时，上帝指示他以公羊代为祭物。以后每逢逾越节，犹太人每家也要宰一头无病羔羊为祭品。希伯来人放牧的牲畜中还包括一些驴、骡和骆驼。畜牧业造就了希伯来人常因气候变化和寻觅牧场不时流动的生活特征。

向农业过渡

游牧的希伯来人进入迦南后，受当地定居农业的影响，逐步由游牧文化向农耕文化转变。尤其在摩西率民众出埃及后，希伯来人更为迅速地从游牧单一作业走向以农耕业为主的多种经营，相应地希伯来人建造并迁入房屋，过上定居生活，于是出现了一片片希伯来人的村庄和城镇。

希伯来人主要耕种小麦和大麦。从每年10月底的初雨开始耕种，到次年3~4月，大麦和小麦相继成熟，收割季节延续至7月。在逐渐改良农业技术同时，因为缺水，希伯来农民重视蓄水和灌溉。考古发现的米吉多引水地下坑道，说明所罗门王时代的犹太农业文明和水利技术已发展到相当高度。除粮食和蔬菜外，希伯来人还种植葡萄、橄榄、无花果、椰枣和石榴。这些植物根系很深，不受夏季干旱的影响，宜于山地生长，葡萄和橄榄成为当地特产。葡萄可用来酿酒，当作水果和补品。橄榄油可用以祭祀、食用、照明，以及制造化妆品和药品。在犹太人心中，无花果和葡萄象征着吉祥。犹太人常以"在无花果树下""在葡萄藤下"来表述自己生活的昌盛安宁。

刻有一串葡萄和麦穗的犹太古钱币

为争取农业丰收，古代犹太人十分重视农时规律。考古学家曾在耶路撒冷的基色镇发现一块陶片，上用希伯来文记载一年中各月名称和每月从事的农事，诸如橄榄收获月、谷类播种月、晚期播种月、亚麻收获月、大麦收获月、葡萄蔓剪割月、夏季果实月以及一些重要节日。被考古学家推测为公元前10世纪的这一"基色历"后来成为犹太历的源头。

犹太农业在希伯来王国获得空前的进步，及至希伯来北南两王国被异族灭亡后，当地农业也遭到摧残。随着"巴比伦囚虏"返回故乡，重建家园，当地农业才得以恢复和发展："处处都种满了树林，还有无数的橄榄树、肥沃的庄稼、众多的蔬菜，还有葡萄和蜜糖。树林中的椰枣树和其他果树多得不计其数。"

然而伴随公元前后反抗罗马统治者暴政的"犹太战争"的失败，大片农田荒芜，昔日茂盛成林的橄榄树、葡萄树所剩无几，曾经人丁兴旺的居民点成了人烟稀少的荒凉村落。到7世纪，伊斯兰统治者要求居住在其统治范围内的犹太人交纳高昂土地税，犹太人逐渐流向城镇，受雇于各种手工业，并开始从事商业。

　　整个大离散时代，漂泊异乡的犹太人虽然逐渐变为商业民族，但犹太文明中的农业影响并未消失。以色列国建立后，其高科技农业遐迩闻名，为人赞叹。

早期手工业

　　犹太人使用铁器的历史相当久远。在与非利士人作战中，犹太人掌握了制铁技术，制造铁战车与铁刀剑。犹太人也擅长黄金加工业，他们用精金制作各种宗教用品，如在约柜四围镶上金牙边，把4只金环安在约柜的四脚。第一圣殿就是一座金碧辉煌的建筑，不仅内墙廊柱、门扇地板都用金箔包贴，许多圣殿器皿饮具也以精金做成，那个用象牙制成的宝座外面也包上精金箔。宗教的虔诚与国王的权势都需要用黄金来衬托，这也推动了古犹太的黄金加工技艺。

　　古犹太的制铜业达到了较高的水平。1959年在提姆纳发现古犹太铜业中心，发掘出竖坑、熔炉、坩埚、矿渣等遗物，被考古学家称为"所罗门矿山"。第一圣殿中用来贮水的铜海和铜柱十分著名。在埃及—希腊时期，"女犹太人玛丽"为最著名炼金师，她发明许多炼炉以及用金属、泥土和玻璃制成的各种烧煮、蒸馏器皿，包括用"点金土"来制炼金用的器皿，后成为现代实验室使用的各种器皿的原型，有的化学书把她称为盐酸最先发明者。

　　粮食加工是犹太人重要的行当。犹太人很早就掌握了发酵与烘烤的技术，懂得如何制作无酵饼和酵饼，还采用双层烘炉做面包。犹太人能酿清酒、浓酒和醋。他们日常饮酒以清酒为多，一般不饮烈酒，少量烈酒用于消毒和医药。

撒马利亚出土的犹太象牙装饰

　　出埃及时犹太人已熟练掌握鞣制、染色技术，皮革用于制作服装、皮袋和盾牌。同时，犹太人学会了纺织技术，能够生产毛纺与麻纺等不同原料的衣服，考古学家还发现古犹太的纺锤与染缸。肥皂制造是犹太人擅长的项目，11~12世纪犹太人便制造肥皂。在巴勒斯坦和叙利亚的犹太人以制皂著称，所生产的肥皂向邻国出口。14世纪，犹太人在法国马赛和意大利热那亚等城市开设了肥皂厂。

　　公元前4世纪，犹太人很可能已掌握了玻璃生产技术，以后又发展了金玻璃制作技术。犹太金玻璃已成为闻名全世界的工艺品，除了精湛的工艺，还配有鲜明的民族图案与装饰。在中世纪的法国，人们称这种美轮美奂的玻璃为"犹太玻璃"。

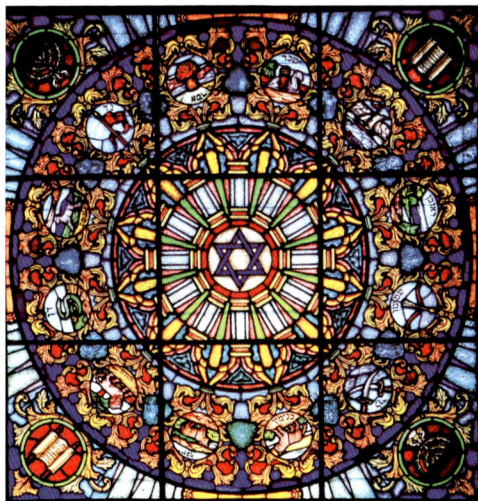

精美的犹太玻璃

商　业

　　在希伯来王国时期，农业生产的发展、农产品的富余推动了内外贸易的发展。通过贸易国推罗，希伯来人出口大量的麦子、面饼、橄榄油、蜂蜜、乳香，换回象牙、珍珠、乌木、服饰、黄金、白银及其他金属器具。所罗门王与邻国示巴女王建立良好的外交关系，并打开海外贸易市场。犹太人从俄斐运回黄金、檀香木、宝石，同时将迦南的物产大量出口。犹太人既从埃及进口战马，还将之转卖给赫梯人和亚兰诸王。公元前后几个世纪里，犹太商人不仅与地中海诸国进行贸易，而且参与通往中国的"丝绸之路"的通商。他们从远东获得生丝，经过自己纺织和染色后又重新贩往地中海沿岸的其他城市。犹太人对市场供需具有独特的判断能力，他们善于利用货物产地与销地的差价进行相当规模的进出口贸易，从而活跃了国内市场，满足多种消费需求，还可以赚取可观的商业利润，充实国库。

7~8世纪，绝大部分犹太人生活在阿拉伯帝国，手工业和商业为其主要职业，他们的社会经济结构已趋城市化，不少犹太店主在许多城市经营市场上的各种产品，参与各种商业活动。犹太人大批流入欧洲后，一个时期内其在欧洲手工业行业闻名遐迩。但随着欧洲手工业的发展，犹太人被广泛排斥于手工业行会之外。这样，中世纪流散生活在欧洲的犹太人，只剩下经商一条路。而在当时商业还很不发达的欧洲，犹太人文化素质较高，思维敏捷，善于学习，应变能力很强，许多人很快成为经商行家。

8世纪前后，横跨亚、非、欧的阿拉伯帝国与欧洲加洛林帝国在政治、宗教、商贸上都相互对峙，双方的商品在对方市场上因奇缺而价格昂贵。于是犹太人利用自己不介入双方矛盾、与双方友善的特殊身份进行中介商业，他们沟通了东西方市场，在商业上得到了发展。犹太商人把东方的奢侈品、香料、丝绸等运往欧洲，又把欧洲的白奴、毛皮、金属制品运往东方。9~11世纪，随着犹太人逐渐遍布欧洲，往返各地的犹太商人便有了一个相互联系的网络，他们在各大商业港口推选出自己的头领，这些头领大多是信誉卓著的犹太商人，他们负责确定贸易路线和贸易方式，提供货栈，存兑贷款以及解决贸易争端。

犹太商人的活动促进了欧洲经济和商业的活跃与发展，并给当地带来了实惠和税收。他们不仅充实了欧洲的内外贸易，而且促进了欧洲城市的兴起，并发展了欧洲的城市经济。犹太人的商业成就，加速了欧洲犹太资产阶级的形成，逐步出现了像罗斯柴尔德家族、蒙特菲奥勒家族、瓦堡家族和席夫家族等犹太大富豪，他们对英国、法国、荷兰等西欧资本主义国家的经济发展起了重要的作用。在8~13世纪的西班牙，犹太人从事商业和金融，掌握国家经济命脉。不少人还成了国家官吏，负责为王室收税。13~15世纪，波兰统治者打开国门，欢迎犹太人进入，制定优惠政策，支持和鼓励犹太人经商。犹太商人以自己成功的商业活动大力推进波兰的对外贸易，使波兰经济从蒙古人入侵后的萧条中逐步复兴。

18世纪汉堡犹太商贩

金融借贷业

从公元前6世纪起，波斯帝国境内的犹太人不仅参与境内与国际的商品贸易，还从事金融借贷活动。公元9~10世纪，资本雄厚的犹太放贷者和商人首先在巴格达设立钱庄，吸收暂不使用的资金，同时又向急需资金的商人提供贷款。10世纪末，统一的阿拉伯帝国分裂成众多小国，犹太商人与放贷者在这些国家中组成一个庞大的商业与货币的网络，并随着伊斯兰统一政权的崩溃而向欧洲渗透。

当时已有相当资本积累的犹太富商抓住欧洲货币经济发展机遇，将资本从商界转向银钱业。12~13世纪，阿兹肯纳齐犹太人成了当地主要借贷商，为防范风险起见，他们寻求当地国王和贵族充当保护人，也让他们分享利润。犹太人精明勤奋，在从事借贷业中积聚了相当可观的财富，许多犹太富商成为金融家和银行家。如在19世纪中叶，罗斯柴尔德家族通过其遍布欧洲各角落的网络，已在欧洲形成一个庞大的商业金融帝国。

尽管犹太人向欧洲一些国家政府、王室提供巨额资金税收，但往往难逃厄运。所在国的国王或教会不时发出反犹政令，将欠犹太人的债务一笔勾销，禁止犹太人开展借贷活动。更有甚者，所有犹太人被勒令出境，其住所和财富转归王室所有。这就是当时英、法等国犹太人时常的遭遇。

三、犹太人生活中的伦理风俗

伦理是人类对道德现象的哲学思考，包含着对人与人、人与社会和人与自然之间关系处理的行为规范。而风俗作为特定社会文化区域内历代人们共同遵守的行为模式，则指个人或集体的传统风尚、礼节、习性，包括民族风俗、节日习俗、传统礼仪等。犹太人日常生活中的伦理风俗也是犹太文明的典型体现。

伦理观

犹太文明十分强调道德因素，犹太教有时被称为伦理一神教。犹太人把绝对的善、正义、伟大、至高赋予了上帝耶和华，忠诚于上帝成为犹太宗教伦理观的最高、最普遍的原则。

犹太文化中的仁慈既有上帝慈爱人民，也有人与人之间要慈爱两个方面。奉行慈善是犹太人的基本信条，也是犹太教一些规约的基础。按照犹太人的信条，世界是建立在三大支柱上的：学习、祈祷和慈善。其中慈善最为重要。《旧约》中经常提到人与人之间的行善互爱。《出埃及记》中这样写道："不可亏负寄居的，也不可欺压他……不可苦待寡妇和孤儿。"这种互爱精神在犹太人漫长的苦难历史中得到充分的发扬，它成为犹太民族顽强生存下来的精神力量。

在流浪、受驱逐、被屠杀的日子里，犹太人意识到相互帮助、同舟共济的重要性与责任感。无论在什么地方，只要有犹太人群居的社区并拥有他们自己的犹太教会堂，就必定有一个贫民救济员。犹太社区和犹太会堂把救济无家可归、难以为生的犹太人作为任务之一。不少犹太社区专门设立了慈善机构，接待流离失所的同胞，或为他们付旅馆住宿伙食费。犹太会堂常在附近设立"医院"，以提供食宿为主，兼有治疗服务。慈善资金的来源之一是人们在犹太会堂做祷告时的捐献，以及会堂的各种收入。在东欧犹太人居住的城镇中，成立了一些福利机构，分别担负起施舍衣物、为穷孩子提供教育、为贫穷少女提供嫁妆、为穷人提供过逾越节的无酵饼和酒，以及照顾孤儿、探访病人与产妇、照顾老年人、免费殡葬、支付被绑架者的赎金、支付庇护者的费用。在今日伦敦的犹太社区，仍然拥有一些早期建立的慈善机构。在欧洲的犹太居住区，每个犹太人家庭不管其经济状况如何贫穷，都保存着一个攒钱的小盒子，准备施舍给比他们更穷的人家。美国犹太人建立的众多组织也大都具有慈善功能，特别致力于救助贫困或受难的犹太同胞。

犹太传统也十分重视道德教育并提倡从少儿时抓起。在婴儿出生前后，为人父母者就应负起教子的责任，其重点是培养勤劳、诚实、谦虚、忍耐、仁慈的品格。在《箴言》中反复强调的是："手懒的要受贫穷，手勤的却要富足。""行为正直的，有公义保守；犯罪的被邪恶倾覆。""仁慈的人善待自己，残忍的人扰害己身。"

家庭观

犹太人经常受到强国的侵略与骚扰，他们大多在战乱与动荡中生活，因而犹太人很重视家庭观念。犹太民族中家庭的出现可以远溯到《创世记》。上帝先造亚当，然后造夏娃。夫妻是家庭的基础，夫妻与家庭的观念密不可分。在《旧约》中，夫妻结合，亚当与夏娃成为人类的祖先。亚伯拉罕从父家出走，成了希伯来民族的开山之祖。亚伯拉罕的已过生育年龄的妻子撒拉生下了以撒，希伯来民族有了第二代始祖。

在《旧约》记述的"十诫"契约中，对家庭以及相关的问题多有涉及，如十诫中的第五诫是"孝敬父母"。同时，《旧约》对父亲的责任和品格也作了规定。十诫中的第七条是不可奸淫，第十条是不贪恋别人的妻子、财物。这

两诫在《利未记》中被细化成必须遵守的若干律例。这些律例保障了婚姻的神
圣性与家庭的稳定性，对于早期犹太社会的安定发挥了积极作用。

在婚姻方面，犹太民族有自己的习俗规范，比如定亲时男方要付给女家
一定数量的银钱和贵重物品作为聘礼。女方出嫁时，可将所收聘礼中的全部或
部分带出，作为个人财产，男方不得收回。在婚姻破裂时，女方可将个人财产
作为生活保证金。在犹太人中，定亲具有明显的法律意味，不仅表示男女两人
以及双方父母对婚姻的认可，而且标志着婚姻受到律法的保护。一旦定亲，婚
约不允许解除，也不容第三者侵犯，否则要受到制裁。在结婚这一天，新郎和
新娘从黎明起直到仪式完毕进入"洞房"为止，都要实行斋戒，其文化意义
是：人结婚开始新的生活，从此与过去及其一切罪恶告别。在婚礼上，还要签
署一份事先准备好的文书，其中列举丈夫的责任，并规定在男方休妻时必须支
付的费用。

犹太婚礼

按照犹太人风俗，继承遗产要经过一定的法律手续。凡儿子都有继承权，但长子优先，可比其他继承人多获一份，或可获全部的二分之一。妻子的第一个儿子自然成为长子，在一般情况下，父亲与妻妾不得因故加以改动。父母如没有儿子，遗产可由女儿继承，取得继承权的女儿不能外嫁，以免财产外流，可以嫁堂兄弟。出于财产不外流的考虑，犹太人还实行寡妇内嫁制。

为了应付外部险恶的环境，犹太人十分注重家庭的和睦与稳定，强调男子是一家之主的观念和体制。男子参加民族文化活动较多，往往承担着组织家庭内的民族文化活动和教育子女的责任。同时，犹太文化也强调对妇女的重视和保护，比如一位犹太哲人强调：妻子在家里应该谦恭，而丈夫应该尊敬妻子甚于自己，热爱妻子甚于自己。在不少犹太家庭里，常常是妻子对孩子行使权威。

犹太人也特别重视家谱。不仅各犹太始祖亚伯拉罕、以撒、雅各等人都有长达五代以上的家谱，即使一般百姓也都记录自己祖上各辈的姓名、所从事的工作和突出成就。这与中国对家谱的重视颇为相似。

节期和风俗

每个民族都有一定的节期，作为纪念、庆祝、希望的特定节日。节期的内容与形式表现了一个民族最有意义、最为典型、最与民族相关的大事件和风俗。犹太民族的节期渗透着强烈的犹太精神与文化特征。

犹太历提斯利月（相当于公历9~10月）初一是犹太新年的开始。此日是为期10天的敬畏日的第一天，因而首先是忏悔的日子。人们要在这天回顾过去一年自己的言行，反省自己可能犯下的罪孽。犹太教认为所有的人在这天都要受到上帝的审判，故也把这天称作"审判日"。庆祝新年的方式之一是去犹太会堂参加新年宗教仪式，人们要进行3次祈祷，3次吹响羊角号，号声既表示对上帝的敬畏，也表示对上帝的信仰。犹太新年不仅是敬畏的日子，同时也是喜庆的日子。全家人通常在这一天团聚，人们在新年晚宴上要吃苹果蜜饯和蘸有蜂蜜的面包，以象征今后一年的日子将会甜蜜幸福。人们还互送贺年片和新年礼物。

吹羊角号迎接犹太新年

赎罪日仪式

　　元月（提斯利月）10日是赎罪日，犹太新年十天节期包括赎罪日在内。由于是最神圣的敬畏日，全世界的犹太人在这天要去犹太会堂参加特别祈祷仪式。在圣经时代，犹太人这一天在圣殿举行献祭仪式，将一头公山羊杀死祭奠上帝，把另一头山羊放逐旷野，让它带走犹太人的一切罪孽。这就是所谓"替罪羊"的来历。现在这一古老的赎罪仪式已废，只有少数正统犹太教徒还每年举行祭坛式赎罪仪式，不过宰杀的不再是羊，而是鸡。通过宰杀和献祭，为犹太人赎罪。大多数则通过祈祷和忏悔表达赎罪愿望。在今天的以色列，全国上下赎罪日这天几乎停止一切活动，没有报纸和任何电视和广播节目，没有公共交通运输。所有学校、商店、餐馆、娱乐场所和机关企事业都24小时关闭。整个国家沉浸在一片肃穆之中。

　　五天后即元月15日，犹太人的忏悔和赎罪气氛才有所缓和。从这天开始直到21日，犹太人要过住棚节。除老弱病残外，人们通常住在临时搭建的棚舍中，要为耶和华守节整整7日。这是为纪念以色列人从埃及出走在外漂泊40年这一段经历。7日内要举行火祭、燔祭、素祭，各归各日，献给耶和华。住棚节带有庆祝收割完毕的欢乐色彩，又称收获节，犹太人要欢乐7日。

逾越节是犹太人最古老的节日。它从犹太历7月（即尼散月，公历3~4月）14日黄昏时起，是纪念犹太人从埃及成功出走。犹太人在从14日晚直到21日晚共计7天之中，只能吃新收大麦做的无酵饼，以表示对上帝的纯洁之心，也表示食物中没有任何上年的粮食。同时要吃苦菜，象征着犹太人曾在埃及受苦。这个节期因此也称除酵节。今天的逾越节已成为犹太民族最重要的节日之一，是他们不忘历史、缅怀祖先、倾诉苦难、庆祝在上帝恩眷下摆脱苦难、获得自由的日子。节日最隆重的活动是举行逾越节家宴。家宴于15日举行，这是犹太人在庆祝逾越节时的第一顿晚餐。席间食用有象征意义的各种食品，并通过诵读经典讲述和回顾以色列人出埃及的历史。以色列人还在此日去耶路撒冷

准备过逾越节

圣殿山和西墙朝圣。

逾越节后的50日即犹太历9月（即西弯月，公历5~6月）6日是五旬节，也称收割节、初熟节和七七节。其来历为犹太人在迦南定居后，因农业至关紧要而祈求丰收。当小麦即将成熟，丰收在望，内心喜悦之时要对上帝表示感谢。这天人们从家中取出细面，做成有酵饼，以及用一岁无残的羊羔当作礼物献给耶和华。这些饼与祭品经祭司在上帝面作为摇祭之后便归祭司所有。这天是安息日，田里农活一概不能去做。收割节也是犹太会堂举行隆重的成年礼仪式之时，凡年值13周岁的犹太少年均要参加，表明其与父母、先人一样，已与上帝缔约，必须遵守律法诫命。

净殿节是犹太人的另一个重要节日。公元前168年，叙利亚王安条克四世公然蔑视犹太人不拜偶像的传统，在圣殿中筑新的祭坛，强令犹太人向异教神

点燃多支烛台欢庆灯节

祇献祭。此举后成了马卡比起义的导火线。5年后，犹大·马卡比领导的起义获得胜利，他下令清除圣殿中一切非犹太传统之物，重设犹太祭坛。此后，从犹太历3月（即基斯流月，公历11~12月）25日起，一连8日，犹太人都要庆祝清洁祭坛的胜利。此节又称"哈努卡节"（"哈努卡"在希伯来文中是指重建）。此节还有一个风俗，即从第一天起，在门前点灯，以后每日增加一盏灯，到第8天，到处是灯，一片通明。所以，净殿节也被称为"灯节"或"光明节"。

普珥节则是纪念波斯的犹太人战胜敌人的节日，为犹太历6月（即亚达月，公历2~3月）14、15日两天。"普珥"在波斯语中意为"抽签"。相传波斯宰相哈曼曾以抽签确定这两天为屠杀犹太人的日期，而到了这两天犹太人凭智慧转危为安。犹太人在这两天白天实行斋戒，到晚上开斋举行喜庆宴会，人们要演出一些讽刺喜剧，并经常有一种"普珥表演"的音乐伴奏。在这个节日里，犹太人大多轻松愉快，甚至一些粗俗无礼的言行举动也往往得到宽容，故又被称为犹太人的狂欢节。此外，这两天还用来纪念为民族捐躯的无名英雄们。

安息日因犹太教的特殊含义而不同于一般人的星期日。对于犹太人，安息日是一周工作的结束。在希伯来语中，安息日意为"停止工作、休息"。《旧约》中关于安息日的记载相当多，含义也不尽相同。主要有以下几个：（1）它是同上帝的创世联系在一起的。上帝创世是在6天内完成的，第七天休息了。（2）安息日的社会意义在于它是所有人，包括仆人和外邦人都是休息的日子，那天没有主人和仆人的区别，代表了所有人都平等的观念。（3）安息日又是同神圣的观念联系在一起的："你们要圣洁，因我耶和华你们的上帝是圣洁的……也要守我的安息日。"（4）安息日是上帝同以色列人立的约，所以以色列人要世世代代守安息日为永远的约。安息日在犹太人散居世界各地的特殊环境中具有特殊意义。例如在"巴比伦之囚"的年代中，无法进行其他节日，坚守安息日则意味着坚持犹太人的传统与身份。在安息日，犹太人被禁止从事一些具体形式的劳动，但可在安息日白天或晚上于犹太会堂或家中举行聚会。为了表示欢乐，安息日三餐往往比较丰盛。人们在用餐中或用餐后还要吟唱安息日颂歌。

犹太人是一个十分注重传统礼仪的民族。婴儿一出生后，就要用盐水擦洗，由母亲或父亲甚至社区拉比为他（她）起名。男孩在出生后的第八天要行割礼，满13周岁时要在收割节参加成年礼。虔诚的教徒在日常生活中必须遵守各种律法戒条，如只能食用经过规定程序加工的洁净食品，即"考歇"食品。

犹太人对死亡处理的方式也比较独特。除了不准在安息日、赎罪日和节日举行葬礼以外，犹太人一般在葬礼中尊重一切从简、迅速下葬的习俗。葬礼上只举行祈祷和诵读《圣经》的活动。死者遗体洗净后只由裹尸布包缠，在死后一两天内下葬。下葬前，犹太人一般在犹太会堂举行一次纪念仪式，并在下葬若干月后在墓地举行纪念聚会。下葬后，死者家属要在家守一周，亲朋好友往往在此期间上门，以表对死者的哀悼和对死者家属的慰问。根据犹太教不主张以生命祭扫生命的规定，犹太人扫墓时不献花圈，而是用无生命的物体，如小石子之类代替，表达哀思。犹太人不采用火葬。犹太民族还十分重视"葬回故土"，即希望死后能安葬在以色列故土。然而随着犹太人流散到世界各地，已不可能人人都"葬回故土"。一些宗教观念强烈的犹太人便随身携一小袋来自以色列的泥土，以在死后与其一道下葬的方式来象征"葬回故土"这一习俗。

四、教育为本：学习是最高的善

犹太人认为，作为上帝耶和华的选民，必须信守与上帝订立的契约，认真学习《圣经》，接受律法指导，从小接受教育，是每个犹太人的责任和义务。

将学习放在首位

《塔木德》中所说的"学习是最高的善"，强调学习与教育在犹太文化传统中的特殊重要地位。古代犹太哲学家主张，不管身体强健还是虚弱，不论年龄大小，每个犹太人都有义务学习犹太教经典。纵然是靠施舍生活、被迫挨家挨户乞讨的乞丐，即使是拖儿带女、要养家糊口的人，也都必须每天挤出时间来学习。

《托拉》中关于上帝的诫命是犹太人世代必须学习的最重要内容。其中除强调对耶和华的崇拜之外，还有大量律法条文以及日常饮食起居的具体规定。《旧约》中的篇章《箴言》，包含犹太人关于修身、持家、处世、办事、待人等方面的格言和谚语。这些箴言"使少年人有知识和谋略，使智慧人听见增长学问，使聪明人得着智谋"。敬畏上帝、履行律法、获得智慧、学习知识，这四个方面相互渗透、相互依存、相互汇合成为犹太宗教所追求的一种理想境界。

即使在中世纪犹太社区变成"隔都"时，犹太人仍然不忘教育的重要性。犹太社区中的慈善或救济机构尽可能支持青少年有获得学习的机会。在东欧还有一种犹太穷学生"吃日子"的形式：为让犹太穷学生读完学业，犹太社区允许他们在一周内分别到各家作客用餐，千方百计让下一代接受教育。

对于丧失祖国流落他乡，甚至财产被掠夺的犹太人来说，唯一可以依赖且可以随身携带的、终身享用不尽的资产，就是知识。所以往往反犹活动一结束，犹太人总能迅速跻身社会中上层。这也是犹太民族一贯重视教育、犹太人生命力不息的原因。犹太人的识字率在世界上是最高的，即使在中世纪欧洲的黑暗时代，也只有犹太人没有一个文盲。在犹太社区里，到处都是书籍，人人勤勉好学。甚至在后来纳粹的集中营里，犹太人仍坚持学习。在当今的以色列，犹太人依然好学不倦，书店、租书店比比皆是；在农村和集体农场中，都有设备完好的图书馆。

作为教科书的《旧约》

《旧约》既是犹太人宗教经典，又是其教育读物。《旧约》是古代犹太民族关于世界与人类起源和本民族形成与发展的传说、先知们的故事和他们对于犹太民族重要历史人物与事件所引出的启示，以及诗歌、智慧书、戏剧故事的汇集。因此，《旧约》实际上成了犹太民族关于本民族的历史文化、宗教信仰、思想观念、伦理规范、生活习俗的综合教科书。其包罗万象的内容和通俗易懂的记述方式，事实上成为犹太人从小接受教育的最好的教科书。

犹太人的家庭教育、学校教育、社会教育无一例外都从《旧约》中选录有关内容作为教材。一些祭司、拉比、学者还专门为《旧约》或部分篇章加写注释，以满足各种学校教育的需要。有些研究《旧约》的专著则成为拉比学院或圣经学院的教材。公元6世纪编定的口传律法总集《塔木德》，让犹太人的学习有了新教材。

犹太人的教育网络

公元前6世纪，沦为"巴比伦之囚"的犹太人创立犹太会堂以代替被毁的圣殿，犹太人重新有了学习与听取律法、祭拜上帝与祈祷的场所。半个世纪后，犹太人重新回到巴勒斯坦时，犹太会堂的组织形式和《摩西五经》的书面文本也被带回故土。犹太会堂内开始设立小学，儿童在此获得律法的启蒙。会堂不仅有手抄的《摩西五经》，还设立图书馆，主要由祭司、先知担任教育工作。公元1世纪的巴勒斯坦有一个从初级到高级的教育机构网。初级教育是小学，设在会堂内外，主要培养儿童读书识字的基础能力。青少年入专门学校，学习犹太宗教文学。青年则进入类似学院的机构，它们往往设在会堂内，由会堂的祭司与学者主持，青年学生在他们的指导下学习与研究律法。

当然，在犹太会堂之外，也有其他形式的学校教育。在公元前1世纪，出现了犹太会堂之外的小学。这些小学从识字、写字、读书开始，以启蒙教育为主。公元前75年，耶路撒冷元老院大法官下令实施广泛的初级教育，规定犹太社区必须资助公共教育，家庭必须送儿童入学。为满足对小学毕业的10岁后少年进一步教育的实际需要，有些城镇设立了专门学校，通常是律法学校，主要学习如何口述犹太律法。拉比学院是学者进行深入探讨研究的机构，也是培训年轻拉比的场所。经过学院的深造，其毕业生成为未来的拉比、法官、犹太社区的行政官员和教师。

1840年以前，犹太人的子女除了极少数能进入正规学校学习以外，绝大多数主要是在犹太会堂和家庭接受教育。但1840年以后，近代的犹太学校普遍建立，犹太子女基本都能入学。在犹太学校中，除讲授犹太教义外，还开设文学、数学、地理等课程。欧洲的大学向犹太人开放以后，犹太人大批走进了医学和科学院校，走进了各院校的法律系和公立音乐学院。最初，只有一些犹太富豪的子弟才能够入学，但随着学校大门的继续敞开，一些并不富裕的犹太家庭也产生了这方面的愿望，他们节衣缩食，将自己的子女送入学校深造，以求获得一个进身之阶。

除学校教育以外，犹太人也相当重视家庭教育。对犹太人而言，读书在于修身养性，而非致富之道，手艺才是谋生的根本。犹太人无论出身贵贱都会设法学会一门手艺。父辈有责任对子女进行职业教育，手艺往往在犹太家族中世代相传。

五、别开生面的犹太文学艺术

犹太人以崇拜上帝为主的美学观，对犹太文艺活动和文艺作品产生了巨大的影响。在犹太人心目中，美是与上帝联系在一起的。上帝耶和华具有创造之美、至高之美、至能之美。

《旧约》的文学价值

《旧约》不仅是犹太教的宗教正典，也是古代犹太文化瑰宝，如同《荷马史诗》一般的文学巨著。从文学角度分析《旧约》，可以分出神话、传说、史诗、史传、小说、戏剧、宗教诗、抒情诗、智慧文学、先知文学、启示文学等不同类型。

《旧约》中的神话与传说以上帝创世造人、伊甸园中亚当与夏娃的诞生与被逐、全球洪水与挪亚方舟保全人类和生命为代表。史诗以亚伯拉罕、以撒、雅各和约瑟等犹太始祖的故事以及摩西率领犹太人出埃及为线索。史传文学以叙事文学的形式记述了犹太人进入迦南、建立国家、国家覆灭整个过程中的重要人物和重大事件。小说可见《路得记》《约拿书》和《以斯帖记》等篇。戏剧在《旧约》中较为单薄。宗教诗和抒情诗的代表作是《诗篇》《哀歌》和《雅歌》。其中《诗篇》辑录了从统一王国时期到"巴比伦之囚"回归时期的诗章150篇，表达了犹太人民对上帝的崇敬、虔诚、赞美、服从之情。

《旧约》中的智慧文学集中在《箴言》《约伯记》和《传道书》中。先知文学指的是犹太先知以赛亚、耶利米、何西阿、阿摩司等人在犹太人内忧外患的严峻时刻，发表的慷慨激昂、忧国忧民的演说和预言。由于先知们对于犹太民族未来的预言并没成为现实，于是采用象征手法指点前景、用异象或幻象喻示未来的启示文学便应运而生。启示文学在《旧约》中以《但以理书》为代表。

《旧约》中的文学作品积淀着深厚的历史传统因素，它们以叙事、抒情、教喻、描绘等各种形式，展现公元前一千多年古代犹太人的历史轨迹、宗教信仰、思想情感、生活习俗、聪明才智，以及胜利的喜悦、失败的悲哀。

其他文学作品

历史文学也是犹太文学的瑰宝，其中最著名的是犹太史学家约瑟福斯·弗拉维撰写的7卷本《犹太战争史》和20卷的《犹太古史》。拉比文学是犹太文学史上的又一个高峰。巴勒斯坦和巴比伦两地的犹太学者和拉比们的著作整理、收集了公元2世纪以来5个世纪犹太人的伦理教义、寓言、箴言、传奇和民间传说。拉比的作品包罗万象，涉及宗教、律法、教育、生活等各个领域。尤其是内容广泛、文字优美的《巴比伦塔木德》中的《密西拿》。《米德拉西》也是一部优秀的拉比文学作品，内容生动活泼，富有趣味性和可读性。

诗歌领域吸引了不少有才华的犹太作家和学者。他们继承了《旧约》中赞美诗、祈祷诗、忏悔诗、抒情诗的传统，表达对上帝的崇敬与赞美之情，摆脱苦难与获得解脱的愿望，对幸福和平生活的向往。10世纪以后的西班牙塞法迪犹太人中，涌现了一批杰出的诗人。犹太教神秘主义在中世纪尤其是后期，得到较为迅速的发展，神秘主义文学也随之产生。中世纪犹太神秘主义文学中最重要的著作是摩西·德莱昂所作的《光辉之书》，该书通过对创世之功奥秘的反复叙述，说明创世之功和宇宙的继续存在。

音乐与歌舞

犹太人是一个富有音乐天赋的民族。《旧约》中包含了不少反映古代犹太音乐的宝贵资料。在古代犹太人中不乏善于吹拉弹唱的音乐人才。希伯来王国第二位君主大卫年轻时就是一位善于吹拉弹唱的能手。古代犹太音乐具有很强的实用性和宗教性。犹太宗教场合常用音乐加以配合，需要有专门的乐工。乐工多由犹太利未部落的人担任。用银锤打出的号角不仅用以招聚会众，还用于战争和献祭活动。在快乐的日子和节期，以及献祭之时也要吹号。可见犹太音乐具有多重社会功能。

第二圣殿被毁致使原先在圣殿中进行的崇拜仪式和相关音乐活动被取消，随后拉比犹太教干脆不准在会堂中使用乐器，无伴奏的《圣经》经文的咏唱即"圣咏"成了会堂中活动的一种重要形式。会堂圣咏时在会众中推定一位领唱者，其多为才能出众的歌手。虽然会堂音乐排斥了器乐的运用，但在实际生活中犹太人仍然热爱器乐，用来伴唱和伴舞，用得最多的是鼓、笛子和长颈的琴。

文艺复兴时期西班牙犹太人的音乐表演

犹太舞蹈也很活跃。犹太舞蹈可分为胜利舞、敬拜舞、节日舞、求爱舞、婚礼舞等。大离散时代考虑到环境安全因素，一些舞蹈被禁止，只保存了婚礼舞蹈和安息日舞蹈。直到16世纪，婚礼舞还相当传统。在用舞蹈向新娘祝贺之后，要跳诫条舞。跳时规定，男人只准与新郎跳，女人只准与新娘跳，颇似中国古代的"男女授受不亲"。安息日作为重要节期，犹太人常在聚会中以唱歌和舞蹈的形式迎接安息日的到来。随着时间的迁移，反映新的日常生活的舞蹈形式纷纷出现，例如桦树嫩枝舞、跳跃舞、博士发怒舞、捕鱼舞等。近代著名犹太音乐家纷涌而现，如作曲家马勒、布拉姆斯、门德尔松；指挥家华尔特、伯恩斯坦；小提琴家克莱斯勒、希盖第、艾尔曼、海费兹、迈纽欣等。

莫里兹·奥本海默

造型艺术

在犹太律法中，雕刻偶像并加以跪拜是一种邪恶，被认为会导致在信仰上对上帝的背叛。这是古代犹太造型艺术极不发达的主要原因。

到后来，一些犹太祭司已能容忍犹太会堂中出现的壁画和马赛克绘画。马赛克绘画由瓷片镶嵌而成，装饰性远远大于真实性，而且很符合宗教场所的肃穆气氛。6世纪在伯亚尔发的犹太会堂中，有一幅描

马克·夏加尔

马克·夏加尔作品

绘黄道带与四季的马赛克绘画，希腊神话中的太阳神赫利俄斯驾驶着4匹马拉的车在奔驶，同时描绘了亚伯拉罕把儿子以撒作为牺牲祭献给上帝的情景。这是希腊文化与犹太文化和平共处的写照。

几千年来尤其是大离散时代，犹太手工艺者作为玻璃匠、编织匠、银器匠、铸币匠、木雕匠，一直享有很高的声誉。从餐具、钱币到首饰，犹太人几乎在一切物品上充分发挥其艺术才能。他们的作品大多用于平淡无奇的日常生活，但也有一些最精巧的技艺是为礼仪和宗教而保存的，如神圣的约柜上的木工制品、托拉经书护板上的精致银饰、羊皮经卷上的书法，还有传统的结婚戒指等。

绘画艺术

在17世纪散居欧洲的犹太人中，禁止制作偶像的传统逐渐衰落，人们愿意成为画家艺术创作的对象。但直到18世纪末，随着犹太启蒙运动和解放浪潮的兴起，犹太人才获得在绘画领域崭露头角的机会。

第一个公开声明自己是犹太教徒的是著名德国画家莫里兹·奥本海默（1799~1882年），他在肖像画、风俗画方面做出了开拓性的贡献。从他开始，以犹太生活为创作主题的犹太绘画艺术在欧美得到较大发展。杰出的德国犹太画家马克斯·利伯曼（1847~1935年）在作品中表现出鲜明的恬静朴实特征，然而在他晚年，纳粹剥夺了他的柏林美术学院院长的职务。出生在俄国的马克·夏加尔（1887~1985年）则被普遍认为是在毕加索之后的20世纪最伟大的美术家。这是一位犹太味最浓的犹太大画家。当然，在近现代欧美绘画领域中，还有更多的才华横溢的犹太画家取得了令人瞩目的成就。

六、成就斐然的犹太医学科技

古代犹太人对于自然现象的观察相当仔细，并具有丰富的自然知识。不过相当时期内，浓重的上帝造物观制约着古代犹太人对自然界的进一步认识。

其实，犹太学者不缺乏研究科学的才能，问题是对于他们来说，民族传统的存亡是头等重要的大事，他们以压倒一切的热情研究犹太律法，特别是口传律法。当犹太口传律法的研究与编纂得以完成后，犹太精英们才开始将注意力转向自然科学研究。犹太人的才能投向科学领域还与阿拉伯世界普遍热心于科学知识有关。9世纪以后，生活在阿拉伯帝国中的犹太人既熟悉希伯来语和希腊语，又精通阿拉伯语。当希腊的科学知识传入阿拉伯世界之时，最适合研究传播这些知识的自然是犹太人。翻译自不待言，用阿拉伯语撰写科学著作也成为犹太知识分子乐于从事的工作。

医　学

犹太人进入科学领域的第一个突破口是医学。古代犹太人在医学上有相当丰富的知识。《旧约》中各种教规戒律共有613条，然而与医药有关的就多达213条。早期的犹太行医者往往把治病和宗教结合在一起，懂医术的人往往是犹太的祭司或拉比，他们对公众的健康和环境卫生负有责任。保持清洁和爱护自己的健康是犹太教的基本教义。古代犹太人具有明确的社会公共卫生意识，在家庭和社区中定下一系列卫生规则，如预防性隔离、即时隔离、检疫、烫洗或烧掉病人的衣物和器具、清洗和烟熏受传染病污染的住房、病人护理与病愈之人自己洗刷洁身等。另外，犹太男婴在出生第八天要行包皮割礼，这被视为"上帝选民"的特殊标志，当然这也是性器官健康的有力措施。犹太教很重视个人的清洁和饮食卫生，诸如规定起床后、餐前、餐后，大典祈祷或任何礼仪进行前，均应洗净双手。

犹太人在9世纪时对自然科学的研究从医学起步也多少与犹太律法有关，因为医治病人既符合上帝的旨意也符合犹太人的道德。在阿拉伯世界，犹太医生享有很高的声誉。亚-扎弗伦是8世纪埃及哈里发的私人医生。9~10世纪凯鲁万的突尼斯王朝时，作为苏丹的御医，来自埃及的犹太医生以撒·伊本·阿姆兰写出具有科学价值的医学书。其学生以撒·本·所罗门·以色利更是撰写了《论发热》《论饮食》《论尿》《论脉搏》《论草药》等一系列富有影响的医学专著。毕克拉里希是撒拉哥沙市苏丹的医生，在1080年编写了用多国文字

西格蒙德·弗洛伊德

撰文的药物辞典，被视为世界上第一本药物辞典。

生于科尔多瓦名门的摩西·迈蒙尼德不仅是中世纪首屈一指的犹太思想家，也是犹太医学最重要的代表人物。他曾任埃及宫廷御医。除最有影响和流行最广的医学著作《医学要旨》外，另外两部医学专著《摩西格言》和《养身卫生》也被译成多种文字。迈蒙尼德在近东作为"医圣"广受朝拜，他在开罗的圣祠、在太巴列的冢墓至今仍不乏期望祛病免炎的朝觐者，与中国人怀念神医华佗十分相似。

虽然在欧洲反犹运动不时被掀起，但犹太医生与犹太商人所遭受的压力有所不同。犹太医生的高超医术和良好的声誉使人们对他们手下留情，他们仍受到当地人的尊敬，得以半公开地行医。尤其是在基督教医生缺乏和流行病传播的地区，犹太医生受到民众的欢迎和保护。不仅庞尼菲斯九世等诸多罗马教皇任用犹太医生，而且丹麦、瑞典、西班牙和奥斯曼帝国等皇室宫廷内也有不少犹太人担任御医。在欧洲，犹太名医世家不少，除16世纪蒙特雷尔的撒波他医生世家外，活跃于葡萄牙、西班牙的桑切斯家族、卡斯特罗家族，同样负有盛名。

皮肤病学是犹太人特别擅长的医学领域，有许多皮肤病及其治疗方法均是以犹太医生的名字命名的。在解剖学和病理学研究方面，至少有12种医学名词是以德国犹裔医学专家亨勒的名字命名的。精神分析学也是一个几乎被犹太人独占的医学研究领域。精神分析学的鼻祖当然是犹太人西格蒙德·弗洛伊德。

近现代犹太医学仍然成就卓著，并为世人所公认。犹太医务人员至今在欧美许多国家中占有相当大的比例，因此说犹太人也是擅长医学的民族。

天文学和数学

犹太人在天文学及与其密切相关的数学领域也成就突出。12世纪的海雅根据古希腊天文和地理学家托勒密的成果制定了希伯来文的天文学图表，这是犹太人涉足中世纪天文学的先声。海雅还与基督教徒朋友一起，将许多希伯来文和阿拉伯文的科学著作译成拉丁文，其中最为著名的是托勒密的《四类术》。阿拉伯的三角函数正弦表正是通过他的著作传入了拉丁世界的。而犹太翻译家乔哈涅斯·黑斯帕伦西斯则将《十进位制运算册》译成拉丁文。由此，印度起源的、在阿拉伯发展的"阿拉伯数字系统"开始代替了不甚灵活的拉丁数字体系。

13世纪参与西班牙国王阿方索十世主持的《阿方索天象图集》具体制作与编写的是两位犹太人摩西·科恩和本·锡德，他们历时8年才完成这部巨著。天文学家开普勒、伽利略都曾查阅过此书。而伽利略的杰出弟子约瑟夫·美迪哥则是17世纪博学多才的犹太天文学家、数学家。犹太人本·马克尔在1288年用希伯来文写成天文象限仪的专著，推出"犹太象限仪"。14世纪法国犹太科学家热尔松关于天象仪的论著揭示了天体围绕地球运行是错误的论断，这对哥白尼"日心说"有一定启示作用。13世纪西班牙阿拉贡王朝聘请了不少犹太科学家绘制地图，编订了商人们必备的地中海航海手册。在此基础上，这些犹太科学家在13世纪末绘制出航海图，不仅描绘了地中海的轮廓，而且标明各港口的方向以及相互之间的距离。葡萄牙犹太人彼德罗·努内斯不仅精通医学、数学，又是皇家宇宙志学家，在制图学方面有突出成果。除了研究地图和地图投影问题，他的专著《球体论》《论航海的艺术和科学》在制图学历史上具有特殊的地位。

犹太科学家在天文学上取得的突出成就，也为欧洲地理大发现做出了贡献。犹裔天文学家、西班牙大学教授亚伯拉罕·扎克托为达·伽马的航海活动提供咨询，航海之船体按他的建议进行改进，他设计的星盘安放在出航的船上。他用希伯来文编纂了《万年历》，后译成拉丁文，成为达·伽马、卡布拉尔等人先后绕好望角、通往南美洲航海等远航船队上必带的书籍。另一位犹裔天文学家约瑟夫·韦辛霍是哥伦布西航计划提呈葡萄牙国王审批时的"五人委员会"成员之一。

数学是犹太人大有作为的领域。那些需要较多设备、一定规模的组织协调、与官方较密切的科研领域，如化学、物理、天文学，对19世纪犹太科学家造成了一定的限制。但数学领域却不受这些条件限制，所以犹太数学家相对较多。在意大利，吕吉·克里摩拿是现代"综合"几何的奠基人。以他的名字命名的"克里摩拿变换"是数学的专门术语。在法国，乔治·阿尔方是代表。在英国，詹姆斯·约瑟夫·西尔维斯特在伦敦、在皇家军事学院、在约翰霍普金斯大学和牛津大学都地位显赫。较早一点的本杰明·贡珀茨的数学研究为现代人口统计做出了贡献。

犹太数学家在德国的人数更多，成绩更令人瞩目。卡尔·雅可比涉及数学的众多领域，可列入近代最伟大的数学家之列，他研究数论、行列式、变分法、微分方程和力学理论。函数行列式以他的名字命名，微分方程和力学理论则构成了近代数学物理学的基础。乔治·康托尔为数学哲学提供了数学集合理论，他对于超限数的研究成绩斐然，以至超限基数用希伯来文来标记。近代的解析函数和函数理论是以康托尔的原理为基础的，其成果可视为数学史上划时代的里程碑。

发明与获奖

虽然历尽坎坷、多灾多难，但犹太人却是一个善于科研、发明与创造的民族，他们为世界文明的不断发展做出了卓越的贡献。

德国的科学发展略晚于英、法等国，但在19世纪大放异彩，其中犹太科学家功不可没。艾伯特·迈克尔逊测量了光速，推测光的波长是一种标准单位并加以证明。而里格弗里德·马库斯1875年在大街上开动了他设计制造的第一台内燃机。发明直升机的是美国陆军航空队的犹太人贝尔里纳。在美国开发核子武器的物理学家中，也有许多犹太人，如"氢弹之父"贝德是犹太人。人们永远不会忘记犹太科学巨匠爱因斯坦，其所发明的狭义和广义相对论奠定了现

爱因斯坦

弗莱明

代理论物理学的基础。

　　攀登世界科学高峰，摘取"诺贝尔奖"王冠的犹太人更是层出不穷，如得物理奖的有：1907年美国的迈克尔逊（干涉仪的光研究）；1908年法国的李普曼（有色照片的研究）；1921年德国的爱因斯坦（相对论）；1922年丹麦的玻尔（原子构造的研究）；1925年德国的福兰克与赫尔兹（电子的冲突研究）；1963年美国的韦格纳（量子力学对称性的发现与应用）；等等。获得生理学或医学奖的有：1905年德国的柯豪（细菌学的创始与各种细菌的发现）；1944年美国的阿兰杰（神经纤维机能的研究）；1945年英国的弗莱明（盘尼西林的发现）；1946年美国的马勒（X光的人工变异研究）；1950年瑞士的莱希斯坦（可的松的发现）；1952年美国的华克斯曼（链霉素的发现）；1959年美国的康巴格（脂肪核酸及还原脂肪核酸的生物学合成机构的发现）；1967年美国的渥尔德（有关视觉生物学的成就）；等等。

　　总之，犹太人在各种诺贝尔奖的获奖者中占了惊人的比例。从1901年诺贝尔奖首次颁奖到2001年的100年间，在总共680名获奖者中，犹太人或具有犹太血统者共有138人，占了1/5，而犹太人仅占全世界人口的3‰。

第七章 犹太文明与中国

一、黄河岸边的犹太人

中华民族和犹太民族同属世界上最古老的民族之列，代表了两种最古老的文明——中华文化和犹太（希伯来）文化。早在7世纪之前，就可能有少数的犹太人来到中国，但大批犹太人是在唐代（618~907年）沿着"丝绸之路"进入中国境内的，此后也有从海路来到中国沿海各地再进入内地的犹太人。犹太人进入中国后流散到许多城市和地区，如西安、洛阳、敦煌、开封、广州、杭州、宁波、北京、泉州、扬州、宁夏、南京等地均有犹太人定居过的证据或迹象。到宋朝已出现具有一定规模的犹太社团，其中，最主要的则是开封犹太社团。

开封犹太社团的兴起

开封犹太人最早出现于北宋徽宗年间。那时一批犹太人随着阿拉伯人、突厥人、波斯人等游牧民族经"丝绸之路"来到当时的都城东京（今河南开封），受到宋朝当局的友好接待，被允准归依中国（"加入中国国籍"），可保持本民族风俗习惯和宗教信仰，并定居在开封。此后，他们在居住、迁徙、谋业、就学、土地买卖、宗教信仰、通婚等诸方面均享受与汉族同样的权利和待遇，从未受到歧视。在这样安全稳定的宽松环境中，犹太人很快便显示出经商理财的才能，成为开封一带的富有阶层，被宋王朝当局誉为"模范臣民"，其宗教活动也日趋活跃。

　　1163年，开封犹太人在闹市区建立起一座犹太会堂，被称为一赐乐业教清真寺。"一赐乐业"即以色列的译音，称犹太会堂为清真寺则是因为当时汉人分不清"回教"与犹太教之差异，之后犹太教便改称"一赐乐业教"。1279年，开封犹太人在元朝政府的支持下，又重建犹太会堂，新会堂的面积达10000多平方米。《马可·波罗游记》记述：元世祖忽必烈推崇佛教的释迦牟尼、伊斯兰教的穆罕默德、基督教的耶稣和一赐乐业教的摩西为世界"四大先知"。可见当时犹太教在中国是得到充分尊重并具有很大影响的。到了明代，开封犹太社团进入其鼎盛时期。当时整个社团已有500余家庭，4000~5000人口。这是开封犹太人发展历史上人数最多的时期，同时，开封犹太人的社会地位也不断上升，当时开封犹太人中有经过科举之路进入朝廷或到州县当官的，有通过经商办实业而成为富商巨贾的，有技艺高超的工匠和勤劳致富的农夫，也有少数医师和职业神职人员，大多在经济、文化上处于中国封建社会的中上阶层。

诵读《托拉》的开封犹太人

开封犹太人的同化

然而也就在其中兴的同时，开封犹太人不知不觉地融入中国文化的主流之中。为了进入中国社会的上层，他们改希伯来姓名为汉人姓名，即依照其本姓改取汉姓，如列维家改姓李，艾兹拉家改姓艾等。他们开始习用汉字汉语，起先是因为一些文人要参加科举制度下的考试，后来则扩大到日常生活中均使用汉语，希伯来语则只在极少场合如举行宗教仪式时才使用。明代以后，他们又逐渐放弃"族内婚制"，开始与外族通婚。从明末清初记载的《开封犹太七姓登记册》中可见，开封犹太人至少娶了40多个姓氏的非犹太妇女为妻，还有部分犹太人改宗"回教"而成回族。为与中国各阶层人士交往，他们逐渐穿戴中国服饰，按照中国的习俗惯例待人接物处世，而本民族的传统习俗却逐渐淡化。

1642年，为抵御李自成农民起义军的围攻，驻守开封的明朝将领下令掘开黄河大堤，结果将整个开封城淹没。当时城内的4000多犹太人中有一半左右死于此次大水，犹太会堂也被冲垮，许多经书散失。此后，虽然幸存的开封犹太人陆续返回，经艰苦奋斗，于1663年重建了犹太会堂，并找回了一部分经书。但此时开封犹太社团已从当初定居东京时的70姓（家族）减少到"七姓八家"（分别为艾姓、赵姓、张姓、石姓、金姓、高姓和两家李姓），即7个家族，总人口不到2000，可以说是元气大伤。此后200年，开封犹太社团日趋衰落。

随着开封城自身的衰落和天灾人祸的不断侵袭，许多能干有为的犹太人均离开开封去其他地方另图进取。剩下的老弱妇孺和穷苦的犹太人都无钱再修葺会堂，致使会堂日趋破旧，到19世纪中叶最终毁废。特别是受清朝闭关锁国政策的影响，开封犹太人与外界处于完全隔绝的状态，以至于一赐乐业教的最后一位掌教（拉比）在19世纪初去世后，因与外界隔绝而无法找到新的掌教，宗教仪式就此不再举行，此后开封犹太人的宗教观念便日趋淡薄而最终消失。加之，在博大精深的中国儒家文化的影响下，开封犹太人开始援引儒家经典来解释一赐乐业教的教经和教义，或以本教教义去印证儒家经典。如开封犹太人在1489年树立的石碑上就写道："我们的宗教与儒家学说只有很小的区别。两者都在言行上尊重天道，敬重祖先，忠于君王，孝敬父母，善待妻室。两者都重天伦，敬官长，广交友。"其结果便是开封犹太人的宗教信仰被汉化或儒化，这便大大加速了他们在各个方面进一步同化于中国社会的进程，如他们改希伯来姓名为汉人姓名，习用汉文汉语，参加科举考试，开始与外族通婚，穿戴中国服饰等均是同化的开始和标志，反过来又促进了同化。

1723年，法国耶稣会士宋君荣神父在其书简中提到开封犹太人时写道："这些人告诉我说他们不知有多长时间就没有来自西方的'师傅'了，也承认自己丝毫不懂希伯来语法和《圣经》的长篇大论，更不懂他们所有的《密西拿》，甚至也不懂《圣经》的历史。"100多年后，当"伦敦犹太人布道会"的代表邱天生、蒋荣基于1850年来开封访问时，他们发现开封犹太人已50多年没有掌教（即拉比）了，没有希伯来文名字，不能读希伯来文，宗教仪式已经停止。1866年2月17日，美国传教士丁韪良访问开封，看到一赐乐业教清真寺已成一片废墟，只有一块6英尺高的石碑孤零零地立在污水池旁边。他发现开封犹太人七姓八家中有六姓同汉人通婚，有两姓与回民通婚。次年（1867年），美国圣公会主教施约瑟访问开封后写道："他们已完全丧失了自己的宗教，从任何方面看都几乎难以与异教徒区分开来。他们的家里供着偶像，并留着祖先的牌位，一人还当了和尚。他们与当地人通婚，并不再行割礼，衣着、习惯、宗教诸方面已如同汉人。"长期研究开封犹太人的加拿大中华圣公会河南教区主教怀履光指出，到19世纪中叶，"无论从宗教意义或作为一个社团来说，（开封）犹太人已不复存在"。

二、闯荡上海滩的犹太大亨哈同

1840年后，就在黄河岸边的开封犹太社团被同化之时，濒临南海的香港和东海之滨的上海却出现了新的犹太社团，其形成标志便是塞法迪犹商集团在香港、上海的兴起。当英帝国发动鸦片战争打开了中国大门之后，塞法迪犹太商人便从巴格达、孟买、新加坡、中国香港等来到上海经商办实业，塞法迪犹商虽然也有去大连、天津、青岛、宁波、广州等其他沿海城市发展的，但主要聚居在上海。20世纪初在沪的塞法迪犹太人有800~1000人，并逐渐在上海兴起了塞法迪犹商集团。塞法迪犹太商人一来到上海很快便显露出经商的才能，利用与英国各属地的密切联系和上海优越的地理位置发展进出口贸易，迅速积累了巨额财富，随即又投资房地产、公用事业及制造业，逐渐成为上海滩最为活跃的工商财团，其中沙逊、哈同、嘉道理等家族不但在上海，而且在全中国乃至远东都具有影响。

房地产经营发家

鸦片战争结束后，上海被辟为对外开放的商埠，源于巴格达的塞法迪犹商沙逊洋行即于1845年在上海设立分行。随着上海对外贸易的繁荣，沙逊集团在上海的业务以惊人的速度增长，使上海业务很快超过香港和广州，成为沙逊集团在华贸易投资的中心。1864年沙逊集团老板大卫·沙逊病故后，其长子阿尔伯特·沙逊依据犹太习俗继承了沙逊洋行的财产和管理权。其次子伊里亚斯·沙逊于1872年自立门户，建立新沙逊洋行。此后，老沙逊洋行在中国特别是上海的业务逐渐由新沙逊洋行取而代之。伊里亚斯的长子雅各布长期坐镇上海，鼎力发展孟买—上海及上海与中国内地的贸易，并进一步向日本、泰国、东南亚及中东拓展业务。1916年雅各布去世后，其侄维克多继任新沙逊洋行之总管，除继续发展进出口贸易外，还大力投资房地产和工业。到20世纪30年代，新沙逊洋行已成为上海滩首富，沙逊家族被称为"东方的罗斯柴尔德"。沙逊集团在上海的成功带动了其他塞法迪犹商向上海发展，最著名的即有"远东第一商人"之称的哈同。

赛拉斯·阿隆·哈同，1851年出生于巴格达城，父亲爱隆·哈同在沙逊洋行里工作，1854年调往英属印度孟买后全家迁居。1873年24岁的哈同只身一人从孟买来到上海寻找工作，他先后在沙逊洋行里打杂，做过门卫、仓库保管员、收租员，一步一步地升为高级职员。在此期间，他不仅勤勤恳恳地为沙逊家族工作，而且私底下放高利贷，涉足房地产生意。在上海投资房地产生意的哈同可谓是独具慧眼、生财有道。当时的上海洋场市面上还是沿着黄浦江从南向北发展，今天的河南路以西的地区曾被视为穷乡僻壤，而靠近西藏路一带更

上海地产大王阿隆·哈同

哈同的中国妻子罗迦陵

是荒无人烟，根本无人问津。哈同认为根据城市发展的规律，也就是说城市发展呈放射状和向两江交汇处发展，未来上海的城市建设一定是向西推进。于是他趁机把从河南路到西藏路一带的大片土地收买下来。果然之后这里的地段渐趋繁华，地价也成倍上涨，哈同快速致富。1883~1885年中法战争中，费茹里内阁因法军溃败倒台。上海法租界担心清朝政府会借机收回国家权利，便纷纷抛售地皮，租界内的地价一落千丈。在各大洋行纷纷收缩房地产生意的时候，哈同看准了这股风潮不会持续太久，建议老沙逊家族应该大量收买地皮。事实证明，清朝政府军事上的胜利并不能阻止其在外交上的失败，1885年4月，清廷和法国政府在天津签订《中法新约》，承认云南、广西两省为法国的势力范围，上海租界内的地价又开始上涨。通过中法战争，哈同在上海单凭借房地产生意就盈利白银500多万两，此时的他已经不满足于为老沙逊洋行打工了，中法战争结束的第二年即1886年，哈同跳槽到新沙逊洋行。同年和中国姑娘罗迦陵结为夫妻。

事业上的成功和情感上的顺利并没有让哈同想要另立门户，他先后担任过法租界公董局董事、法租界工部局董事、英国驻华法庭陪审等多个职务，凭借手中的特权，哈同为自己谋得了可观的利益。他不仅在早已轻车熟路的房地产领域继续赚得钵溢盆满，而且在清政府发出禁烟令后继续从事鸦片生意。一时间，租界内的烟土价格同黄金相去无几。直到1901年，哈同才开始创业，独办洋行，取名"哈同洋行"。哈同洋行经营房地产、房屋租赁、高利贷、鸦片贸易等各种领域的生意，很快便积累了巨额财富，成为上海滩上又一位犹太巨富。

具有传奇色彩的犹太富商

沙逊和哈同均是旧中国的上海滩耳熟能详的犹太富商，但沙逊家族在来到上海之时就累积了巨额财富，势力伸向当时上海社会的各个领域。而哈同的发家经历则不同于沙逊家族，就像美国的金融家洛克菲勒一样，哈同在上海也是白手起家，从一无所有成为百万富翁。

关于哈同的传奇经历，最有趣的莫过于他俭朴持家的故事。虽然坐拥百万家产，但哈同的起居生活却格外简单，几片面包、一杯牛奶就是他的早餐，中饭和晚饭也不过是一菜一汤。在他的办公室里，再酷暑的夏天也没有电扇，再寒冷的冬天也没有取暖的火炉，甚至连地毯和窗帘也没有。哈同收取房租的方法更是令人瞠目结舌。由于黄金地段的地皮价格随时都会上涨，所以哈同一般不出售房子，只是出租。租金也不是按照其他洋行规定的阳历交租，而是阴历交租，究其原因阴历每3年有1个闰月，5年再有1个闰月，19年一共有7个闰月，这样每19年就可以多收7个月的租金。

在文化上，不同于沙逊家族一直以西方人自居，不屑于在中国传统文化上浪费时间和精力，哈同对中国文化表现出深深的热爱。哈同常常拿犹太教和中国的儒家相比较，认为两者没有什么根本的区别。哈同起初信仰中国的道教，后来又信仰佛教，还时常邀请王国维、李汉青、徐悲鸿等大家到自己花园中做学问。哈同不仅会讲上海话，还入乡随俗娶中国女子罗迦陵为妻。罗迦陵的父亲是一名法国基督徒，母亲是中国人，和哈同结婚后取名俪穗·哈同。因两人信仰犹太教和佛教，所以婚礼也按照中式和犹太式的礼俗举办了两次。婚后两人感情深厚，但一直没有自己的孩子，于是便收养了十几个中外小孩作为养子。哈同十分疼爱自己的妻子，1903~1904年按照黄宗仰的建议和设计，在静安寺一带建造了新的哈同花园。整个花园占地50亩，里面有亭台楼阁、奇珍怪石、花草虫鱼，花园内甚至还有一座占地两三亩的佛寺，为了表达自己对妻子的爱慕之情，花园以"爱俪园"命名。哈同严格恪守犹太教教义和犹太民族关于家庭的传统婚姻观念，即便自己已经坐拥荣华富贵，在灯红酒绿的十里洋场也没有继续纳妾娶小，对待家中的侍女和仆人也颇为尊重，这一点实在难能可贵。

哈同和清廷要员、革命派的往来也是他成为传奇人物的一个原因。20世纪初的中国，各种势力轮番登上历史舞台，行将就木的清王朝尚有不小的势力，而革命派在上海滩也掀起不小的风浪，实力日益增长。能够在两者之间运筹帷幄，稳坐钓鱼台也是哈同大而不倒的原因。一方面，他和清王朝攀上了亲戚，哈同的妻子罗迦陵是隆裕太后的过房女，哈同邀请太后住在自己的花园里。他还成为宣统皇帝弟媳妇的过房爷，这样就成了宣统皇帝的长辈，如此的"亲戚"关系，难怪要受到清朝特权的庇护。另一方面，哈同和革命党人也往来频繁，黄宗仰是联系两者之间的桥梁，因为章太炎、邹容等革命人士和黄宗仰关系密切，甚至孙中山在辛亥革命返沪后抵达上海的第一站就是哈同花园。哈同深谙中国政治局势，由此才能在保守的清王朝和新兴的革命派之间寻找靠山，从而保全自己的利益。

三、犹太人在哈尔滨

犹太人移居哈尔滨是从19世纪末俄国和东欧实施排犹政策时开始的，但大规模移居哈尔滨是在中东铁路修建之后。1896年中俄签订《御敌互相援助条约》与《合办东省铁路公司合同章程》，确定中国允许俄国修建从西伯利亚经中国黑龙江、吉林通往符拉迪沃斯托克（原名海参崴）的铁路——中国东方铁路，简称中东铁路。

哈尔滨犹太社团的形成

哈尔滨的第一批犹太人来自西伯利亚，主要从事采矿业、畜牧业、乳品制造业和与中东铁路修建相关的建筑材料和食品贸易。第一个移居哈尔滨的犹太人是俄籍犹太人格利高里·鲍里索维奇·德里金。他于1894年来到哈尔滨，沿松花江进行经贸活动。日俄战争期间，德里金在哈尔滨创办了德里金面粉厂，1923年又在中央大街与其他犹太企业家一起集资创办了犹太国民银行。

由于哈尔滨地理位置优越，在中东铁路项目启动之时便被俄国人选为中东铁路的交汇点和中东铁路公司的管理中心。1897年中东铁路开工建设后，大批从业人员（其中包括许多俄国犹太人）相继来到哈尔滨。1904年日俄战争爆发至1917年俄国"十月革命"期间，大批犹太人携带大量资产来到哈尔滨，哈尔滨犹太人急剧增加，到1916年在哈尔滨生活的犹太人已达6000人，其中绝大多数都来自沙皇俄国及其统治下的东、中欧地区。1917年以后仍有大批俄国和东欧犹太人陆续来到哈尔滨，仅在1920~1929年间，移居哈尔滨的

始建于1907年的哈尔滨炮队街上的犹太会堂

犹太人就已达2.5万人。哈尔滨已成为近现代东亚最大的犹太人生活聚居中心和宗教精神中心。

　　1903年，哈尔滨犹太人创办了哈尔滨犹太人协会，会员有500人。1907年该协会更名为哈尔滨犹太宗教公会，它负责哈尔滨市所有的犹太文化、教育、医疗、慈善等机构的一切活动，具体管理着市内2座犹太会堂、1个祈祷所以及学校、医院、养老院、图书馆、妇女慈善会、免费食堂和墓地。1903年哈尔滨犹太人建立第一座犹太会堂。1907~1909年，犹太社团又在炮队街44号建了更为正规的西那国窑会堂，建筑雄伟的会堂可同时容纳几百人进行宗教活动，成为哈尔滨犹太人的主要宗教活动场所，外埠犹太人每逢重大节日也要来此参加活动，称为总会堂。舍维里·列文拉比成为该会堂也是哈尔滨犹太社团首位专职拉比，这标志着哈尔滨犹太社团已经形成。它是继香港、上海之后在近代中国形成的第三个犹太社团，但与港、沪两地犹太社团以塞法迪犹太人为主不同，这是中国第一个以阿兹肯纳齐（俄国）犹太人为主的犹太社团。1921年总会堂邻近的斜文街又建立了犹太新教堂，它是中国东北地区最大的犹太教堂，可同时容纳500人做礼拜，来自俄国的基塞列夫担任拉比，他后来成为哈尔滨犹太社团的首席拉比。

　　随着哈尔滨犹太人数迅速增加，哈尔滨犹太社团在1917年俄国"十月革命"后又得到进一步发展。1919年，哈尔滨犹太社团协会正式成立，又经过民主选举产生哈尔滨犹太社团领导机构——社团委员会，委员会主席由1912年从俄国移居哈尔滨的A.考夫曼担任，任职直到1945年。该委员会负责指导和处理与犹太人相关的事务，它的成立标志着哈尔滨犹太社团进入了鼎盛时期。

哈尔滨犹太社团的衰微

　　1927年后，哈尔滨犹太社团逐渐由盛转衰。特别是1931年日本入侵东北和1932年伪"满洲国"建立，犹太人受到排挤，许多犹太商店倒闭，一些犹太人被迫离开哈尔滨。到20世纪30年代中期，差不多有70%的哈尔滨犹太人离开这个城市，到1939年时，只剩下约5000人。尤其是太平洋战争爆发后，哈尔滨犹太人更是受到侵华日军的压制排挤，犹太人社区再次受到沉重打击。1945年日本战败投降后，苏军进驻哈尔滨，取缔了犹太人组织，一批犹太人领袖被关进集中营，哈尔滨犹太社区受到毁灭性打击。从1947年底开始，在哈尔滨定居的犹太人陆续离境，一部分返回苏联，另一部分去了美国、澳大利亚和以色列等国。

中华人民共和国成立后，仍有一些犹太人生活在哈尔滨，不过大多数后来也都逐渐离境。1950~1952年，出境的哈尔滨犹太人达2000人。1953年末，哈尔滨仅剩453名犹太人。1956年，犹太教堂关闭。1959年，哈尔滨犹太人只余下130人。1963年，哈尔滨犹太宗教公会关闭。至此，在哈尔滨长达60年的犹太社区历史宣告结束。1985年，最后一位犹太老人阿格列在哈尔滨外侨养老院去世。

活跃的犹太社团活动及影响

犹太人在哈尔滨定居期间，进行着非常活跃的政治、经济、文化等活动，对哈尔滨的城市发展产生了重要影响。

政治倾向上，哈尔滨犹太社团围绕支持锡安主义与否分成两大派，但锡安主义派从弱到强，逐渐在社团政治活动中占据主导。1909年哈尔滨锡安主义小组成立。1917年第一次哈尔滨锡安主义代表大会召开，正式建立哈尔滨锡安主义组织，之后哈尔滨锡安主义运动不断高涨。在1919年社团委员会第一次选举中，锡安主义派获得多数席位，考夫曼成为锡安主义运动和犹太社团的领导。1919年3月远东锡安主义代表大会在哈尔滨召开，与会者来自中国各地和俄国远东地区，哈尔滨成为远东地区锡安主义运动的中心。

努力制止各种反犹活动是哈尔滨犹太社团政治活动的另一重要方面。早在日俄战争时期，哈尔滨犹太社团就开展了反对东北地区俄军反犹行径的活动。"十月革命"后，大批涌入的白俄人把俄国的反犹主义传统带到了哈尔滨。特别是1933年8月的西蒙·卡斯帕被绑架撕票事件，使反犹活动达到了异常激烈的地步，迫使日本当局不得不有所收敛，加之在此期间，日本政府采纳扶植、亲善犹太人以巩固其统治的"河豚鱼计划"，哈尔滨犹太社团的领导人抓住这一时机，积极接触亲犹的日本人士，通过改善与日本当局的关系来阻止反犹事态的进一步发展。1935年在日本当局支持下，考夫曼任会长的远东犹太理事会在哈尔滨成立。

犹太人在哈尔滨的经济活动也十分活跃。他们积极参与哈尔滨的金融业、林业、矿业、交通运输业及商业贸易等活动，创办了众多的工贸商服企业。1907年，哈尔滨犹太人比特克诺夫斯基首次将中国产大豆销往欧洲，开创了中国大豆出口欧洲的历史先河。1908年创建的、由犹太人卡甘经营的阿什河糖厂，是中国第一家甜菜制糖厂，在中国工业制糖史上占有重要地位。据1926年统计，哈尔滨的犹太工商企业达489家，在伪"满洲国"的外国资本中，犹太人商业资本占31.6%，工业资本占46.5%。在当时哈尔滨经济发展繁荣的过程中，犹太人起了举足轻重的作用。

犹太人在移居哈尔滨的历史时期里，始终没有放弃重视教育和自己民族文化的优良传统。他们不仅留下了深深的犹太文化印记，而且还大大促进了中西文化的交流，促使哈尔滨成为中西合璧、异域交融的"东方巴黎"。早在1907年，犹太人刚刚在哈尔滨立住脚跟，就创办了师资力量雄厚的私立犹太学校。此后犹太人又相继建立了一批小学、中学以及各类专门学校，如商业会计学校、钢琴声乐学校、音乐艺术学校、小提琴学校等，培养了一批商业、音乐人才。

哈尔滨犹太社团的文化生活十分丰富。1910年，犹太人开设了一家名为丹诺夫的剧院，并经常在社团内举行舞会、音乐会。1918年，著名犹太裔音乐家、指挥家爱姆·梅特勒从俄国来到哈尔滨，担任中东铁路管理局交响乐团指挥，使该团一度被誉为"远东第一交响乐团"。1912年，犹太人在哈尔滨炮队街建立了一座民族图书馆，藏书13000多册，上至拉比文学、犹太圣诗，下到当代高雅文学、儿童读物，能满足各层次读者的文化需要，是当时东亚地区规模最大的犹太图书馆。1921年，哈尔滨犹太人成立了"马卡比体育协会"，专门组织并开展社团体育活动，还举办过大型运动会。哈尔滨犹太社团文化繁荣还表现在大批犹太刊物的问世。这些刊物中，大部分为俄语读物和意第绪语读物，不仅向哈尔滨犹太人传递国际新闻，而且还报道犹太社团日常生活和各类活动。

除建立上述的学校和图书馆之外，哈尔滨犹太人还建立了犹太医院、犹太剧院、犹太妇女慈善救济会、犹太免费食堂、犹太养老院、犹太贫病患者救济会、犹太圣葬社等文化教育和卫生福利机构。1907年创办的犹太妇女慈善救济会是在哈尔滨建立的第一个犹太慈善机构，该会救济犹太贫民，最多达190多人。在犹太贫病患者救济会基础上，1934年11月哈尔滨犹太医院创办，设有外科病房、内科病房、放射科、口腔科及化验室，该医院集中了哈尔滨最优秀的医生、专家。

哈尔滨至今仍完好保存着至少几十处犹太文化遗存，它们包括犹太人建造使用过的教堂、学校、银行、医院、旅店、商店、工厂、住宅、墓地、养老院等。这些文化遗存有着极其珍贵的研究价值，有一些还是世界上独一无二的。

四、犹太人在天津

天津是犹太人在中国生活过的重要城市。自19世纪60年代开始，天津便有犹太人居住。

天津犹太社团的兴衰

1860年天津被辟为通商口岸后，欧洲各国商人就开始大量涌入，其中不乏犹太人。有记载说，最早到天津的犹太人是一位叫亚伯拉罕的塞法迪犹太人，他于1866年在天津去世，享年70多岁。1901年，天津设立俄租界后，俄国犹太人在此的人数迅速增长。特别是20世纪初，沙俄迫害犹太人，东欧的犹太人成批离开家乡到中国谋求生路。1904年，犹太人在天津置地建公墓。俄国爆发"十月革命"后，一些俄国犹太人便纷纷从东北转道天津。1931年日本侵占东三省后，因哈尔滨犹太人南迁，这里的犹太人规模更进一步扩大。由于欧洲反犹浪潮的高涨，也有一些欧洲犹太人来到天津避难。1935年天津的犹太人数量达到3500人，是犹太人在天津人数的最高纪录。此后天津犹太人数量开始下降，到1946年只有1600人左右。天津犹太人于第二次世界大战后又陆续离津，前往澳大利亚、南美、苏联和以色列。1949年，更多的犹太人离津，1958年1月，天津犹太公会关闭，宣告了有组织的天津犹太社团的终结，到20世纪60年代初，天津犹太人便已全部离去。

1906年，吉利舍维奇拉比在天津建立犹太宗教公会（也称犹太宗教会），并租房作为临时会堂，按犹太教教律规定开展日常宗教活动。同年，犹太人又建立了天津希伯来协会（也称天津犹太公会），皮毛商格尔谢维奇被选为第一任主席。天津犹太公会是一个联系在天津犹太人、提供互助并对外联络的世俗性协会组织，主要负责处理在天津犹太人的日常事务。1911年天津犹太公会又设立了慈善协会，募集资金救助贫困犹太人。这些组织的出现，表明天津犹太社团已经形成，这是中国继哈尔滨之后又一个以阿兹肯纳齐（俄国）犹太人为主的犹太社团。创办于1928年的犹太人俱乐部是天津犹太社团的文化活动中心，但作为天津犹太人主要的娱乐与社交中心却显得十分狭小。后筹资建立了一个全新的俱乐部，新俱乐部内有一个拥有500个座位的剧院，经常举办音乐会和各类演出。新俱乐部内还有一个藏书约5000册的图书馆，设有餐厅、棋室、台球室等各种文化、娱乐、体育设施。1940年，天津犹太宗教会筹资在英租界32号建成了一座宏伟的犹太会堂。这座犹太会堂是中国最具犹太教风格的教堂，也是天津标志性的建筑。该会堂由著名拉比莱文主持，此后便成为天津犹太人的宗教活动中心。

天津犹太人的经济、文化、政治

天津犹太人积极参与城市的经济、文化活动，他们在贸易、金融、房地产、文化产业等诸多领域的建树，对天津经济系统的成熟产生了深远的影响。

20世纪初叶，天津犹太人的经济活动日趋活跃，皮毛和皮毛制品生意是他们最为拿手的行业。天津的犹太人虽不如上海犹太人富裕，但在经营皮毛生意上却非常成功。他们在中国东北和西北地区购进毛皮后在天津加工制作，然后远销欧美市场，盈利颇为丰厚。在天津生活的犹太人的经济状况差别较大，有拥有地产、房产、洋行、公司、商店的富人，也有作为代理商、经纪人、公司雇员、医生、教师等中等收入者，还有工匠、自由职业者等低收入者。天津犹

太人中的大多数是工薪阶层、零
售商和手艺人，还有从事文艺、
教育、新闻等领域工作的专业技
术人员，巨商富豪在天津犹太人
中只是少数。经商的天津犹太人
在1929年前多从事皮毛生意，之
后世界性的经济大萧条使皮毛出
口业受到沉重打击，不少天津犹
太商人纷纷转营其他生意。在天
津较为著名的犹太商号有永发洋
行、陶别尔兄弟皮毛公司、利华
洋行、合通银行、敦记洋行和大
成洋行等。

天津犹太学校学生

　　当时来到天津的犹太人主要集中居住于天津五大道和小白楼地区，近50
条街道纵横交错，交叉跨越原英、法、德三国租界，形成一个面积相当广大的
犹太人聚集群落。在这里，天津的犹太人建立了自己相对独立的社区经济。陆
续建立的犹太教堂、犹太学校、犹太医院、犹太饭堂、犹太俱乐部、图书馆和
养老院等公共机构，使得社区内的宗教、教育、文化等生活形态十分完备，保
持着完整的民族生活方式。1925年在英租界内维多利亚道126号建立的天津犹
太学校在当时影响较大，它不但为天津，也为华北和其他地区的犹太青少年提
供就学机会。学校以英语进行授课，不但讲授犹太宗教文化历史，还开设了各
种社会科学和自然科学的基础课程，教学质量较高，其毕业生大多能进入欧美
的大学继续深造。

　　天津犹太人不太参与当地的政治生活，但天津犹太社团内部却有着十分
活跃的政治活动，如锡安主义思想在天津犹太人中就很有影响。在天津犹太社
团中，有综合锡安主义、锡安主义修正派、妇女锡安主义、青年锡安主义等各
类锡安主义组织，其成员积极宣传复国主义思想，为锡安主义运动募集经费，
全力支持1917年后稳步发展的巴勒斯坦犹太民族家园及1948年成立以色列国。

天津犹太人中最活跃、最有影响的是两个青年锡安主义组织"贝塔"和"马卡比"。"贝塔"积极组织文体活动和准军事训练，对犹太青年灌输锡安主义思想，还组织犹太青年移民巴勒斯坦。"马卡比"是一个犹太青年体育组织，带有增强体质、振兴民族、复兴国家的锡安主义色彩，其在包括哈尔滨、上海等地均有分支。

但国际形势的发展也使得天津犹太人有时候不得不参与政治，如欧洲犹太难民来津后，天津犹太社团积极救助他们，并开展了抗议纳粹的暴行。日本占领除租界外的天津部分地区后，天津犹太社团努力与日本当局保持友好关系，以维护自身的生存和利益。在当时的处境下，为了犹太人的自身利益，天津犹太社团主要采取寻求合作、避免对抗和摩擦的态度和策略周旋于地方政府或各种政治势力之间。从20世纪初开始，天津犹太宗教会和犹太公会一直在英租界工部局登记备案，犹太侨民也多居住在俄、英、法租界内，以求得到租界当局的保护。抗日战争爆发后，天津犹太社团又努力和日本占领当局保持关系。到日本战败、中国政府收回租界后，天津犹太社团领袖向天津市社会局为天津犹太教会申请备案。

犹太人在天津生活了半个多世纪，又从这里走向了世界各地。虽然存在的历史短暂，但却在犹太民族最苦难的时期使他们受到了很好的庇护。尤其是沙俄时代和二战期间，天津没有出现大规模的排犹事件。个中缘由，除了天津是个文化包容性非常强的城市外，还在于天津犹太人大多数生活在英法租界，杂居于天津人和多国侨民之中，所以生活能够比较安定，加之天津犹太人大多数来自俄国，日本占领时期又受到苏联的保护，从而使得天津的犹太人社区能安稳地成为犹太人逃脱纳粹大屠杀的避难地，因而被称为"二战期间的天津犹太人现象"。与此同时，以俄籍犹太人居多的天津犹太社团组织严密，始终发挥着积极而有效的作用，成为团结和凝聚在津犹太人的核心。此外，他们在动荡不安的中国社会形势下，采取了积极灵活的对外策略，达到了维护在津犹太人利益的目的，并在救助欧洲犹太难民等方面做出了自己的贡献。

五、俄国犹太人在上海

从19世纪末叶起，主要来自俄国的阿兹肯纳齐犹太人开始定居上海，后有一些俄国犹太人办的商行来上海设立分行或代办处。1902年以前，上海的俄国犹太人人数不多，无需建立独立的犹太会堂，宗教活动常与塞法迪犹太人一起进行。

上海犹太会堂和犹太宗教公会

到1902年，当时在上海的俄国犹太人已扩大到25户，他们建立了自己的会堂委员会，由坎默琳任主席，并租房建造了摩西会堂。1926年，梅耶·阿兹肯纳齐拉比从俄国符拉迪沃斯托克来到上海，担任摩西会堂的拉比，成为俄国犹太人的精神领袖，在上海犹太人中的威望逐渐上升。后来他成为上海首席大拉比，直至1949年。随着上海俄国犹太人日渐增多，在阿许根那奇拉比的努力下，由俄国犹太人集资兴建了新会堂，1927年，摩西会堂迁址到虹口华德路（今长阳路）62号新址，仍称摩西会堂，但一般人又称"华德路会堂"。新建会堂依照犹太律法，设立了供妇女单独礼拜的专席。到20世纪30年代以后，来上海的俄国犹太人越来越多，已增至4000余人，他们又积极筹划建设新会堂，许多俄国犹太人捐款相助。1937年11月，上海俄国犹太社团在法租界购买了一块土地，成立了会堂建设委员会。1941年会堂顺利落成，取名新会堂。新会堂能同

梅耶·阿兹肯纳齐拉比

时容纳1000人进行宗教活动，因坐落在拉都路（今襄阳南路）102号，故又称"拉都路会堂"。

上海俄国犹太人大多是无国籍移民，刚来上海都加入俄国无国籍居民于1926年成立的上海白俄居民委员会。因常受排挤，1932年，上海俄国犹太人建立了自己独立的上海阿兹肯纳齐宗教公会，简称上海犹太宗教公会。1937年其在上海工部局正式注册，内设主席团和干事会，处理宗教、教育、救济、丧葬、医疗和对外联络等方面的事务，同时还兼有监督、指导犹太会堂、犹太贷款所、犹太养老院、犹太圣葬社、犹太救济会等机构日常工作的职能。这个以俄国犹太人为主建立的上海犹太宗教公会，随着参加人数的不断增多，影响也越来越大，逐渐成为上海犹太人的主要机构，也是当时上海最大的犹太人社团。

上海犹太总会

上海犹太总会也是俄国犹太社团创办的有影响的机构。1932年8月，建在爱文义路（今北京西路）上的上海犹太总会正式成立。当时只有会员75人，1933年发展到200人。1947年4月犹太总会迁至法租界毕勋路（今汾阳路）。犹太总会创始人、犹太总会终身理事长为俄国犹太社团领袖之一，从事木制品生产和经销的贝乐有限公司老板布洛赫。犹太总会理事下设文化教育委员会、财务委员会和总务委员会，另外还设有一个俱乐部。犹太总会的管理机构为理事会和监事会，每年改选一次，其成员大多数为上海知名俄国犹太人。犹太总会成立后，经常举行各种文化和教育活动，成为俄国犹太社团的活动中心。

1933年11月，犹太总会文艺小组成立，文艺小组虽设在犹太总会内，但独立开展活动，每星期四举办一次晚会。犹太总会文艺小组下设7个研究会，分别探讨不同的艺术领域。上海犹太总会还建有图书馆，其中尤以阿许根那奇拉比捐赠的希伯来语和意第绪语书籍最为珍贵。此外，上海俄国犹太人还建立了犹太圣裔社、犹太养老院、犹太贷款所、犹太圣葬社、犹太助学会等组织。到20世纪30年代中期，上海俄国犹太人数已达5000人，远远超过塞法迪英籍犹太人。

总体而言，大多数初来上海的俄国犹太人身无分文，只能做些小本生意，但其中一些人通过努力拼搏，逐渐成为上海滩的中产阶级，还有少数俄籍犹商发展迅速，跻身上海犹商财团。俄国犹太人的职业构成多为商人和专业技术人员，也有不少文化人。与塞法迪英籍犹太人不同，他们希望长久定居中国，因此，他们努力融入中国文化，与中国人友好交往，许多俄国犹太人都努力学习中文，学会说中国话，不少人还能讲上海话。在上海的俄国犹太人虽不如塞法迪英籍犹太人那样富有，但人数众多，社团意识强，社区活动积极，因而逐渐成为上海犹太人中最为积极而活跃的中坚力量。

六、来沪欧洲犹太难民

上海作为中国最欧化的开放城市，为来自英国属地、俄国及中东欧的犹太人定居和谋生提供了最有利的环境。早在19世纪末20世纪初，塞法迪犹太人为寻求商机来就到了上海，逐渐成为上海的富裕阶层，此时反犹狂潮席卷下的俄国和东欧犹太人，为谋生也陆续来到上海。当时上海的犹太居民均安居乐业并具有安全感。

唯一接受犹太难民的全球大城市

20世纪30年代希特勒开始排犹运动后，特别是从1937~1939年间，上海是世界上唯一的外国人无需签证、担保等文件就可进入的大城市。这对那些以"非法"途径逃离欧洲，来到上海时身无分文的犹太难民来说特别重要，也使得上海成了全世界唯一向犹太难民敞开大门的大城市。

1933年首批抵沪的德国犹太人约有12个家庭百余人，直到1937年，抵沪的德国犹太人最多也不超过1500人，他们一般由海路从德国直接到上海。严格意义上来说，这些来沪的犹太人还不能算难民，只能算侨民。他们大多是掌握一定专业技能的知识分子，如医生、律师、教师和企业家，一般都居住在租界。

1937年8月到1939年8月，是来自德国及其他中欧、东欧国家的犹太难民涌入上海的高峰期。他们先进入意大利、法国、荷兰、比利时等国，再搭船来

犹太难民在上海

沪。这一时期离开纳粹德国统治地区来沪的犹太人境况十分悲惨，这批难民人数达近22000人，而且抵沪时身无分文，生活十分困难。他们绝大多数住在地处公共租界、日租界和华界交叉地带的虹口地区。尽管这里物价和房租都很便宜，但除少数难民自行租屋居住外，大多数难民都住进了临时租用或搭建的难民收容所。上海犹太社团和国际救援组织纷纷采取措施，帮助安置救济。但随着来沪欧洲难民越来越多，引起了租界居民的不满和租界当局的关注，上海犹太社团也感到日益增加的犹太难民将超过其救助能力，因此，都希望对接纳来沪难民要有所限制。

1939年8月，上海公共租界、法租界当局和日本占领军当局达成协议，宣布护照上有"J"字的欧洲犹太难民进入上海须预先申请上陆许可。尽管如此，仍有不少难民通过各种渠道进入上海，也有将近3000人来沪。1940年6月意大利对英、法宣战，之后英德又发生海战，切断了欧洲犹太难民从海上来沪的传统路线。欧洲犹太人只能转而走陆路——穿越苏联西伯利亚，然后经中国东北、朝鲜或日本抵上海。因为路途遥远艰险，使得来沪人数大减，但此时所有在沪犹太难民的食宿条件均有所改善。1941年苏德战争和太平洋战争爆发后，欧洲犹太难民从海上和陆上来上海的路线都被切断，因此他们无法前来上海。不过仍有一些在此之前离开欧洲而滞留在苏联远东、中国东北和日本的犹太难民，其中有将近2000名辗转来到上海，他们大多来自波兰和立陶宛。而波兰的1100余名犹太难民来沪经历最为曲折，他们中包括著名的密尔经学院、卢布林经学院等犹太经学院的师生400多人，几经周折最后于1941年下半年由日本分批来到上海。他们是太平洋战争爆发前来到上海的最后一批犹太难民。

因此，大批从希特勒屠刀下逃生的欧洲犹太人远涉重洋来到上海，其总人数将近3万。除一些人经上海去第三国外，至1941年12月太平洋战争爆发，仍有2.5万名左右欧洲犹太难民把上海当作避居地。整个二战期间，上海共接纳了约2.5万欧洲犹太难民，这超过了英国统治下的加拿大、澳大利亚、新西兰、南非、印度5国同时接纳犹太难民的总和。上海成为拯救纳粹屠刀下欧洲犹太人的"挪亚方舟"，这也是中国人民以实际行动反对反犹主义、援助犹太人民的表现。

援助义举：中犹友好史的难忘篇章

特别值得一提的是上海市民在自己也非常困难的条件下，对欧洲犹太难民所给予的鼎力相助。1937年"八一三"事变后，在日军占领下的上海，人民也生活在水深火热之中，但上海市民仍然克服种种困难，给予犹太难民真诚的帮助，特别是在欧洲犹太难民聚居的虹口地区，市民纷纷腾出自己的住房给犹太难民居住。在犹太难民医院建立之前，中国医院收治了许多犹太难民，抢救了其中不少人的生命。1945年7月，美国飞机误炸虹口犹太难民居住区，造成31名犹太难民死亡，250人受伤，周围的中国居

何凤山

民虽同样伤亡惨重，但仍奋不顾身地冲入火海，抢救出许多犹太难民，在中犹关系上写下了动人的一页。

同时，当时中国驻维也纳总领事馆总领事何凤山也向身处危境、走投无路的奥地利犹太人伸出救助之手，签发了大量入境上海的签证。何凤山明知多数申请中国签证的犹太人的目的地并非都是上海，但出于对犹太人的同情和基于人道主义考虑，还是向申请入境上海的奥地利犹太人发出了数千份签证。对于身处危境的犹太人来说，这些"生命签证"就仿佛是茫茫苦海中的救生圈。正是凭借这些签证，许多被囚禁在集中营的奥地利犹太人才得以逃脱希特勒的魔掌。如德奥合并后，17岁的犹太青年埃里克·戈尔德施陶伯为了替自己和家人取得签证，数月内去过50个国家的领事馆无果，最后还是于1938年7月20日在中国领事馆取得了20份签证，为自己和家人争取到了生还的机会。正当其购买赴上海的船票时，其父却在"水晶之夜"暴动中被捕，但因为持有中国签证，仅几天即被释放并前往上海，幸免于难。何凤山因其救助犹太难民的义举而被称为"中国的辛德勒"。

此外，当时中国政府内的一些要员还曾试图在中国领土上划一块土地建立一个"犹太民族家园"，以接纳逃脱纳粹魔掌的犹太难民。鉴于逃亡到上海的欧洲犹太难民越来越多，安置越来越困难，1939年2月7日，当时中国国民政府的立法院院长孙科提出议案，建议在云南建立一个犹太人寄居区，以容纳更多的欧洲犹太难民。3月7日，国防最高委员会原则通过孙科的提案，后经国民政府行政院讨论，行政院于4月22日制定了实施计划纲要。孙科的计划得到全世界犹太人的积极响应。1939年7月，德国著名犹太银行家雅克布·保格拉斯专程来沪宣布了向云南移民10万欧洲犹太人的计划，并称中国政府正在积极实施。9月他又携计划前往美国，寻求美国犹太人的支持。上海犹太社团也表示支持此项计划。该计划虽然由于经费困难等种种复杂原因而未能全面实施，但从中可以看出当时中国人民对危难中的犹太民族充满同情和援助之心。

与此同时，中国人民还对犹太人的悲惨处境进行积极声援、文化舆论造势和各种方式的救助。早在纳粹德国掀起反犹浪潮之初，中国人民就十分关切欧洲犹太人的命运。1933年5月13日，针对排犹恶浪波及德国文化界，孙中山的夫人宋庆龄即率中国民权保障同盟代表团向德国驻沪领事递交抗议书，强烈抗议纳粹的暴行。20世纪30年代中期以后，对欧洲反犹暴行的谴责和抗议在中国日趋高涨。1938年11月9日"水晶之夜"后，中国舆论界对犹太人的同情和对纳粹暴行的谴责更趋强烈。1939年，白石撰写的通俗读物严词斥责纳粹的反犹暴行。倪秀章翻译的布拉恩所著《犹太民族史》由商务印书馆出版，在译序中赞扬了犹太民族在亡国后仍保持"始终不渝的思想、精神和信仰"，并对希特勒的反犹暴行表示愤慨。

中国共产党人对欧洲犹太人的命运也表示出深切的关注和同情。二战期间，中共中央机关报《解放日报》用了大量篇幅报道了欧洲犹太人的境况，揭露并抨击纳粹德国的法西斯暴行。1941年10月，在中国共产党的倡议和主持下，东方各民族反法西斯代表大会在延安召开，会上，犹太名人爱因斯坦被选入大会名誉主席团，德裔苏联籍犹太人叶华则当选为东方各民族反法西斯联盟执委。这充分说明了中国共产党人对犹太民族反法西斯斗争的声援与支持。

七、"河豚鱼计划"

"河豚鱼计划"是日本在侵占中国东北后，提出的一项在中国大陆安置犹太难民的计划，希望采取扶植、亲善犹太人的政策，来巩固他们在伪"满洲国"的统治，并影响英美的对日态度。该计划之命名，是因为河豚虽然是美食，但是有剧毒。日本人借河豚比喻犹太人移民一方面有利可图，一方面又很危险，好比河豚，要去其"毒素"后再食其美味。

"河豚鱼计划"的由来

二战期间，日本官方、民间一些热衷于犹太研究的人们提出吸引犹太人资金，既可大大地增加东北的开发进程，又可通过犹太人的影响避免美国对日本开战，以达到打胜侵略战争的目的的设想。

1931年，在日本入侵中国东北的"九一八"事变前夕，犬冢惟重大佐和

犹太文明
与神角力的勇士

安江仙弘大佐这两位所谓日本"犹太专家"加入了军队"满洲系"，这个派系中的许多日本军官急切希望日本进一步向中国东北扩张，但他们在吸引日本人定居和投资东北的过程中遇到了困难，于是便被这两位犹太专家"亲善犹太人"的设想所吸引。不过"河豚鱼计划"的首次提出，是在1934年。该年日本钢铁业大企业家鲇川义介在外交刊物上发表了题为《一项邀请5万德国犹太人来满洲国的计划》的文章，所谓"河豚鱼计划"真正开始出现。

与此同时，犹太人以亚伯拉罕·考夫曼医生和吉塞廖夫拉比为领袖，在东北建立了完整的犹太社区。为了实施"河豚鱼计划"，日本侵略者早已开始与哈尔滨犹太人的领袖们交朋友。安江仙弘大佐经常来哈尔滨访问，与考夫曼医生建立了友谊。在日本人的鼓励和同意下，1937年12月，在哈尔滨马迭尔旅馆召开了第一次远东犹太社区会议，与会代表还有来自上海和日本神户的。而安江仙弘以及东北和华北日军军事机构官居要位的樋口喜一郎也参加了此会，樋口喜一郎表示日本正准备和犹太人民合作。在这次大会上，犹太人通过了一项"将与日本和满洲国合作以建立亚洲新秩序并在东北建立犹太国"的决议。

1938年12月5日日本内阁召开"五大臣""五相"会议，在会上，日本的5位最高官员聚集讨论"犹太专家"的这个计划，经过一番权衡利弊的讨论，最终就"河豚鱼计划"还是达成了一致意见。政府批准实施"河豚鱼计划"，但是任何行动都不得有损于日本与德国的关系。至此，"河豚鱼计划"终于出炉了，日本许诺对犹太人不采取歧视政策，并给予他们一块土地复兴犹太国，犹太人则用他们的财富帮助日本人在东北和以后侵占的土地上进行投资，并影响美国的对日政策。

"五相"会议召开以后，以安江仙弘等人为核心的"犹太问题专家"与东北地区犹太人领袖们频繁接触，1939年5月，安江为哈尔滨犹太人领袖考夫曼医生安排了对东京的正式访问。与此同时，他们还举行了多次会议，讨论计划的实施问题。于是，在1939年6月，犬冢、安江及日本驻上海总领事石黑提出了一个长达90页的报告《关于引入犹太资金的研究和分析》，并亲自送到东京。该报告在对犹政策方面提出了一个更为具体的方案，使"河豚鱼计划"更加翔实。

"河豚鱼计划"的流产

补充后的"河豚鱼计划"的文本内容庞杂，其要点是：在日本占领下的中国建立一个"犹太人居留地"，先安置3万名犹太难民，然后逐步扩大；建立这一居留地的费用，由美国犹太财团承担，先需要1亿美元的安置费；大力在美国等西方国家宣传此计划，请世界各地犹太知名人士到居留地来访问；通过建立居留地吸引犹太资本，并改善同美国等西方国家的关系。关于是在伪"满洲国"还是在上海建立"犹太人居留地"这个问题，专家们还存在着争议，没有定论。其实，"河豚鱼计划"中的其他内容，也多是纸上谈兵，在实践中从未正式付诸实施。

"河豚鱼计划"没能实施，一方面出于美国的压力。美国政府察觉到了日本的企图，便阻挠犹太复国组织在中国的复国方案。美国的行动最终导致了犹太复国主义的主要组织否定了在中国东北的复国计划。就日本方面来说，随着日本政府与德国、意大利成立三国轴心，完全排除了来自东京法西斯当局对这一计划进行官方援助的可能。1942年，日本政府正式废除了"五相"会议的决议，完全废除对这个幻想中的"河豚鱼计划"一切可能的支持。

1942年7月，德国盖世太保驻日本首席代表约瑟夫·梅辛格上校到达上海。该人是华沙盖世太保秘密警察头子，曾在1939年屠杀波兰平民10万人，被称为"华沙的屠夫"。此次其受希姆莱之命，离开负责日本、中国以及伪"满洲"事务的盖世太保总部所在地东京，乘潜艇前往上海，目的是为说服日本人在犹太人问题上采用纳粹的政策，实施"最后解决"，对生活在上海的数万名犹太人施行屠杀计划——"梅辛格计划"。"梅辛格计划"内容为：借在犹太新年节期（即当年公历9月）犹太人阖家团聚的机会，以突然袭击方式围捕所有上海犹太人。至于对他们的"最后解决"方式，梅辛格提出几种处理方案：一是将犹太人装在几艘年久失修的破旧船只里运至东海，切断船缆，听任犹太人在海上漂泊，饥渴而死。二是让犹太人到黄浦江上游的盐矿做苦工，让他们在强迫苦役中死亡。三是在扬子江口的崇明岛上建一座集中营，在那里用犹太人进行医学实验，让他们在痛苦折磨中死去。

虹口隔离区

由于日本内部主张对美媾和的力量仍然想把犹太人作为维持与美国联系的媒介；日方也担心屠杀上海犹太人涉及俄国犹太人，危及日苏非战关系；加之上海犹太社团通过哈尔滨和日本的犹太人在日本高层活动；更重要的是，纳粹德军在斯大林格勒战役的失败，致使日本不愿对苏开战，从而使日本最终放弃屠杀犹太人的"梅辛格计划"。但日本当局还是于1943年2月18日宣布成立"无国籍难民隔离区"，命令上海所有犹太人迁入这个位于虹口区的面积只有几平方英里的地区，并禁止离开。于是，约有14000名犹太难民被迫迁入这一"指定地域"。尽管日本当局辩解这一做法并不反映日本的反犹态度，而是因为上海的住房与食品供应困难，必须对无国籍者进行某种控制，要求犹太人与之合作，但显然这一表态实际上是一份最后通牒，威胁犹太人如不与日本当局合作就会受到严惩。

总之，日本当局这一行为不仅让犹太复国主义者们彻底清醒，也让他们最终认识了日本法西斯与德国纳粹是一丘之貉的真面目。

八、黄浦江畔的上海犹太社团

上海犹太社团由塞法迪犹太人、俄国犹太人和欧洲犹太难民三部分组成。塞法迪犹太社区是形成最早、人数不多但却十分富有的犹太社区；俄国犹太社区人数较多，在当时的上海犹太社团中有一定的影响力，特别是其社团活动开展得有声有色；上述两个社区到二战期间的组织发展已经非常成熟。当大批犹太难民涌入上海之时，塞法迪犹太人出钱，俄国犹太人出力，并做了大量的组织工作，在救助犹太难民活动中发挥了积极的作用，做出了重大贡献。

上海犹太人的社区组织

上海犹太难民社区的建立主要是为了团结在沪的中欧犹太难民，积极开展宗教活动和其他社区活动。1939年11月独立的社区组织"中欧犹太协会"建立，本部设在东熙华德路（今东长治路），施泰因哈特出任协会主席。中欧犹太协会相继成立公益部、宗教部、法律部等机构，建立"仲裁法庭""妇女联盟"、圣葬社等组织，以处理犹太人日常的各种具体事务。在协会的各种组织中，最值得一提的是1940年2月18日上海中欧犹太难民"仲裁法庭"的建立，如此公开、完备的犹太"仲裁法庭"的设立在上海乃至中国历史上也是罕见的。虽然中欧犹太协会内各种派系存在差异，甚至出现自由派难民独立出去成立了中欧犹太自由派协会的现象，但在太平洋战争爆发前两年中，经过协会同仁的共同努力，中欧犹太协会仍然迅速发展。之后，经过日本当局改组后的中欧犹太协会逐渐由一个自发的社区组织演化成代表全体难民的政治实体，管理的范围扩大到几乎所有的难民事务，成为犹太难民与日本当局联系的代表机构。不过在上海犹太难民社区里，波兰犹太难民没有建立正式的社区组织，但始终是一个相对独立的群体，与此同时，来自捷克斯洛伐克的犹太难民也在上海犹太难民社区中形成一个小团体。

到1941年底，上海的塞法迪犹太人、俄国犹太人及欧洲犹太难民总共已超过3万人，上海犹太人成为当时远东最大的犹太社团。他们拥有自己的宗教公会、犹太会堂、学校、医院、俱乐部、公墓、商会、报刊、政党社团，以及"仲裁法庭"，乃至一支小型军队——上海万国商团犹太分队。可见，二战期间上海犹太社团在上海这个得天独厚的大环境中得以迅速发展，不仅在当时中国各地犹太社团中最具代表性，而且具有颇多独特的上海犹太社团特色，因而被称为"上海模式"。

上海犹太人的政治活动

由于上海这个城市不存在内在反犹主义，犹太人的政治活动十分活跃，包容了各种政治倾向：从左翼的空想社会主义到极右的锡安主义修正派。当时影响较大的是锡安主义运动，早在1903年就在上海成立了第一个锡安主义组织——上海锡安主义协会，此协会在以后的40年里一直是上海锡安主义运动的主要代表，并与世界锡安主义总部保持着密切联系。锡安主义的新派别和新思想在20世纪20年代后传入上海，随即在上海出现了锡安主义修正派、宗教锡安主义组织、锡安主义工党、左翼锡安主义工党等各类政治组织。其最具独特之处是上海锡安主义者内部不同派别能求大同、存小异，派别之间的争论颇有节制，从未发生过大规模的内讧和破裂。上海锡安主义的队伍在1937~1945年期间迅速壮大，一时间上海成了远东锡安主义活动的中心。上海锡安主义团体除积极谋求中国政府对锡安主义的支持外，还组织或参加与国际锡安主义运动协调一致的政治活动，如1937年底派代表出席在哈尔滨召开的远东犹太人大会的各项政治活动。

除锡安主义运动外，上海犹太人为了维护和拓展自己的利益还积极介入上海乃至中国的政治。这不仅表现在塞法迪犹太富商在上海公共租界工部局和法租界公董局中拥有一定的席位，在租界管理的某些方面都发挥着较大的影响。而且塞法迪犹太富商还积极介入中国政治，如通过购买债券和提供实业贷款等方式与中国政界人物像孙中山、蒋介石、宋子文等建立友好关系，沙逊、哈同和嘉道理、艾兹拉等家族都曾与中国政界人物联系密切。俄国犹太人和欧洲犹太难民虽没有塞法迪犹太人那样的经济实力，但在积极参加政治活动方面毫不逊色。例如，20世纪30年代援救来自欧洲的犹太难民；20世纪30年代抗议纳粹暴行的示威活动，特别是在"珍珠港事件"后，塞法迪犹太人都失去了自由，俄国犹太人便成为上海犹太政治活动的主力。虽然犹太政治活动分子建立了许多政治社团，包括以俄国犹太人和欧洲犹太难民为主力的准军事组织"贝塔"和"伊尔贡"，甚至建立了战斗部队——犹太连（犹太分队），但他们在上海均采取合法的非暴力的活动方式，始终与地方当局保持着良好关系。

上海犹太人的经济、文化活动

在具有政治安全感并积极开展政治活动的同时，上海犹太人在经济上取得了巨大成功。由于俄国犹太人中只有少数巨富，而欧洲犹太难民大都身无分文，只有塞法迪犹商集团不仅在贸易和投资领域，而且在金融领域都发挥了独特的经济影响。他们在进出口贸易、房地产经营、金融业、工业、运输仓储和公用事业、商业和娱乐业等领域，逐渐成为上海滩最为活跃的工商财团。例如，到20世纪30年代，塞法迪犹商新沙逊洋行已成为上海滩的首富，沙逊家族被称为"东方的罗斯柴尔德"，哈同与伊利·嘉道理也成为与沙逊齐名的塞法迪犹商财团。这些实力雄厚的上海犹商集团积极支持上海犹太社团的政治文化活动，对避难来沪的欧洲犹太难民也给予了很大的帮助。

来到上海的犹太人中有着众多的优秀人才，他们的聪明才智赋予上海犹太社团非凡的创造力和多样性，使得犹太社团组织了很多活跃而生气勃勃的教育、娱乐和体育活动。如在避难来沪的欧洲犹太难民中，有许许多多的医生、教师、演员、音乐家、运动员、编辑、记者等。医生和护士们建立起了诊所，后扩建为医院。教师们在上海犹太学校辛勤工作，向孩子们传授知识。演员们组建了几个剧团，甚至上演了意第绪语戏剧。音乐家们成立了乐团，并与歌唱家们合作举办了几场十分成功的音乐会。一些运动员发起建立了足球队，经常与上海的外侨足球队和中国人组建的足球队进行比赛。在被迫进入虹口隔离区的困难时期，犹太难民们还办起了流动图书馆。欧洲著名的密尔经学院的400名师生奇迹般地逃脱了大屠杀辗转来到上海，整个战争时期在上海坚持学习。上海犹太人在办报刊方面特别成功。从1939年到1946年，犹太难民办的德文、波兰文、意第绪文报刊就超过30种。在上海的犹太报刊中，《以色列信使报》《我们的生活》《上海犹太早报》《犹太人召唤》等不仅在中国犹太人中，而且在世界各地犹太社团中均有较大影响。许多犹太艺术家和作家在上海辛勤耕耘，达到了其创作生涯的高峰。

二战结束后，将上海视为临时避难所的犹太难民们首先离开上海，返回恢复了和平的欧洲或移居北美、澳洲、南非等地。中国解放战争爆发后，塞法迪犹商担心难以在华继续发展也逐步撤离上海。但到1949年5月上海解放，仍有近万名犹太人在沪居留。6月，上海各犹太组织合并建立上海犹太社团联合委员会，负责处理离沪犹太人善后事宜并维护留沪犹侨之权益。该组织在上海市政府领导下开展活动，为使留沪犹太人安居乐业做了大量工作，直至1967年自行停止活动，之前10多年中犹太人陆续离去，到1967年上海的犹太居民人数已不足10人。

九、"白求恩式"的国际主义战士罗生特

　　一方面，来华犹太人，尤其是上海犹太难民得到中国人民的支持和援助；另一方面，在世界反法西斯斗争和中国抗日战争中，在华犹太人也积极投身到抗战的行列，谱写了中犹关系史上的宝贵篇章，涌现出许多中国人民永远难以忘怀的国际友人。他们中有的人积极地向世界报道中国人民，特别是报道中国共产党领导下的抗日军民进行反法西斯斗争所取得的伟大胜利；有的人则参加了中国军队，特别是加入中国共产党领导的八路军和新四军，同中国人民并肩抗日、浴血奋战。抗战胜利后，还有一些犹太友人继续留在中国，参加了中国人民的解放战争和新中国建立后的建设事业。这些人中的代表主要有汉

1939年，新四军江南指挥部指挥陈毅（左二）、副指挥粟裕（右二）和德国记者汉斯·希伯（左一）、加拿大护士琼·尤恩（中）及史沫特莱（右一）在皖南泾县云岭合影

斯·希伯、魏璐丝、罗生特、傅莱、沙博理、爱泼斯坦、汉斯·米勒等。

汉斯·希伯，1897年出生在原奥匈帝国（现波兰）的克拉科夫，是一名犹太作家兼记者，也是德国共产党员，其德文名为海因兹·莫勒。1925年来到中国，先去广州，后一直在上海从事写作。在上海期间，他组织了一个由外国人参加的研究马克思主义和中共文件的学习小组。抗日战争时期，他又到敌后抗日根据地采访，新四军卫生部长沈其震给他改名为汉斯·希伯。他多次冒着生命危险深入抗日前线采访，向世界人民宣传中国的抗日斗争。1941年10月，希伯又到山东根据地考察，新华社报道称其为"中国革命老友"，并有"应太平洋学会之约，专门收集中国人民在敌后抗战之英勇事迹"等关于其个人事迹的文字记录。一个月后，希伯所在的八路军连队在沂南县与敌遭遇，战斗中，他不幸身受重伤，献出了宝贵的生命，战死后手中还紧握钢枪。中国人民为他建立了纪念碑，碑上铭刻着"为国际主义奔走欧亚，为抗击日寇血染沂蒙"的大字，以纪念这位为世界反法西斯斗争和中国抗日战争而献身的英雄人物。

和希伯一样，来自奥地利的犹太医生罗生特也是中国人民永远怀念的为反

中国人民为汉斯·希伯建立的纪念碑

身穿新四军军服的罗生特

法西斯斗争做出卓著贡献的国际友人。

加入新四军的首位国际友人

罗生特原名雅各布·罗森菲尔德，是位奥地利犹太人，1903年1月出生于奥匈帝国的莱姆贝格。1928年从维也纳大学医学院毕业，获医学博士学位后，在维也纳大学医院当住院医生。因从事反帝活动多次被捕。1934年出狱后，罗生特开了一家泌尿科诊所。1938年3月德国纳粹政权吞并奥地利，大肆迫害犹太人。既是犹太人又是社会民主党党员的罗生特再次被捕投入纳粹集中营。在遭受折磨一年后的1939年夏天，罗生特获释但被限令两周内离境，永远不准回国。

1939年8月，罗森菲尔德带着弟弟约瑟夫及一名集中营难友来到上海。他在法租界开了一家泌尿科和妇产科诊所，很快声名鹊起。在上海期间，罗森菲尔德结识汉斯·希伯，加入希伯领导的学习小组，经常在一起学习马列主义著作和中共的抗战主张。受希伯影响，罗森菲尔德对抗击法西斯的新四军充满兴趣，希望能有机会参加战地救护。在希伯介绍下，1941年3月中旬他由中共地下组织护送秘密奔赴苏北新四军驻地盐城，受到陈毅代军长和刘少奇政委的热烈欢迎。为了防范敌人，新四军卫生部长沈其震把罗森菲尔德的名字改为罗生特。从此，罗生特的名字便在新四军中传开，他还成为第一个加入新四军的国际人士。随后，罗生特被安排在新四军总部医院工作并被任命为卫生部顾问。

以高超医术授道救人

在加入新四军后，罗生特以忘我的热情投入到工作中，往返于军部和各部队之间检查卫生工作、培训医护人员、看病问诊、实施手术。新四军华中卫生学校就是根据罗生特的建议和筹划建立的。他多次亲自授课、编写教材、自制教具，把随身携带的大批医疗器械捐献出来，供学员们使用。由于遭敌封锁，医疗器械和药品奇缺，为了解决实际困难，他和学员们利用一切可以利用的材料，自制医疗器具。他还为学校制定了一套严格的培训制度，使新四军的医疗卫生事业逐渐走上正轨。罗生特身体力行，严格教育，为新四军培养了一批优秀的医疗人员，受到军部领导赞扬。1942年罗生特提出加入中国共产党的申请，由陈毅和新四军政治部宣传部长钱俊瑞做入党介绍人，经中共华中局批准，他成为中共特别党员。

1943年1月，时任山东军区司令员兼政委等五大要职的罗荣桓同志患了严重的尿血病，在陈毅建议下，罗荣桓来到新四军军部淮南黄花塘，接受罗生特的治疗。在罗生特的精心治疗下，罗荣桓的病情得到了稳定。后罗荣桓停止治疗，赶赴山东前线指挥作战。9月下旬，罗生特及其医疗组赶赴山东军区，继续给罗荣桓治病。为此他放弃了去延安的梦想，成为八路军山东军区卫生顾问，并成功稳定住了罗荣桓司令员的肾病。凭借他高超的医术，罗生特还曾通过手术抢救过万毅、曾炳华等多位我军高级指挥员。在工作之余，他还采访刘少奇、陈毅、罗荣桓等中共多位高级领导人并同他们结下深厚的友谊。罗生特还经常以其亲身经历撰文、讲演，揭露德日法西斯的暴行，赞扬中国共产党领导下抗日军民的英勇事迹。为把新四军和中国革命的真相昭示世人，他撰写著作《奥地利——中国》，并在报刊上发表《仇恨的积郁》《论第二战场》等政论文章和《反法西斯进行曲》和《我们是中国的青年》等诗词歌曲，成为小有名气的抗日诗人、音乐家和政论家。

1945年8月日本投降后，罗荣桓率领山东军区主力挺进东北，罗生特随军前往，被任命为东北野战军一纵队卫生部长。虽然在新四军、山东军区和进入东北初期，罗生特均任卫生部高职，但他不安于在后方做顾问，执意要求亲上火线救死扶伤，一直在战争的最前线服务伤病员。1947年下半年，罗荣桓肾病再次复发，罗生特只得离开前线，回到军区机关。他竭尽所能，使得罗荣桓的身体能在当时的关键时刻支持繁重的领导工作。就这样，罗生特又在哈尔滨工作了三年。

期望再续奥中友谊

中华人民共和国成立前夕，罗生特提出，中国革命胜利了，他也想回自己解放了的祖国奥地利去，和家人相聚。同时罗生特还表示，他要争取当奥地利首任驻华大使再来中国，为促进两国友好贡献自己的力量。中央批准了他的请求。

罗生特回国前夕，在北京协和医院检查身体时，就发现患有高血压和心脏病，但因他思乡心切，虽经罗荣桓一再挽留仍执意回归故乡。临别送他前往上海时，罗荣桓还盛赞他对中国革命做出的贡献。到上海，时任市长的陈毅又设宴为他饯行。当他见到已任上海市长的老友陈毅时，分外激动，陈毅特意定做了一套漂亮的西服，作为给老友回国的赠礼。在饯行宴会上，陈毅高度评价罗生特对中国革命的贡献，称他是"活着的白求恩"，并颁发给他中德文对照的荣誉证书。

1949年11月，罗生特回到阔别已久的祖国。他得知母亲已死于纳粹集中营，唯一欣慰的是与哥哥、妹妹的重逢，但曾经的美好已不再，凄凉之情油然而生。罗生特回国后没有工作，生活窘迫，但他不为困难所吓倒，他想写一本在中国经历的书，想把中国过去的苦难和顽强告诉给奥地利人民，播撒奥中友谊的种子。但由于当时的欧洲国家对新中国抱有偏见，不允许他出版此书。

同时罗生特的身体却愈加虚弱，引起了心脏病的复发。他想起在中国的美好时光，多么想重回第二故乡中国安度晚年。1950年10月，抗美援朝战争爆发，得知昔日的中国战友们纷纷重上前线，罗生特更希望能马上回到中国，加入他们的行列，为此他前往中国大使馆申请入境签证。1951年8月，罗生特赴以色列看望弟弟约瑟夫。此时罗生特的健康每况愈下，在生命的最后一段时间，他一直住在以色列特拉维夫的一家医院，1952年4月22日，他因心脏病发作骤然去世。

罗生特在中国共产党的军队中服役9年，转战三大战区，是担任军队实际职务最高、工作时间最长的西方人，是唯一获得正规军高级军衔的一位外国医生，也是中国共产党特别党员。他为中国抗战和中国革命做出了宝贵贡献。在他曾经战斗过的山东省莒南县，一所县医院更名为"罗生特医院"，人们为他竖起一尊4米高的汉白玉全身塑像，以表示中国人民对他的永久怀念。2003年，由对外友协主办，在中国国家博物馆举办"伟大的奥地利国际主义战士罗生特生平展"，同时举行《中国的大时代——罗生特在华手记》中文版的发行仪式。胡锦涛同志为该书写了贺函："罗生特大夫从1941年到1949年间，把自己最宝贵的年华贡献给了中国人民的解放事业，他的光辉业绩已载入史册。他是中奥人民友谊的象征，将永远为后人所缅怀。"

十、一波三折的中以建交进程

1948年5月14日以色列国宣告成立，中国舆论界普遍表示欢迎。1949年10月1日中华人民共和国成立，也受到以色列政府和人民的欢迎。1950年1月9日，以色列政府正式承认中华人民共和国，成为第一个承认新中国的中东国家。此后几个月，中以两国朝着建立正常外交关系的方向迈进。1950年6月，中以双方代表在莫斯科首次会晤，开始讨论建交的具体事宜。

朝鲜战争暂停建交进程

因朝鲜战争爆发，来自美国的压力使以色列政府对中以建交的态度发生了微妙的变化。1950年10月，中国出兵抗美援朝。1951年2月，联合国大会通过决议指责中国"侵略"。此后，以色列政府便停止了建立中以外交关系的接触和谈判。此后"冷战"在全球愈演愈烈，使中以两国失去了建立正常关系的第一个机会。

朝鲜战争结束后，中国与西方的关系趋向缓和，中以双方又再次开始就建立外交关系进行接触。1953~1954年，双方在莫斯科、仰光、赫尔辛基、伦敦频频会晤。仰光成了中以接触的主要地点。然而一些以色列政界要人，如驻联合国大使阿巴·埃班等人，对加速中以建交进程并不热心，担心这会影响以美关系。在美国国务卿杜勒斯的压力下，以色列9月21日在联大投票赞成美国支持的不把中国代表权问题列入联大会议议程的决议案，这一举动显然给中以建交谈判泼了冷水。同时，在1955年万隆会议的筹备和召开过程中，中国与阿拉伯国家的关系迅速发展。为摆脱外交困境并阻止中国与阿拉伯国家进一步靠拢，以色列政府匆忙照会中方，希望尽快建立外交关系。但此时中国政府从国际大局出发，决定对中东政策做出调整。周恩来总理就中以关系指示道："同以色列缓建交，但可保持贸易关系。"1956年5～9月，中国先后与埃及、叙利亚、也门建交。同年10月以色列与英法合伙入侵埃及，中国政府对此严厉谴责。此后中以间就建交问题进行的接触均告中断，中以关系进入长达20年的"冻结"时期。

中以关系逐渐解冻

1976年"文化大革命"结束后，走上改革开放之路的中国与越来越多的国家建立了外交关系，与包括西方国家在内的世界上大多数国家的关系得到了改善和发展。在这样的形势下，中以关系也开始逐渐解冻。1977年10月，埃及总统萨达特访问以色列，与以领导人探讨和平解决埃以冲突的途径。中国报刊热烈支持萨达特迈出的这一步，并且突出宣传中东问题政治解决的前景。1982年，中国领导人在访问埃及时再次表示支持埃以和解，并重申中东各国都有生存的权利。1988年9月，中国外长钱其琛提出了中国关于解决中东问题的五点主张：中东问题应通过政治途径解决；支持召开在联合国主持下、有五个常任理事国和有关各方参加的中东国际和平会议；支持中东有关各方进行合适的、各种形式的对话；以色列必须撤出所占领的阿拉伯领土，相应地，以色列的安全也应得到保证；巴勒斯坦国和以色列国互相承认，阿拉伯民族和犹太民族和平共处。中国就中东问题提出的这一系列富有建设性的主张，为中以改善关系创造了有利条件。

同时，以色列方面也采取措施来促进对华关系的发展。1985年，以色列内阁专门召开会议研究对华政策，决定由不管部长魏兹曼负责这一工作，并拨款重开关闭10年之久的驻香港总领事馆。以政府的目标是：利用各种途径与中国方面接触，千方百计打破以中关系僵局，争取尽快与中国建立外交关系。这一方针得到了利库德集团和工党的一致认同，也受到以色列各阶层民众的支持。

建交水到渠成

20世纪80年代中期以后，中以之间在经济、贸易、文化、旅游、政党社团等方面的民间交往迅速发展，双方重建官方联系的条件已经具备。1986~1987年中以双方官员在巴黎进行若干次接触，商讨进一步展开官方交往的可能性，并为较高级别的官方会晤作准备。1987年3月，中国常驻联合国代表李鹿野在纽约会见以色列外交部部长办公室主任塔米尔。9月两人再次在纽约会见，就官方接触进一步升级进行具体磋商。9月30日，中国国务委员兼外交部部长吴学谦在纽约会见以色列副总理兼外交部部长西蒙·佩雷斯。1989年

1月，中国外长钱其琛同以色列外长阿伦斯在巴黎会晤，商定由两国常驻联合国代表保持经常性接触。此后不久，根据双方协议，中国国际旅行社驻特拉维夫办事处和以色列科学及人文学院驻北京联络处先后建立，标志着中以关系渐渐恢复到新中国建立初期的水平。1991年上述两机构均已享有外交权利，中以之间建立事实上的领事关系。

同时，国际关系及中东形势的变化也为中以关系进一步升格提供了契机。首先，海湾战争和苏联解体促使该地区主张和平解决争端的力量加强，中东内外的各种支持和平的力量协同发挥作用，终于促成马德里中东和会的召开。这样，中国作为安理会常任理事国，便面临着如何参与中东和平进程的问题，而要真正参与进去，与冲突的一方以色列建立外交关系显然更为有利。其次，中东欧和苏联各国，乃至蒙古等国纷纷与以色列建交，使中国这样一个大国与以色列无外交关系的状况越来越显得不正常，也使阿拉伯国家认识到越来越多国家与以色列建交的趋势不可避免，对这一发展的心理承受力有所增强。正是在这样一种"水到渠成"的形势下，中国外交部副部长杨福昌1991年12月

1992年1月24日在北京举行的中以建交签字仪式

的特拉维夫之行和1992年1月以色列副总理兼外交部部长戴维·利维的北京之
行，最终完成了中以两国关系正常化的外交程序。1992年1月24日，中以两国
外长正式签署建交公报，宣布建立大使级外交关系，揭开中以两国、中犹两个
民族关系史崭新的一页。

十一、中犹友谊再谱新篇

　　中国走上改革开放之路后，伴随中国的发展和繁荣，犹太人来华再掀高
潮，在中国又出现新的犹太社团和居民群体。同时，许多在华犹太人离开中国
后在世界各地形成具有强烈中国情结的"中国犹太人"群体，成为推动中犹传
统友谊继续发展的重要动力。中国和以色列建交25年来，各领域的合作关系也
不断推进。

犹太人来华新热潮

　　1976年"文化大革命"结束后，改革开放的中国与越来越多的国家建
交，与包括美国等西方国家在内的世界上大多数国家的关系得到了改善和发
展。世界各地的犹太人在对中国走上改革开放之路感到欢欣鼓舞的同时，对中
国社会经济的日新月异也充满兴趣、信心和热情。40年来，犹太人来华形成三
波热潮。第一波是20世纪80年代，中国重新向外部世界敞开大门，社会经济经
历前所未有的变革，吸引许多犹太人来华访问、工作、经商、旅游。不过，当
时在中国长期居住、工作的犹太人还是少数。第二波是在20世纪90年代中期，
伴随中以建交，以色列官员、企业家、学者和旅游者纷纷来华，带动全球犹太
人来华再掀热潮。进入21世纪以来，世界各地犹太人来华数量呈现迅速上升趋
势，形成第三波来华热潮。其中的重要动力是中国入世后进一步融入国际经济
体系，尤其是中国举世瞩目的综合国力迅速提升，为犹太人来华发展创造了有
利氛围。

　　中国改革开放以来，那些在中国生活过的犹太人更是兴奋不已。他们纷

纷携子女返回"故乡"寻根，访问、经商、投资，为中国拓展对外经济文化联系牵线搭桥。香港犹太社团也积极参与中国的改革开放热潮。这股在犹太世界掀起的新的"中国热"，大大推动了中国与世界各国的友好合作关系，也在促进中以建立关系方面发挥了重要作用。如当时香港成了中以两国进行间接贸易的主要中转站，一年的贸易额往往达上千万美元。而在中以间接贸易中发挥重要作用的便是当年逃离德国到上海避难，后成为巨富的犹太实业家肖尔·爱森伯格。他在上海投资建造了耀华皮尔金顿玻璃厂，还推动上海钻石交易所的建立。在1994年2月大亚湾核电站一号机组运行庆典上，李鹏总理特别赞扬了"港方开拓者"劳伦斯·嘉道理勋爵积极支持核电站建设的功绩。

在当今中国，不仅1979年香港犹太社团进入辉煌时期得益于中国走上改革开放之路，台湾犹太社区的稳步发展也与中国的整体发展紧密相连。迅速发展、日益国际化的中国大陆，吸引着越来越多的犹太人来到中国生活定居。依据专家统计分析，目前中国大陆的犹太居民主要集中在社会经济相对发达的东部沿海城市，总人数为六七千人。这里的人数统计，主要指在中国居住相当长的期限，特别是在中国有工作的犹太人。其主要犹太社团和犹太居民群体集中地包括：上海，1998年犹太人仅200多人，2002年和2005年分别超过500人和1000人，2008年已突破3000人；深（圳）广（州）地区，现在犹太人达1000多人；北京，1998年和2005年分别有200多人和1000多人，2008年已近2000人。此外，天津、大

1993年以色列总理拉宾与夫人游览长城

犹太文明
与神角力的勇士

连、青岛、苏州、南京、杭州、福州和厦门等城市也有一些犹太人居住。而且中国以光明的发展前景和巨大的发展潜力，吸引着世界各地越来越多的犹太人来华。

中以伙伴关系的全面发展

1992年1月24日，中国和以色列两国外长签署建交联合公报，开启中以两国、中犹两个民族友好往来新篇章。

建交26年来，中以两国领导人互访频繁。1992年9月中国国务委员兼外长钱其琛访问以色列。同年12月，以色列总统海姆·赫尔佐克访问中国。他对杨尚昆主席说："中国人民在犹太民族历史上最黑暗的时期帮助了我们，以色列人民对此不会忘记。"1993年5月和10月，以色列副总理兼外长佩雷斯和总理拉宾先后访问中国。10月，刚与巴勒斯坦总统阿拉法特签署了巴以和平协议的拉宾总理在中国受到热烈欢迎。1994年10月，中国副总理邹家华访问以色列。1995年10月，中国国家主席江泽民和以色列总理拉宾在纽约会晤，就进一步发展中以双边关系交换意见。1997年，中国领导人李岚清、钱其琛、温家宝先后访以。以色列总理内塔尼亚胡、总统魏兹曼分别于1998年5月和1999年5月访问中国。1999年，人大常委会委员长李鹏访问以色列。2000年，国家主席江泽民访问以色列。此后，更多两国领导人进行了友好互访。

在经济上，1992年10月，中以政府间贸易协定签署，双方互相给予对方最惠国待遇。此后，双方又签订了保护投资、避免双重征税、海关合作、财政合作、海运合作等方面的协议。中以联合经贸委员会每年召开一次会议以促进双边经贸合作。两国贸易额直线上升。以色列是我国在中东主要的经贸合作伙伴之一。2005年11月，以色列正式承认中国完全市场经济地位。中国是以色列在亚洲第一大、全球第三大贸易伙伴。2016年双边贸易额达到113.5亿美元。同时，中以两国在经济、科技方面的双边合作也迅速发展，取得了丰硕成果，这在农业、电信、医药、矿业、建筑、能源、钻石加工、航空等领域表现得尤为突出。由以色列援建的北京永乐店中以合作示范农场已成为中以友谊的象征。另外在山东、陕西、云南及新疆等地，两国也建立了农业培植、花卉种植、奶牛养殖、节水旱作等农业合作示范基地。1995年中以科学研究基金成立，基金总额为500万美元，由双方提供，旨在进一步促进科研合作项目。中以两国经济优势互补，两国现有中以创新合作联委会和中以政府间经济技术合作机制两个合作平台。

在文化上，两国之间的文化交流和人员往来发展迅速。双方签署了多项文化、体育、教育等方面的合作协议和意向备忘录，文化、艺术、体育团队频繁互访，大大促进了两国人民之间的互相理解。1994年11月，具有世界一流水平的以色列爱乐乐团访问北京、上海，受到中国人民的热烈欢迎。中国的京剧、杂技等传统文化也在以色列受到欢迎。双方在文化、艺术、文物、影视、文学和教育等领域的交流与合作取得长足发展。2007年，"中国文化节"在以色列举行，特拉维夫大学孔子学院成立。2009年，"感知中国·以色列行"大型文化交流活动在以举行。以色列首次以自建馆形式参加2010年上海世博会。2017年，中以举办建交25周年系列庆祝活动。1992年9月，以色列航空公司在北京和特拉维夫间开始进行包机飞行，到1993年中以民航协定签署后改为定期国际航班，大大便利了双方之间的人员往来。不仅以色列国内掀起了"去中国旅游"的热潮，而且到以色列访问的中国人也越来越多。许多以色列城市与中国城市结成了友好城市，双边的教育交流也富有成果，各种形式的学术交流与合作层出不穷。

中以建交25周年之际，2017年3月21日，国家主席习近平在钓鱼台国宾馆会见以色列总理内塔尼亚胡，宣布双方建立创新全面伙伴关系。习主席谈到，中以建交25年来，双边关系总体保持平稳健康发展。两国高层互访频繁，务实合作稳步推进，人文交流日益密切。特别是近年来，中以创新合作有力推动了两国关系持续向好发展。显而易见，两国建立创新全面伙伴关系，将进一步推动中以创新合作，更好地实现优势互补，符合两国和两国人民的根本利益。

后　记

习近平主席指出："不同文明没有优劣之分，只有特色之别。要促进不同文明不同发展模式交流对话，在竞争比较中取长补短，在交流互鉴中共同发展，让文明交流互鉴成为增进各国人民友谊的桥梁、推动人类社会进步的动力、维护世界和平的纽带。"我们编写这套丛书的目的是为中国广大读者朋友介绍世界其他国家和地区文明服务，为加深不同文明之间的交流和互鉴服务，为实现中华民族伟大复兴的"中国梦"、推动构建人类命运共同体服务。

倪培耕同志对丛书写作的总体思路、基本原则和内容构架等提出许多富有创见的新观点，负责撰写各分册的作者开展了高效和富有创造性的辛勤工作，曹启璋同志对本套丛书的出版给予了大力支持，刘雨同志对本套丛书进行了精心设计，在此致以最衷心的感谢。

由于时间、人力、物力及水平等多方面的限制，丛书在编辑的过程中，可能还会存在这样那样的问题，恳请读者朋友们谅解，并提出宝贵意见。

文明因交流而多彩，文明因互鉴而丰富，愿这套丛书对文明交流互鉴有所助益。

再次感谢所有关注、支持、帮助本套丛书出版工作的朋友和同志们！

编　者

2018年10月